Aspasia Lampridy
Child of the soul

Konstantin Leontiev

Аспазия Ламприди
Дитя души

Константин Леонтьев

Aspasia Lampridy; Child of the soul

ISNB: 978-1-61895-248-6

Аспазия Ламприди . Дитя души

© Пресса библиотек, 2018

ISNB: 978-1-61895-248-6

АСПАЗИЯ ЛАМПРИДИ

Греческая повесть

I

Алкивиад Аспреас был родом из Корфу, но учился в Афинах и там провел последние годы. Ему было не более двадцати пяти лет, когда он задумал посетить Эпир и посмотреть, как живут его братья греки под турецкою властью.

С детства он слышал вокруг себя разговоры о православии, о турецком иге, о просвещенном деспотизме Англии, о ненавистной ионийцам римской пропаганде. Чаще всего слыхал он дома о дальней великой холодной стране, где царствует мощный царь, которого боятся другие государи, где весь народ молится так же, как молится его старый отец, где войску и церквам нет числа, и привыкал думать, что лишь бы захотел этот царь, лишь бы тронулось это несметное войско, то и красных мундиров не осталось бы на живописной эспланаде нашего города, не осталось бы и тех свирепых людей, которых дикий берег высится за морем так близко от Корфу, ни даже проповедников в чорных мантиях и широких шляпах, с лицами недобрыми и язвительными, которые жаждут вреда православной церкви.

Недалеко от Корфу, на горе, есть селение Гастури. По прекрасному шоссе коляска мчит к нему чужеземца сквозь нескончаемый лес маслин.

Когда бы кто ни посетил это селение, – во всякий час дня. – он увидит у кофейни толпу одних и тех же молодых и старых мужчин, с усами, в соломенных шляпах и голубых шальварах... Они курят или пьют умеренно, или беседуют у порога кофейни...

Одни и те же высокие, полногрудые молодые женщины, осторожно спускаясь по камням, живописно несут кувшины с водой на головах, убранных белым покрывалом и косами, перевитыми красным... Как будто одни и те же старушки работают у дверей своих пустых и бедных каменных жилищ... Те же дети, румяные и веселые, бегут за коляской больше часа и кричат: «Пол-овола, пол-овола, эффенди!» Те же отроковицы подают вам молча маленькие букеты цветов и душистых травок...

Работы этим людям мало.

— Оливковое дерево, государь мой, есть злейший враг индустрии! Оно само кормит лентяя! – говорит ученый грек.

И крестьянин-иониец сознается в том же, только гораздо милее ученого грека.

— Бог и деревья неравными сделал, – говорит он. – Есть деревья глупые, и есть хитрые деревья. Маслина, синьор мой, дерево глупое. Посадил его хоть бы дед мой, и никто у нас больше не смотрит за ним. Сделай раз на склоне горы около него небольшие грядки, чтобы маслинки, когда будут падать, не укатывались далеко – и сядь. Глупое дерево, без всякой работы, само тебе все дает. Иное дело виноград; это дерево лукавое и умное; убивайся над ним каждый год и убивайся много, иначе и не жди от него плода. И еще иной нрав у апельсинного дерева. Работы оно много не ищет; оно хочет любви и ласки. Любишь ты его, синьор, и оно тебя любит. Ласкай его, смотри за ним, полей, когда нужно, береги его, и оно тебе даст доход... Не люби, и дохода не даст, не полюбит тебя!

Около этой живописной деревни Гастури, которую первую изо всех деревень Корфу всегда узнает путешественник, был дом и земля старика Аспреаса, отца Алкивиада.

Прежде старик был богаче, но потом несколько обеднел. «Глупое дерево» хоть и не требует ухода, но по глупости же своей иногда даст обильный доход, иногда же подряд много лет почти ничего не дает. Настали неурожайные годы. Иного земледелия на острове почти нет; он весь – сплошная оливковая роща.

Земли своей у крестьян почти нет; они обязаны сбирать оливки помещику и за это берут себе половину сбора. Что ж было делать, когда грядки под деревьями уже столько лет стояли пустыми? Потом пришли другие невзгоды; неудачные торговые обороты. Старшая дочь вышла замуж за афинского грека, и ей надо было дать хорошее приданое. Старший сын подрастал – его хотелось, по примеру других архонтов, послать учиться или в Европу, или хоть в Афинский университет. Были и другие дети.

Пробил час прений об избрании Альфреда и о присоединении к Элладе семи островов.

Старик Аспреас ненавидел «красных дьяволов» хуже чем турок. Не любил их гордость, говорил, что они развращают простой народ тем, что сорят деньгами, приучая даже малых детей бегать за экипажами, когда дома есть кусок хлеба; не признавал заслуг Каннинга, утверждая, что фил-эллином он никогда и не был, а дал Наваринскую битву, чтобы только Россия не одна спасла Грецию и не была в ней потом всемощною; не мог простить англичанам дело жида Пачифико, смерть Каподистрии и севастопольский погром.

2

Во все время, пока шли на островах прения о том: отказаться ли от протектората? присоединиться ли к Греции или нет? – старик Аспреас трудился, уговаривал, подкупал даже, не жалея средств, подвергался опасностям, лишь бы только не видать больше «красных дьяволов», которые, сверх политических преступлений своих, не верят и в святость мощей Св. Спиридона, покровителя моряков и заступника корфиотского, – Св. Спиридона, которому и турки проезжие поклоняются и дают дары.

Дело кончилось так, как этого желал старик: «красные мундиры» ушли. Но после их ухода он стал еще беднее. Расходы во время подачи голосов были велики. Демократическая Эллада дала больше прав и больше независимости крестьянам, живущим на помещичьей земле. Доходы стали еще меньше; торговля острова упала; дороги начали портиться.

Старик вздыхал, но не роптал.

– Пусть только «Господи помилуй» (так звал он Россию) будет крепок; все поправится. Пусть только вагабонда-Наполеона прогонят, да варвара Агу спроводят туда, откуда принес его сатана за наши грехи... тогда и торговля будет, и порядок, и мир, и согласие, и все хорошее на земле.

– Да что же вам за дело до русских? Русские далеко, – спрашивали его люди.

– Греко-российской церкви мы поклоняемся, ты знаешь это, человече! – отвечал старик.

У такого отца вырос в доме Алкивиад. Старик, как и все пожилые люди в Корфу, какого бы они ни были звания, был страшный руссофил.

Таких людей много на семи островах. И многие молодые люди делят их убеждения. Долгое занятие островов русскими войсками оставило там прекрасное воспоминание. Имена Ушакова и других генералов русских живут в памяти людей и до сих пор. Одна из улиц, выходящих на Красную площадь Корфу, зовется «одос Ушаков» – улицей Ушакова.

До прибытия русских в Корфу не было православного епископа. Русские учредили епископскую кафедру в Корфу. В первый раз в конце прошлого столетия корфиоты ясно почувствовали, с прибытием русских, что они точно греки, а не венецианцы. Они увидали, как гордые русские начальники чтили православную церковь и как смиренно молились в ней страшные русские солдаты.

Самые солдаты эти были страшны только на первый вид. Они были добрые и простые люди. Звали греков «брат»; любили выпить и песню спеть; боялись и слушались начальства...

Случалось, что русские и наказывали корфиотов телесно, но «они и своих за беспорядки наказывали еще строже», – говорят корфиоты.

Живут и теперь в городе Корфу два старика, один бедный, а другой

3

богатый. Богатому уже под девяностo лет; бедный гораздо моложе. Богатый не знатен, он разжился торговлей; бедный из старой семьи.

Богатый скуп до того, что его раз нашли полумертвым от голода на кровати. Слуг он не держит, дверь была заперта, и доктора, чтобы спасти его, взошли в окошко по лестнице; с тех пор он стал есть побольше.

Он ходит всегда не шевеля руками и отставляет их подальше от тела, потому что портной раз сказал ему, что рукава под мышками дольше не рвутся у тех, кто так ходит. Никто не слыхал и не видал никогда, чтоб этот человек заплатил в кофейне за чашку кофе или за стакан лимонада. Однажды он упал на улице в обморок от слабости (а может быть, и от голода); сбежались на помощь люди; старик казался почти бездыханным. Кто-то закричал из толпы:

— Отвезти его в наемной коляске домой. Старик встрепенулся.

— Дойду пешком, — прошептал он, — помогите мне немного. Зачем платить за коляску.

У него нет ни привязанностей, ни страстей. О родных, которые далеко, он не думает. Проценты с капитала своего навеки он хочет завещать бедным за упокой своей души... Но у него есть одна страсть, одна святыня – Россия.

Поутру и вечером, вставая и ложась, он прежде молится за свою душу, а потом за Россию. Он бледнеет и шипит как змея, когда слышит порицания русским или России. Когда бы он не был чуть жив от слабости, он бил бы «негодяев», которые смеют осквернять даже в шутку эту святыню...

— А Эллада? — говорят ему.

— Дьявол ее возьми! — шипит злобно старик. Другой старик гораздо моложе. Он бедно одет, но бодр, страстен и подвижен. Его вы встретите везде: и в церкви, и в кофейне, и на прогулках; он следит за политикой, за газетами, спорит громко на улицах; шумит и бранится!..

Одно воспоминание о Западной Европе возбуждает его гнев... Молодые люди, даже мальчики простые на улицах знают его страсть к России и затрогивают его.

— Чорт бы побрал Россию! — шепчет ему мальчишка... и бежит далеко. Иначе им было бы плохо. Случалось, что он бросался и на взрослых людей в кофейнях за подобные слова, которых он даже и в шутку не сносит...

Но, быть может, только эти два чудака без веса и силы думают так? Едва ли! Вот идет, обнажив саблю перед ротой, под звуки музыки, лихой и солидный офицер с русой эспаньолкой. За ротой спешит народ, идут и хорошо одетые люди, и не нарадуются на своих солдат! Впереди, перед музыкантами, маршируют в такт оборванные мальчишки, свищут, вторят маршу, и один за другим от радости катаются колесом перед войском... Что думает этот бравый офицер с обнаженною саблей? Он читает по вечерам предсказания «Агафангела[1]» о «новом государе французском, который ведет на бойню безумных французов»... «И ты, хитрая лисица (Англия), потеряешь свой хвост!» – говорит «Агафангел». «И царству агарян будет конец, когда белокурое племя вступит в Царьград и отыщет для христиан нового царя Иоанна, который спит теперь за невидимою дверью в Святой Софии...»

Старый граф Ионийский, у которого такое прекрасное имение с садом и цветами на берегу моря и который часто гуляет до полуночи в тени аллеи по эспланаде, «Агафангела» не читает; он верит в Англию; но верит он в нее не иначе, как в соглашении с русскими.

Эти молодые щеголи, которые шумят по кофейням, с небрежностью крестясь, входят лишь на минуту в церковь Святого Спиридона и возмущают своим видом набожных людей; о чем они думают? Они думают больше всего о любовницах своих, конечно, и о том, будет ли зимой в Корфу итальянская опера, но они приветствуют криками радости, бьют в ладоши на улице при каждой новой вести о поражении французов. Отчего они рады победам пруссаков? Какое добро сделали им Бисмарк и Германия? Не Бисмарк и не Германия радуют их... Радует их иное. Ошибочно или нет, но они видят вдали за германскими триумфами иную тень: грозную тень Восточного вопроса! Их радует, что люди простые шепчут друг другу: «Разница между Пруссия и Руссия одна буква П. Наша Ольга племянница русскому государю и внучка государю прусскому. Нам только это и нужно».

Поэтому о прусских бомбах кричит и остряк-продавец холодной ключевой воды, который душным вечером возит по площади между гуляющими свою тележку, разубранную зеленью.

– Вот они, прусские бомбы, послушайте, как летят, – кричит он, чтобы в темноте люди поняли, что тележка с ключевою водой недалеко.

Похолодело время, он бросил воду и поставил раек на площади.

– Идите, смотрите, – кричит он, – как французы бегут из России в тысяча восемьсот двенадцатом году!

Вот идет видный, пожилой мужчина, одетый со вкусом; он богат, он не раз был министром. Он враг России, говорят... Пусть проходит он мимо! Все зовут его жидом и никто его не уважает.

Дороже его стократ эти бедные мальчики, которые катаются колесом перед военною музыкой, когда она идет утром в королевский дворец. И в их сердцах зарождаются семена будущих чувств, и они уже знают по

---

[1] "Агафангел" – книжка, в которой собрано множество разных предсказаний о событиях европейской истории. Она очень распространена на Востоке.

опыту, как выгодно продавать на площади те телеграммы, в которых есть новые слухи о русской политике на Востоке... Они видят, что ту телеграмму, в которой более печаталось о России и Греции, разослали хозяева не на простой бумаге, а с изображением богини Афины в заглавии. Нет нужды, что мальчики эти не знают, кто была Афина. Они видят и понимают в ней молодого воина в шлеме, готового к битве. Отец Алкивиада не подвергался шуткам, как подвергаются иногда те два старика руссофилы; вес его в городе был велик; одна англичанка путешественница, которую он повел смотреть город, удивлялась: сколькие люди кланяются ему и скольким он должен ответить.

— Вам нужно шесть шляп каждый год. У вас поля шляпы, я думаю, рвутся, — сказала она ему.

Голос его был во всех делах одним из первых, и на всех официальных празднествах, на всех церковных процессиях, на всех дипломатических обедах старик Аспреас являлся одним из главных представителей города.

Седой, спокойный, здоровый, с веселым и добрым лицом, с седыми усами, в хорошем чорном фраке, с кавалерским крестом Спасителя и тем медным геройским крестом, который раздавался по окончании войны за независимость Греции тем, кто принимал в ней участие, старик Аспреас внушал всем уважение, и самая речь его, простая, тихая, даже однообразная, в которой светился сквозь все один и тот же стих, один и тот же припев: «Греко-российской церкви мы поклоняемся», приятно действовали и на тех, кто не был глубоко убежден, как он.

Восемнадцати лет Алкивиад простился с отцом и уехал учиться в Афины... Чрез год он вернулся на лето к отцу уже иным...

Сперва он стал англоман, а потом туркофил какого-то особого рода...

Отец слушал его сначала с удивлением, потом с гневом, потом уже снисходительно и с пренебрежением.

— Молодость и глупость: пройдет молодость, пройдет с нею и глупость, — говорил почтенный человек, и так был спокоен и светел, так радостно глядел в глаза собеседнику, что и тому казалось на миг «все это вздором», казалось, что вся политическая мудрость, вся дальновидность, вся история борьбы Востока и Европы заключаются в одном простом слове старого архонта: «Греко-российской церкви мы поклоняемся, человече!»

Алкивиад любил отца, чтил его как благородного патриота и никогда не спорил с ним грубо. Но так же, как отец весело улыбался говоря о сыне, так и сын улыбался говоря об отце.

— Бедный отец! — восклицал он с чувством любви и уважения. — Бедный отец! Он еще все от России ждет чего-то... Времена Ушакова еще не миновали для него. Бедный отец!

II

Сестра Алкивиада, которая была замужем за афинским греком и жила всегда в Афинах, была женщина умная, ученая и красивая, хорошая мать и честная супруга. Ее упрекали лишь в трех недостатках: в том, что брови ее были уже слишком густы и мужественны; в том, что она была очень честолюбива и за себя, и за мужа, и за брата, и за всех близких ей; а иные еще в том, что она любила писать и говорить иногда уже слишком высокопарно, без нужды.

Но в этом последнем упрекали ее очень немногие. Нынешние образованные греки более похожи на риторов времен падения древнего мира и на византийцев, чем на эллинов времен Платона и Софокла.

Мать Алкивиада умерла, едва родив его, и первые заботы о младенце выпали на долю сестры, которая тогда уже была взрослою девушкой. Поэтому брат сохранил к ней сыновнее чувство, которое и впоследствии поддерживалось ее умственным влиянием на него и тем увлечением, которое внушал брату ее патриотизм и образованность. Он гордился сестрой пред другими. Еще при королеве Амалии она ездила ко двору, и хотя уже и тогда ей было лет тридцать, однако и муж и брат гордились ею, когда она в торжественных случаях выходила пред людьми с длинным шлейфом, со своими строгими бровями, римским носом, в маленькой феске набекрень и в бархатной греческой куртке, расшитой золотом, одета так, как одевалась сама королева.

«Богиня, – шептали люди, – Афина Паллада! Нет, не Паллада; это Бобелина!» И Алкивиад слышал этот шопот и радовался и еще больше слушался сестры.

Она отсоветовала ему учиться медицине. «Что за поприще для тебя, мой друг, быть врачом? – говорила она ему. – Поприще без простора, без повышений. Посвяти себя политическому поприщу. В свободной стране, подобно нашей Элладе, на какую высоту, скажи мне, не открыт блестящий путь государственному мужу?»

Алкивиад занялся законодательством и бросил медицину.

Сестра нанесла первый удар его прежним детским убеждениям.

– Что общего, – говорила она, – между русским кнутом и благородною эллинскою нацией? между деспотизмом и свободой? между скифским северным мраком и грацией Юга? Эллины призваны во имя свободы, во имя всего священного положить пределы распространению славянского великана на Юг и Восток. Эллины призваны рабить глиняные ноги этого мрачного кумира, которому поклонялось до сих пор наше невежество...

7

Эллин и только эллин, никто другой, должен рассеять по Востоку лучший цвет европейского просвещения.

Муж сестры Алкивиада мало имел влияния на молодого человека. Он был толстый, здоровый, довольно богатый и лукавый простак. Любил жену, любил детей, любил попить. Был не лишен трудолюбия, опытности в делах и здравого смысла. Увлечь, обмануть его никто не мог; но и он зато не в силах был никого увлечь. Мнений он определенных не имел; соображался с обстоятельствами и очень удачно, благо даря правилу: «спеши медлительно!» Занимал в течение жизни своей много разных должностей, избегая крушения нередко там, где не спасали ни даровитость, ни патриотизм, ни красноречие, ни смелость, ни связи.

Восхваляя при случае (и как нельзя солиднее и спокойнее) эллинскую свободу, конституцию и равенство и всю прелесть политических прений и борьбы, он обеспечил себя и семью свою исподволь капиталом в деспотической России и варварской Турции, подальше от конституции, от равенства и блестящих прений. Жена его в этом была согласна с ним и восклицала: «Все экономические вопросы я предоставляю мужу! Это его часть».

Так жил себе хорошо в Афинах усатый, здоровый толстяк; никого не боялся и, несмотря на то, что ездил ко двору и сносился с посланниками, дома жил просто и умеренно, стараясь показать, что он старинный и простой человек, который ни в ком не нуждается.

«Нашу Палладу надо изображать не с совой, а с медведем!» – говорили остроумцы и звали его «турком», «Агой», до тех пор, пока один молодой человек не прозвал его еще злее по-турецки «Гайдар-эффенди[2]».

Алкивиад терпеть не мог своего зятя, хотя жил у него в доме; никогда с ним не спорил и занимал иногда по молодости у него деньги. Но у толстого Гайдар-эффенди был двоюродный брат Александр -Астрапидес.

Он был еще молод, хотя и много постарше Алкивиада, и славился красноречием, умом, отвагой и красотой. Астрапидес подружился с Алкивиадом и докончил то, что начала сестра. Из руссофила молодой студент постепенно стал пылким приверженцем английской партии.

И точно, Астрапидес был увлекателен и даровит.

Красивая наружность его была такова, что встретить его в горах с глазу на глаз и не зная, кто он, едва ли было приятно и храброму человеку.

Казалось, модный фрак, лакированные сапоги и французские перчатки его были на нем не одеждой, а лишь минутным костюмом необходимости, и, когда он взглядывал своим взглядом и блестящим, и любезным, по нужде и свирепым, когда его недобрая душа просилась наружу, казалось, что спадут с него сейчас и модный фрак, и перчатки, и шляпа... и вместо

---

[2] Гайдарос по-гречески значит осел.

оратора и светского человека предстанет пред смущенным собеседником неукротимый и алчный горец в фустанелле, забрызганной кровью... и положит руку на золотой пояс, за которым уже сверкает ятаган.

И борода у Астрапидеса была густая, чорная, и походка отважная, и голос громкий, и рост высокий. Алкивиада он любил, однако, искренно, и при встречах с ним и взгляд его становился благодушнее, и голос ласковее, и шутки его с Алкивиадом были шутки брата, а не коварного приятеля.

Астрапидес перепробовал с ранних лет свои силы на разных поприщах. Был военным, был депутатом, издавал два раза журнал, статьи писал всегда, и писал прекрасно, сильно и без всяких украшений риторства. Впав в одно время в нужду, вследствие того, что в течение двух, трех месяцев пало, одно за другим, до пяти министерств, он не побрезгал торговать макаронами и канатами.

Он принимал участие в движении против короля Отгона тогда, когда еще такое участие было очень опасно, когда еще не знал никто, что это рискованная игра кончится так легко и просто...

Астрапидес в последнее время стал приверженцем Англии и в статьях своих, и в самых секретных разговорах своих с друзьями.

В последнее время, после неудачных исходов критского восстания, он понемногу стал прибавлять к англомании и свою новую мысль о сближении Эллады с Турцией, для совокупного действия против «всесокрушающего потока панславизма». Вся прошедшая история новой Греции была для него заблуждением и несчастием. Он оправдывал Мавромихали в убийстве Каподистрии, порицал охотников-греков, которые сражались за русских в Крыму; проклинал Россию за ее непрошенную дружбу и услуги, которые заслужили в Греции название русской батареи, направленной против Турции и Европы.

Он находил возражение на все. Естественные сочувствия корфиотов высшего круга к России он приписывал их аристократическим привычкам, их воспитанию, сходному, по его словам, с русским, основанному на рабстве и обязательном труде поселян, их ханжеству, их любви к церковным обрядам и процессиям.

Однажды Астрапидес вместе с Алкивиадом, в один из тех прекрасных и сухих зимних дней, которыми так богата Аттика, сидели в Акрополе, на ступенях Пропилеи.

Астрапидес говорил о великом будущем новой Греции, о «великой идее».

Печальное сомнение закралось на миг в душу Алкивиада, и он, желая, чтобы Астрапидес убил в нем это сомнение, сказал ему:

— Возрождаются ли народы в третий раз? Мiр имел Грецию Фемистокла и Сократа; имел византийское государство... Может ли повториться Византия снова?..

– Не Византия попов и деспотических государей! – воскликнул Астрапидес. – Греция – истинной демократии и чистого деизма. Каир[3], может быть, явился минутным провозвестником этого будущего. Друг мой! скажи мне, где в Европе найдешь ты это полное жизни соединение равенства и свободы? Франция – страна равенства, но не пример свободы; Англия – страна свободы, но не в ней должен изучать мудрец законы развития гражданского равенства. Только здесь (Астрапидес указал рукой на веселый город, который без звука двигался и жил у ног их), только здесь и в Америке эти два великие принципа вступили в возвышенную гармонию...

Что общего, мой друг, между этою светлою, благородною Грецией и мрачным Ариманом Севера? Их духовная связь – плод невежества толпы, для которой колокольный звон еще дороже простых и возвышенных идей, доступных нам с тобою. Примиримся с Турцией; вернем ей доверие нашею умеренностью, нашею искренностью, и ты увидишь плоды этого раньше, чем думаешь... Наш образ мыслей быстро проникает в умы греков, подвластных султану. Та же самая Россия, увлекаемая событиями, поддержит права христиан и будет склонять Турцию к новым реформам. Запад, чтобы не уступить первенства, будет делать то же; утроит, учетверит число христианских пашей в странах, подвластных Турции; вооружатся, под знаменем султана, христианские полки; тогда я первый возвышу голос за что хочешь, я готов буду сказать: пусть Эллада свободная присоединится к Турции... Мы потопим Турцию; не ленивому турку, не болгарину, не грубому сербу, не легкомысленному валаху бороться с эллином духовно. Духовное, умственное влияние будет за нас. Над этою обширною ареной, открытою греческому уму и греческой энергии до рокового часа, будет носиться безвредная, бессильная тень исламизма, некое подобие власти, которое нам будет необходимо до этого рокового дня и часа, чтобы завоевать себе доверие Европы и чтобы дать отпор тем грубым славянским началам, которых пока еще много в Турции, вследствие нашего невежества, вследствие нашей лжи, наших же ошибок, нашего безумия, бестактного революционерства, ложной основы православных сочувствий...

Тогда Алкивиад понял, что для Астрапидеса Англия и Турция – не что иное, как более верные орудия эллинского прогресса, чем Россия и православие.

---

[3] Каир, Каирос – известный в Греции деист; он основал, после освобождения эллинов, школу, где проповедывал чистый деизм. Стечение учеников было большое, и греческое правительство принуждено было закрыть ее.

Скоро и он стал проповедывать то же и так горячо, что даже сестра его стала расходиться с ним. Она согласна была в основаниях, но с трудом допускала, чтобы тем можно было увлечь народ до сближения и союза с турками.

III

У Астрапидеса было имение в Акарнании, довольно хороший дом, бараны и небольшие посевы.

Во время выборов Астрапидес всегда уезжал туда; он пользовался большим влиянием на селян, и в Афинах многие обвиняли его в тайных сношениях с разбойниками.

Иные говорили, что он получает деньги от англичан; а другие подозревали, что между англичанами, Астрапидесом и разбойниками существует тайная связь, но так, что каждый ищет обмануть другого. Англичане желают, с одной стороны, иметь за себя в печати и на выборах даровитого и энергического деятеля, а с другой — очень рады, чтобы в Греции не прекратились безначалие и разбои. Разбойники ведут свои расчеты, зная, что они необходимы таким людям, как Астрапидес... Астрапидес же, утверждали люди, и Англию отвергнет, когда найдет что-либо лучшее. Алкивиаду говорили об этом многие, но он не хотел верить этому. Вскоре пришлось ему убедиться, что эти обвинения были справедливы.

Астрапидес пригласил его с собою на выборы в Акарнанию, и речь его была так убедительна, что Алкивиад согласился с удовольствием.

— Ты увидишь эту прекрасную, суровую родину наших боевых капитанов... Акарнания, которой роль была так темна и ничтожна в истории древней Эллады, в истории последнего возрождения нашего играет самую блестящую роль. Ты увидишь Мисолонги... что я прибавлю к этому?! Тень лорда Байрона будет парить над нами. Я знаю, ты одарен поэтическим чувством и с радостью увидишь наших рыцарских капитанов, наши дубовые леса, которых жолуди кормят целые селения[4]... Увидишь наши дома. В нашем доме, например (прибавил соблазнитель с улыбкой), ты увидишь бойницы, они заложены камнями и замазаны

_____

[4] Жолуди кормят народ в том смысле, что ими торгуют для дубления кож и других целей.

известью в обыкновенное время: но во время выборов их открывают, потому что иногда от спора дело доходит у нас и до...

Тут Астрапидес приостановился и, зорко взглянув еще раз на Алкивиада, прибавил как бы шутя:

— Увидишь, вероятно, и разбойников наших. Посмотри, какие молодцы. Ты, который говоришь, что ненавидишь положительный дух купечества и вечного порядка... ты увидишь их, я уверен, с удовольствием...

— Где ж я их увижу? Не отдаться же мне им в плен из любопытства? — спросил Алкивиад.

— Увидим и без плена. Ведь и они люди. Алкивиаду показались последние слова до того подозрительными, что он поколебался на минуту.

Он не верил, что беспорядки и разбои единственное и лучшее средство для эллинского прогресса, и честному сердцу его примириться с иезуитскими средствами было не легко. Он отвечал Астрапидесу, что подумает, но в тот же вечер чуть за него не поссорился с зятем, и с досады, не желая оставаться больше у зятя в доме, уехал с Астрапидесом в Акарнанию.

Ссора случилась за ужином.

Алкивиад стал говорить о красноречии Астрапидеса, о необыкновенных его дарованиях и о том, что он зовет его с собою на выборы.

— Красноречив он, это правда, и даровит; а английские фунты стерлингов еще красноречивее и даровитее. Они хоть кому озолотят речь, — сказал насмешливо толстый Гайдар-эффенди.

Завязался горячий спор, который сестра Алкивиада напрасно пыталась смягчить, воздерживая то мужа, то брата.

Алкивиад разгорячился до того, что сказал зятю: «Твои уста не озолотятся никакими сокровищами ни Запада, ни Востока. Твои нападки на Астрапидеса — злобное шипение зависти к высокому государственному таланту»...

Зять, с своей стороны, обозвал Астрапидеса уже прямо подкупленным агентом Англии и пристанодержателем разбойников, а Алкивиаду сказал, что он напрасно ест хлеб и занимает деньги у человека, которого презирает и считает глупцом...

Алкивиад встал из-за стола и ушел, несмотря на мольбы сестры, к Астрапидесу на квартиру.

Оттуда написал он к сестре нежное, почтительное письмо, упрашивая ее простить ему «эту понятную вспыльчивость» и сказать мужу, что долг он ему по возвращении в Афины постарается заплатить.

Чрез две недели они с Астрапидесом сидели неподалеку от селения, в тени прелестной дубовой рощи. Около них на лужайке паслись овцы, мирно бряцая колокольчиками.

Астрапидес был задумчив и жаловался, что выборы не совсем хороши. Напрасно лилось вино в его доме, напрасно жарились бараны и куры, – речи его, приспособленные к понятиям селян, лились еще обильнее вина... Надежды были слабы; особенно в двух селах люди обнаруживали совсем не то направление, которого искал Астрапидес.

Алкивиад слушал его жалобы и разделял искренно его досаду...

В это время подошел к ним пастух Астрапидеса и отозвал его в сторону.

– Говори при этом человеке: он первый друг мой. Пастух колебался.

– Говори! – грозно сказал Астрапидес.

– Как хотите! – ответил пастух и улыбнулся, посмотрел пристально на барина своего и сказал:

– Ребятам вчера вечером дал я трех овец. А насчет хлеба и вина сказал: вам скажу. У меня где ж хлеб и вино!..

– Хорошо сделал, – отвечал Астрапидес. – Когда ж они придут?

– Завтра вечером опять придут.

– Хорошо. Мальчик вынесет тебе в овчарню хлебов и вина... Ничего нового? Сам не был?

– Сам не был; а новый молодец один большую до вас просьбу имеет...

– Который? – спросил Астрапидес, – не тот ли, что из Турции бежал?

– Этот самый! – отвечал пастух.

– Что ж, очень рад! – воскликнул Астрапидес, – пусть зайдет завтра вечером. А лучше бы еще было, если б и сам побывал вместе с новым молодцом. Завтра, как свечереет, буду ждать их... Из-за чего тот из Турции убежал, не знаешь?..

– Из Турции? – отвечал пастух, – поссорился с офицером и свалил его с лошади в грязь, и бежал после этого. Как же не бежать? Сами знаете! Молодец хороший... вполне человек, мужчина!

Астрапидес развеселился и, возвращаясь домой, дал пастуху щедрое награждение.

Алкивиад из этого разговора понял все, понял, что зять его был прав и что Астрапидес пристанодержатель и друг разбойников. Он не стесняясь тут же выразил ему свое негодование.

– С этими средствами я никогда не помирюсь! – сказал он.

– Если ты не помиришься, ты докажешь этим, что ты еще очень молод, что глубина государственных вопросов тебе еще недоступна, – сказал Астрапидес.

– Я никогда не войду в союз с преступлением, – возразил студент.

Астрапидес остановился и, взяв его руку, начал так:

13

— Существуют ли в Акарнании разбои помимо нашей воли? Существуют. Нарушают ли они без нашего участия спокойствие мирных жителей? Конечно, нарушают. Полезны ли такие беспорядки для высших целей политических сами по себе? Бесполезны. Призван ли я специально преследовать разбой? Офицер ли я королевской службы, под начальством которого состоят солдаты для искоренения разбоя? Пристанодержательствуют и без того селения наши от простого страха и не извлекая из преступных действий своих никакой пользы для эллинизма. Не употребляют ли часто и люди противной нам партии те же средства для достижения гибельных, по нашему убеждению, целей?.. Итак, неужели так преступно со стороны патриота, если он берет то, что зовут французы le milieu, – среду, таковою, как она есть, и, освящая средства целью, подчиняет себе обстоятельства? Зло силою своего духа принуждает служить благу и бесплодно-смертоносный яд претворять, подобно врачу, в благотворное лекарство!.. Dixi! Вы, милый друг мой, предпочитаете вашу личную чистоту государственной пользе – это ваше дело... у всякого свои понятия о чести и пользе... Дайте свободу и другим, особенно тому, кто не колеблясь доверяет вам самые опасные тайны, ввиду вашей зрелости и мужественного характера!.. Что, разве не хорошо я сказал?..

Алкивиад заметил печально на все это:

— Надеюсь обойтись в жизни и без этого полезного яда, и если продолжать уподобление, то и врачи избегают сильных лекарств до последней крайности... И наконец, иное дело – соглашаться, что известное зло может иногда приносить добрые плоды, иное дело – самому вступать в союз с этим злом. И древние эллины олицетворяли в религии своей всякие силы и всякие страсти, но и они, я думаю, понимали, что лучше быть в союзе с Фебом, чем в союзе с фуриями...

— Я вижу, что ты очень умен, – ответил Астрапидес с отеческою улыбкой, – и надеюсь, что зрелость этого блестящего ума не заставит себя долго ждать. La jeunesse est un défaut dont on se corrige bien vite. Недурно сказано? Остроумный человек был этот француз, не так ли?

IV

На другой день, под вечер, Алкивиад сам видел, как пастух Астрапидеса провел в дом двух людей, закутанных в бурки. Он понял, что это были разбойники и что друг его хочет вступить с ними в какие-то преступные соглашения. С негодованием удалился он в свою комнату, зажег свечу и лег на диван с газетой... Но и газета мало занимала его... Воображение его стремилось на ту половину дома, где происходило таинственное свидание... Утром у них с Астрапидесом был новый спор об этом, и во время спора того Алкивиад узнал от Астрапидеса, что разбойник, которого ждет хозяин дома, не кто иной, как знаменитый Дэли[5].

Об этом Дэли Алкивиад слыхал не раз еще и в Афинах, и Астрапидес показал ему утром его фотографическую карточку.

Дэли красивый, бородатый мужчина средних лет, лицо его скорей приятно, чем свирепо.

Рассказывают, что он стал разбойником из мщения.

Еще он был очень молод, когда солдатам короля Оттона случилось зайти в то село, где он жил.

В числе этих солдат были негодяи, которые изнасиловали молодую сестру Дэли.

Дэли поклялся вечно мстить военным, убежал из села, собрал шайку удальцов и стал разбойником. Сначала он был жесток только к тем, которые носили мундир; с людей ражданских он брал только выкуп и вообще обращался с ниши хорошо, а иногда и по-рыцарски.

Военных он убивал без пощады. Так было сначала (рассказывал Алкивиаду Астрапидес); но позднее обстоятельства ожесточили Дэли еще больше. Дэли был женат, но бросил жену и похитил из одного селения молодую девушку, которая влюбилась в него. Он одел ее по-мужски, в фустанеллу, и она всюду следовала за ним, разделяя всюду с ним и нужду, и добычу, и опасности.

Астрапидес уверял, что сам видел ее. При одном из его прежних свиданий с разбойничьим капитаном присутствовала и эта молодая девушка. Встреча была днем в лесу, и Астрапидес сознавался, что он не мог скрыть, до чего она ему понравилась. Опираясь на ружье, она стояла поодаль с двумя другими паликарами; одета была в этот день по-праздничному, щегольски... Феска до того мило держалась на ее подстриженных волосах, бурка до того изящно спадала с ее нежных плеч, что Астрапидес, разговаривая с Дэли о самых опасных и важных делах, не мог воздержаться, чтобы не взглядывать беспрестанно в ее сторону. Он не мог налюбоваться ею.

Дэли замечал его движения и изредка улыбался.

Наконец Астрапидес сказал разбойнику, пытаясь привести его в замешательство:

---

[5] Дэли – лицо действительное. Недавно убит в Элладе войсками.

15

– Какой это у тебя молодой паликар красавец! Что за картинка...

Дэли покраснел и сказал как бы с равнодушием.

– Понравился он тебе? У меня все паликары хорошие, все злодеи люди! Все собаки такие, каких свет еще не видал...

А потом потрепал на прощанье Астрапидеса по плечу и сказал ему:

– Так понравился паликар тебе? Ох вы мне словесники, словесники городские! Что мне делать с вами! Нет у вас ни Бога, ни дьявола, и все у вас что-нибудь скверное на уме...

Не так давно эту девушку убили королевские солдаты, и с тех-то пор Дэли стал гораздо еще суровее и злее прежнего. Вот как это было. Отряд войска напал наконец на след разбойников. Дэли, который привык смеяться над усилиями своих гонителей, присел отдохнуть с любовницею своей в одной пещере. Они разложили огонь и начали варить кофе.

Солдаты заметили, что из пещеры выходит дымок, и направились к ней...

Раздались неосторожные, преждевременные выстрелы. Дэли и подруга его схватились за оружие, выбежали из пещеры и бросились вверх, с камня на камень в кусты...

Солдаты были далеко, но одна из пуль их ударила молодую девушку в грудь и убила ее на месте. Дэли убежал.

Рассказывая все это Алкивиаду, Астрапидес знал, кому он это говорит. У Алкивиада было пылкое воображение, и потому все поэтическое могло ему нравиться, даже и тогда, когда оно было преступно.

И вот теперь, лежа на диване, он не читал газеты, а думал о Дэли и о его погибшей любовнице... Знать, что Дэли всего чрез две стены от него и не видать его – казалось ему очень скучным. Гражданская совесть предъявляла свои требования, поэзия – свои...

Он уже стал проводить мысленную и глубокую черту между участием во зле и созерцанием этого зла из простого любопытства... Он уже восклицал про себя:

«Неужели врач, изучающий труп отравленного, или даже судья, с любопытством взирающий на отравителя, имеют что-либо общее с помощником отравителя, с тем человеком, который тайно продал ему этот яд?..

И к тому же, какая разница между каким-нибудь низким преступником, одним из тех преступников, которых темные и холодные злодейства изображает нам западная словесность, и греческим отважным паликаром, который не утратил ни рыцарского, ни религиозного чувства, ни даже патриотизма. Я думаю... о, я уверен, что и Дэли, и всякий разбойник, горец наш, может стать при случае патриотом и сразиться с врагом за отчизну... Прежние клефты доказали это, и сфакиоты критские в мирное время похищали не только овец и мулов у своих же соотчичей-

16

критян, но насильно увозили в горы богатых невест, в надежде, что родители должны будут уступить после... И разве эти сфакиоты не оказались истыми эллинами во время последней, несчастной борьбы?.. Где же англичанину или французу понять, что такое грек!..»

Так рассуждал сам с собою молодой человек, сгорая желанием увидать Дэли.

Да, желанием он сгорал, но, отринув так резко всякое примирение с идеями Астрапидеса, какая же была возможность постучаться в ту дверь, за которой Астрапидес совещался со своими опасными союзниками?

Однако, видно, судьбе было угодно, чтобы Алкивиад познакомился с разбойниками. Астрапидес сам пришел к нему и сказал:

– Вставай, люди тебя желают видеть!

– Меня? – с удивлением спросил Алкивиад. – На что я им?

– Увидишь. Именно до тебя, а не до кого-нибудь другого есть дело. Ты можешь сделать большое добро и спасти невинного человека.

И, говоря это, Астрапидес увлекал его дружески и почти насильно за собой...

Дэли сидел, облокотившись на стол, задумчиво и величаво избоченясь, когда молодые люди вошли...

Одет он был чисто и даже богато. Другой его спутник казался гораздо моложе; ему на вид не было и тридцати лет, но у него не было ни благодушия, ни благородства в лице, как у Дэли. И одет он был небрежнее, и беднее, и ростом ниже, и собой не очень красив, бледен, худ, как настоящий албанец; сила выражения была у него только в серых и лукавых глазах и в небольших усах, приподнятых и закрученных молодецки.

– Вот он самый, друг мой! – сказал разбойникам Астрапидес, указывая на Алкивиада.

Поздоровались и сели, о здоровье спросили. Дэли был величав во всех своих приемах; редкому номарху Греции удастся так поздороваться и так сесть. Товарищ его, напротив того, не пожал руку Алкивиада крепко и по-братски, а подошел почти униженно, чуть коснулся пальцами его руки и возвратился к своему месту, почтительно склоняясь и прикладывая руку к сердцу. Он даже не хотел сесть, пока не сели все другие.

– Он из Турции, и зовут его Салаяни, – сказал Алкивиаду Астрапидес. – Он имеет до тебя просьбу.

Салаяни опять почтительно поклонился Алкивиаду.

– Говори же! – сурово сказал своему спутнику Дэли. – Оставь политику свою и без комплиментов расскажи о деле.

– Эффендим! – воскликнул Салаяни, вздыхая, – происходит великая несправедливость. Христианство страдает в Турции...

17

– Бедный человече! – воскликнул Дэли, смеясь и качая головой, – он все с пашой еще словно говорит... Скажи ты прямо, не тирань ты человека глупыми речами...

– Но что ж ему бедному и делать, – вступился Ас-трапидес, – привычка, рабство...

– Рабство, рабство! Глупость, а не рабство, – сказал с презрением Дэли и потряс рукой на груди своей одежду. – Э, человече! Говори...

Наконец дело объяснилось. Салаяни несколько лет тому назад служил мальчиком в городе Рапезе у богатого архонта кир-Христо Лампрйди. Этот Христо Ламприди был Алкивиаду дальний родственник, троюродный брат его отцу. Вес г. Ламприди и в городе, и вообще в Турции был велик. Недавно его султан своим капуджи-баши[6] сделал.

– Служил у него я мальчиком, – говорил Салаяни все вкрадчиво и почтительно, – и был он мне как отец, и я ему был как сын, пока не случилось со мной несчастия: шел я однажды по улице на базар. Встретился мне один турок, низам, несет в руке говядину сырую и говорит: «Эй, море-кефир![7] снеси эту говядину в казарму, а у меня другое дело есть». – Я говорю: зачем мне нести твою говядину? У меня у самого дело есть. «Снеси, несчастный кефир! – говорит он мне, – ты ведь мальчик еще, и казарма близко». – Нехорошо ты делаешь, ага, – говорю я ему, – что кефиром меня зовешь: это законом запрещено! «Так ты мне говоришь?» – спрашивает он. – Так я тебе говорю, ага! – я сказал. Тогда он взял эту говядину сырую и начал бить меня сырою этою говядиной по лицу и ругать веру нашу. Я стал отбиваться. Прибежали другие низамы... избили меня, а потом подошел офицер их, отнял меня и отослал в конак, а оттуда меня в тюрьму послали, и просидел я в тюрьме около месяца...

Астрапидес и Алкивиад слушали серьезно, но Дэли смеялся и говорил:

– Хорошо тебя вымыл турок. Я рад, потому что ты не человек, море. Ты бы должен был убить его на месте, а не кричать, пока сбегутся другие низамы... Албанская голова, сказано! Э, рассказывай дальше, несчастный... Соскучился уж и я, тебя слушавши, а молодой господин этот, глядя на то, как ты ломаешься пред ним, как бы тебя в дьявольский список[8] не записал, вместо помощи... Бедный, бедный.

Дальше рассказывал Салаяни так: г. Христо Лампри-ди, дядя

---

[6] Капуджи-баши – звание почетное, вроде камергера Это звание дается богатым грекам, евреям, болгарам и т д за какие-нибудь заслуги государству, люди эти, однако, не состоят при дворе, а продолжают заниматься своими делами в провинциях.

[7] Кефир – гяур.

[8] Записать в дьявольский список, в список дьявола – иметь человека на худом счету.

18

Алкивиада, выхлопотал было ему сокращение тюремного срока, взял его к себе опять на поруки, что будет хорошо себя вести, и жил так бедный, невинный мальчик долго. Потом случилось другое несчастие. Тот офицер турецкий, который отнял Салаяни у солдат, но вместо того, чтобы наказать своих, обвинил его, ехал раз верхом около дома г. Ламприди. Время было грязное, и офицер, вместо того, чтоб ехать посреди улицы, въехал на тротуар около самого дома. Салаяни в это время выносил на улицу кой-какие вещи хозяйские, и в руках у него была хорошая стеклянная посуда. Наехал офицер так неожиданно и прижал его к стене так близко, что посуда выпала из рук Салаяни и разбилась. Начал он спор с офицером и стал кричать, что хозяину убыток большой... Офицер замахнулся на него хлыстом, а Салаяни толкнул его лошадь так, что она упала вместе с офицером с тротуара в глубокую грязь... и офицер расшибся и весь в грязи измарался; а Салаяни тотчас же бежал, сперва в горы, а потом и в Элладу...

— Вот они, наши дела-то какие! — сказал все с улыбкой Дали Алкивиаду. — Турецкие дела!.. Теперь этот молодец желает, чтобы добрый дядя ваш, г. Христо, выпросил ему прощение у пашей тамошних и чтоб ему было позволено возвратиться на родину. Вы напишите вашему дяде, просит он.

Астрапидес заметил, что ныньче гораздо больше законности, чем было прежде, и потому не трудно ли будет это...

— А больше ничего нет? — спросил Алкивиад.

— Есть и еще, — ответил Салаяни, снова принимая скромный и почтительный вид. — Только это великая обида. Когда я был в горах — убили ночью другие люди двух человек. Христиане они были... Сами же соседи убили, а на меня говорят... Только пусть я почернею и с места не сойду, и пусть Бог меня накажет, если это не обида мне!..

Все слушатели улыбнулись, и Астрапидес, и Дэли, и Даже Алкивиад, несмотря на внутреннее волнение, которое он чувствовал, слушая все, что говорил Салаяни. А Дэли прибавил: «Все несчастия с молодцом приключаются... Судьбы ему нет, а сам он, как святой человек, я так, глядя на него, думаю»... Астрапидес заметил, тоже смеясь и обращаясь к Дэли: «Говорят люди: турецкие дела! Можно и так сказать: эллинские дела!»

— Ба! — сказал Дэли, встав, — это-то слово я давно говорю... Именно так: эллинские дела. А молодцу вы, господин Алкивиад, все-таки помогите. Какая бы ни была, а все душа христианская.

Алкивиад обещал написать дяде письмо и послать не по почте, а с верным случаем. Сверх того он сказал, что давно и сам бы хотел побывать в Эпире у родных. Может быть, и поедет скоро; тогда на словах еще легче все кончить. Салаяни вызывался и сам отнести письмо в Эпир и переслать в Рапезу; но Алкивиад не решился дать в руки незнакомому и подозрительному человеку письмо, которое могло бы и повредить г-ну Ламприди.

Разбойники простились и ушли. Салаяни еще раз униженно благодарил афинских господ, и оставшись одни – Алкивиад и Астрапидес – опять проспорили до полуночи.

Алкивиаду несколько раз приходили на ум «английские фунты»; но он был слишком благороден и еще слишком сильно любил Астрапидеса, чтоб оскорбить его так ужасно на основании одних слухов. Он довольствовался тем, что горячо оспаривал право гражданина пользоваться всякими средствами даже и для возвышенных целей.

Астрапидес был непреклонен и повторял: «Ты увидишь, что иначе нельзя! Ты увидишь, как все будет хорошо теперь».

Правда, не прошло и недели, как те села, которые больше всех упорствовали в противном направлении, сдались на тайные угрозы и подали голоса в пользу тех, кого хотел Астрапидес.

Были при этом и угощения; вино Астрапидеса опять лилось чрез край; на дворе его гремела музыка, плясались народные пляски. Молодые афинские щеголи браталлись с селянами, и даже раз оба, одевшись в фустанеллы, плясали сами так хорошо (особенно лихой Астрапидес), что деревенские люди кричали им: «браво, паликары, паликары городские, браво!» Иные обнимали их.

Одно только событие отуманило это веселье. Один двадцатилетний племянник убил из пистолета своего дядю. Они заспорили о политике; племянник был сельский паликар, а дядя афинский словесник[9]. Племянник обличил дядю в бесчестности; дядя вынул револьвер, но племянник предупредил его движение и сам убил его наповал.

Астрапидес в ту же ночь выслал юношу на турецкую границу, и турки приняли его хорошо; узнав, в чем он виноват, они его удержали, несмотря на требования греческого номарха, говоря друг другу:

– Разве они нам выдают наших преступников? Никогда... Вот и Салаяни не хотят выдать. Мальчик этот хороший – зачем его выдавать?

Вскоре после этого Алкивиад простился с своим другом и уехал в Корфу к отцу. Чувство его к Астрапидесу стало остывать, и согласиться с ним он не мог.

Чувствуя свою вину пред зятем, он из Корфу написал сестре очень ласковое письмо, в котором просил извинения у зятя и сознавался ему, что он «в Астрапидесе ошибся».

---

[9] Словесники (логибтате) и чернильщики (каламарадес) – названия, которые дают часто в насмешку простые греки своим учителям, адвокатам, газетчикам и т. п.

«Больше, однако, я ничего не скажу. Это долг моей прежней дружбы и убеждение, что он лишь заблуждается, но не так виновен, как вы думаете... В такую безнравственность я никогда не поверю и потому буду молчать».

Из Корфу Алкивиад хотел было тотчас же ехать путешествовать по Эпиру; но жаль было скоро покинуть отца; он отложил поездку и написал пока письмо о Салаяни к Христаки Лампри́ди, в город Рапезу, в котором тот жил всегда. Христаки Лампри́ди был не только самый первый богач своего края, не только капуджи-баши, но дом его уважали еще в Эпире, как «старый и большой очаг».

Отец Христаки торговал пшеницей и кожами и был богат и известен самому Али-паше Янинскому. Случилось так, что Али-паша услыхал от кого-то похвалы европейским серебряным сервизам для стола; он захотел непременно иметь такой сервиз. Кому поручить? Он вспомнил, что отец Христаки имеет дела с триестскими торговыми домами, вызвал его в Янину и сказал ему: «Поезжай ты сейчас в Триест; закажи самый хороший таким франкского серебра и привези мне; а я тебе заплачу, если будет вкусен и красив!» Кто не трепетал тогда Али-паши! Убить человека всегда было в его воле; его боялись в самом Царьграде. Рассказывают, что он узнал раз, будто один консул западный пишет о злодействах его подробно в свое посольство; он призвал его к себе и сказал ему:

– Консулос-бей! Не пиши ты так худо обо мне посланнику; узнаю я, что ты еще пишешь, заплачу двум арнаутам, и они убьют тебя; а я потом схвачу их и повешу, и напишу: вот как я наказал злодеев, которые консула умертвили. И твой эльчи[10] будет рад...

Каково же было ехать купцу в Триест на свой страх покупать серебро? Он простился, проливая слезы, с семьей и уехал, среди зимы, в самое бурное время, на простом парусном судне. Серебро, однако, понравилось паше. Он заплатил за него гораздо дороже, чем оно стоило самому Лампри́ди, и дал в награду ему и его роду похвальный фирман. В фирмане было приказано всем и всегда уважать этот почтенный, честный и старый дом, в котором и гостеприимство издавна таково, что и очаг никогда не гаснет, и казан в кухне всегда кипит.

Все это Алкивиад знал и прежде, и дядю самого и сыновей его знал давно, потому что они бывали в Корфу и останавливались всегда у его отца.

В письме он не говорил, конечно, где и как он встретил Салаяни, но просил его только употребить свой вес и свое влияние, чтобы Салаяни позволили поклониться[11]. Он жалуется, что утомлен жизнью клефта и

---

[10] Эльчи, эльчи-бей – посланник.

[11] Поклониться – положить оружие, попросить прощения, сдаться.

хочет, подобно стольким другим прощенным разбойникам в Турции, перейти снова в мирное гражданское житье.

Чрез две недели кир-Христаки ответил Алкивиаду так:

«Это правда, – писал он, – что многие поклоненные разбойники в Турции стали прекрасными и честными гражданами и живут между нами хорошо, так что и мы уважаем их. И у меня есть один приятель такой; он уже старик, торгует честно и живет богато. Но поклониться теперь труднее, чем было прежде: теперь в Турции гораздо более законности, и едва ли новый паша допустит Салаяни поклониться; он желает переловить всех разбойников и наказать их, а не прощать.

Сверх того, любезный друг мой, скажу я тебе и про Салаяни самого, что он, может быть, теперь и утомился; но я его знаю с детства: он злой и лукавый человек, у которого ничего нет святого, и я ему не верю. Не будет сам он разбойничать, так пристанодержателем станет, что иногда еще хуже. И каково же мне стать поручителем за такого изверга? И пусть он не говорит, что «турки виноваты»; виновата его злоба, а не турки. Не ему одному, деревенскому мальчику, случилось дерева поесть[12] от турок, но разбойниками люди эти не стали... И офицер, которого он в грязь столкнул, отличный был человек, доброй души и вовсе не тиран. Поэтому передай Салаяни, чрез кого ты знаешь, что я для него не сделаю ничего!»

В конце письма г. Ламприди еще раз звал Алкивиада в гости к себе в Рапезу, поесть наш хлеб и посмотреть, как мы, люди старинные и ржавые, живем в Османли-Девлете.

Хотя Алкивиаду уже не хотелось писать к Астрапидесу, но делать было нечего; он желал сдержать слово и дал знать чрез него разбойнику (не называя его по имени на бумаге, а просто тому молодцу), что сделать для него никто ничего не может.

Недели через две после этого, простясь с отцом, Алкивиад сел на пароход и поехал в Эпир.

V

Алкивиад вышел на турецкий берег впервые в Превезе... В этом городе у него был знакомый доктор, родом кефалонит. Он его знал еще холостым в Корфу, встречался с ним и в Афинах.

Доктор был человек образованный, умный, очень живой и страстный

---

[12] Дерева поесть – отведать палок, побоев попробовать.

ритор. Алкивиад уважал его и очень был рад встретить его в Превезе. Доктор был предупрежден о приезде Алкивиада, но сам не мог поспеть ему навстречу и выслал вместо себя на пристань двух слуг, чтоб они проводили Алкивиада до его дома и принесли бы его вещи.

Алкивиад прошел с ними около крепости, на которой развевался кровавого цвета флаг с белым полумесяцем.

Первые впечатления молодого эллина не были слишком грустные; любопытство долго заглушало в нем вопли патриотического чувства...

Городок имел вид мирный и приятный. Белые домики его весело стояли в зелени; апельсинные сады и широкие оливковые рощи проливали кроткую тень на окрестность. Народ казался бодр и опрятен: одет он был в фустанеллы, точно так же, как и в свободной Акарнании... Алкивиаду даже понравились почтенные турки-ходжи в белых чалмах.

Один из слуг, сопровождавших его, был очень разговорчив. Он сказал Алкивиаду, что он не слуга доктора, а слуга г. Парасхо из Рапезы, другого дальнего родственника Алкивиада; что г. Парасхо и кир-Христаки Ламприди нарочно выслали его в Превезу навстречу гостя. Сказал еще, что его зовут Тодори-сулиот из деревни Грацана и что у него есть для дороги хорошее оружие. Алкивиад уговорил его идти с собой рядом, и Тодори объяснял и показывал ему дорогой все, что он желал знать.

На базаре, где было больше народа, путника неприятно поразил один случай... Их обогнал сперва высокий вооруженный и суровый паликар, а за паликаром шел очень гордо невзрачный, сморщенный и дурно одетый европеец в форменной фуражке... Тодори сказал ему, что это один из западных консулов. «Недавно он торговал пиявками и то секретно, потому что в Турции все пиявки царские; а теперь вот большой человек стал и консул!» Так сказал Тодори...

Алкивиад видел, что на базаре все привставали и кланялись, когда консул проходил мимо; видел, как небрежно и гордо отвечал жалкий европеец на поклоны эти... Видел и худшее. Сперва один солдат турецкий и потом один грек, продавец сластей, не успели посторониться с узкого тротуара. Кавасс консульский столкнул их обоих вниз так сильно и грубо, что солдат едва устоял на ногах, а у грека упал лоток, и все конфеты рассыпались по грязи. Могло ли это понравиться сыну свободной Греции? Почтение, которое обнаруживал народ пред вчерашним продавцом пиявок, показалось ему отвратительным низкопоклонством... вековою привычкой рабства.

Грубое обращение кавасса еще больше возмутило и удивило его.

Южный округ Эпира славится удальством, и многие из этих же самых людей, которые так покорно выносят толчки, завтра способны снова, как в 21 году или во времена Гриваса, залечь за камни с ружьем или гнать мусульман с обнаженными ятаганами по горам до самых ворот города!

Доктор встретил его на пороге своего дома, и они обнялись. Докторша сама подала ему варенье с водой и кофе, спросила его о здоровье отца и всех других родных его, которых она никогда не видала, и, исполнив этот долг, удалилась в угол и села там, не мешаясь более в разговор...

Зато сам хозяин был многоречив, и слог его речей был по-старому возвышен.

— Итак, — сказал он Алкивиаду, — вы решились взглянуть на этот рабский край? Вы хотите попрать стопами свободного эллина землю вековой неволи? Хорошо. Прекрасная мысль! Вы посетите, я не усомнюсь, славную Пету, где покоятся кости филэллинов. Вы бросите, конечно, ваш взор и на развалины Никополя, на полуразрушенную баню, которую иные зовут баней Клеопатры. Обзор этих развалин поучителен не только в одном археологическом отношении. Он пробуждает в нас глубокие размышления о непрочности всего земного, о падении великих царств, и унылое сердце грека, страдающего под ненавистным игом зверей, принявших человеческий образ, раскрывается для новых надежд.

— Это правда. Я посмотрю все это, — отвечал Ал-кивиад. — Скажите мне, однако, как вы живете здесь...

— Как живем? — отвечал доктор с улыбкой. — Как живут варвары? Может ли человек как следует просвещенный ожидать чего-либо от страны, в которой бедность, рабство и невежество составили между собою союз, побе-димый только огнем и мечом!

— Турки, как слышно, делают успехи; просвещаются и стараются привлечь к себе население. Правда ли это? — спросил Алкивиад.

Доктор презрительно усмехнулся.

— Коран и прогресс так же примиримы, как огонь и вода! — воскликнул он.

— Не обманываем ли мы сами себя? — спросил Алкивиад. — Знать истину про себя, мне кажется, выгоднее, чем обольщаться... Аравитяне доказали, что Коран и просвещение совместимы. Не следует ли бояться, чтобы турки не пошли по их следам?

— Ба! — воскликнул доктор, — можно ли аравитян сравнивать с турками? Турки слишком просты. Я приведу вам один недавний пример турецкой глупости. Года два тому назад Превезу посетил австрийский император. Я расскажу вам в мельчайших подробностях об этом событии.

Здесь доктор должен был остановиться, потому что в столовой накрыт уже был обед, и молодой гость его признавался сам, что он очень голоден.

24

VI

Обед доктора был хорош. Густой рисовый суп с лимоном и яичным желтком «авго-лемоно», любимый на Востоке; слоеный пирог с начинкой из шпината; индейка, начиненная изюмом и миндалем, и пилав с кислым молоком.

Докторша не принимала, по-прежнему, участия в разговоре; она, беспрестанно вставая из-за стола, занималась хозяйством и угощала Алкивиада так навязчиво, что муж, наконец, сурово заметил ей:

— Перестань беспокоить человека. Есть пределы самому гостеприимству! Это становится пыткой, сударыня! А вас, кир-Алкивиад, я прошу извинить нашу эпиротскую простоту; моя госпожа — женщина древняя... не по летам, а по обычаю.

— Мы так приучены! — скромно присовокупила докторша и тоже извинилась.

Алкивиаду, который привык к свободе женской в Афинах и Корфу, не понравились ни суровость мужа, ни лицемерная стыдливость жены, и он поскорее попросил своего хозяина рассказать о приезде австрийского императора.

— С удовольствием! — воскликнул доктор. — Я расскажу вам это подробно. Однажды, ранним утром, летом 67 года, вошел в нашу гавань военный пароход под австрийским флагом. Австрийский консул, бывший здесь тогда, человек пожилой и простой, вышел из дома своего в халате и туфлях, и так как жилище его было на берегу моря, то он скоро увидал, что от парохода отделилась шлюпка с простым флагом, полная офицеров. Консул, полагая, что это простые соотечественники, начал кричать им: «Добро пожаловать!» и манить их рукой. Шлюпка остановилась пред самым домом его. Первый выскочил из нее офицер средних лет, и консул хотел рекомендоваться ему и пожать руку, как вдруг следующий офицер сказал ему: «Это его величество!» Бедный консул до того растерялся, что пошатнулся и упал бы навзничь, если бы сам император не поддержал его. Мало-помалу он пришел в себя; переоделся, принял государя у себя в доме и угощал его по-здешнему, вареньем и кофе. Отдохнув, император приказал нанять простых лошадей из ханов, для поездки инкогнито на развалины Никополя, прежде, чем турецкие власти узнают о его прибытии. Он захотел, однако, на минуту зайти и в крепость, которая, как вы видели, защищает бухту. И вот тут-то вы увидите, каково просвещение Турции. Полковник, который начальствовал артиллерией в этой крепости, узнал, что император уже взошел в ворота; он выбежал, как был, расстегнутый, без галстуха, в старом мундире и, кланяясь императору, воскликнул: «Так-то ты приезжаешь к нам, не подав вести вперед! Обманул ты нас. Хорошо! Постойте, и мы к вам в Вену когда-нибудь так придем! Увидишь!»

– Это не столько глупость, сколько честное простодушие военного, – отвечал с улыбкою Алкивиад. – Что ж было дальше? Какое впечатление произвело это на наш народ?

– Никакого, – отвечал доктор. – На базаре, конечно, любопытство пробудилось во многих, но одно лишь любопытство. Многие жаловались, что им помешали в этот день торговать спокойно. Совсем иное дело было, когда недавно еще прошел ложный слух о том, что на русском пароходе едет к нам из Корфу Великий Князь Константин. Тогда бы вы могли полюбоваться на стечение народа, на восторг этой толпы.

– Это грустно, – сказал Алкивиад. – Славяне и панславизм – самые опасные враги наши.

– Я говорю не о славянах, а о России; о великой державной России, которой каждый шаг на Востоке был ознаменован облегчением нашей участи! – отвечал доктор с жаром. – Если вы под славянами разумеете именно русских, то я вам должен сказать с величайшим, глубоким сожалением, что я с мнением вашим согласиться не могу! Мы все привыкли чтить этот флаг.

– В политических мнениях, – возразил Алкивиад, – безусловно должно быть одно – любовь к отчизне; остальное должно изменяться по обстоятельствам.

– Подите измените взгляд наших простых людей, – воскликнул доктор.

Разговор этот скоро прекратился, однако, потому что доктор предложил Алкивиаду свести его в Порту и представить мутесарифу. Он говорил, что это будет одинаково полезно для них обоих. Посещение это, в котором Алкивиад должен стараться быть почтительным и понравиться паше, произведет хорошее впечатление. Оно будет значить, что человек и не скрывается, и уважает местную власть.

Алкивиад согласился охотно на это предложение, и доктор послал слугу своего к паше спросить: «в котором часу угодно будет его превосходительству принять их».

Слуга возвратился скоро и сказал:

– Когда вам угодно: хоть сейчас же!

Доктор и Алкивиад собрались идти. Желая угодить мутесарифу, Алкивиад спросил: не лучше ли надеть фрак? Но доктор осмеял его, утверждая, что паша человек старинный, фраком его не пленишь, и что длинное пальто, которое было на Алкивиаде, понравится ему гораздо более, как одежда, дающая вес и солидность.

Они пошли.

Мутесариф был родом из дальнего Берата, из большого албанского очага. Доктор предупредил Алкивиада, что он встает с дивана только для других пашей, для консулов и для духовных сановников: для архиерея, для кади или для еврейского хахана. И потому молодой грек без звания и положения в стране оскорбляться этою гордостью не должен.

Изет-паша точно не встал с дивана, но принял их довольно приветливо и, ударив в ладоши, на дурном греческом языке приказал принести им папирос и кофе.

– Надолго ли в наши страны? – спросил он Алкивиада.

Алкивиад сказал, что и сам не знает, что он желает только повидаться с родными... Мутесариф похвалил его за это; похвалил его рапезских родных, особенно дядю, старика Ламприди.

– Почтенный человек! – сказал он. – Старинного, большого дома! Падишах его недавно капуджи-баши сделал! И вся семья его почтенная, честная и хорошая. Старинная семья!

Но этот разговор приостановился, потому что паше подали телеграмму на турецком языке.

– Эй, море, – закричал он сердито, – где мои очки?

Слуга надел ему очки.

Изет-паша долго смотрел на телеграмму, качая головой, и наконец воскликнул:

– Скажите! не четвероногое этот телеграфчи? Так мерзко пишет! Позовите кетиба![13]

Молодой кетиб вошел в модной короткой жакетке и феске и почтительно встал перед пашой.

Паша сурово приказал ему прочесть телеграмму про себя. «Разобрал?» – спросил он.

Писарь сказал, что разобрал. «Дай мне». Опять надел очки, опять смотрел угрюмо и еще раз осыпал проклятиями телеграфчи.

– Что ж он пишет?

– Пишет, – сказал молодой писец, – что из Эллады опять перешел границу разбойник Салаяни, как видно, от преследования греческих войск.

– Хорошо! они преследуют, а мы убьем его! – сказал паша и потом, снова обращаясь к писцу, спросил у него: – Какая это на тебе одежда?

– Одежда моды, – смиренно кланяясь, отвечал писец.

– Одежда моды? – грозно воскликнул Изет-паша. – И ты смеешь являться предо мной в этой обезьяньей одежде? Разве не имеешь ты низамского сюртука, который назначен для службы? Европа, франки свели вас с ума!

---

[13] Кетиб (по-турецки) писец.

– Як вали-паше так ходил, паша-эффендим, извините меня! – дрожа оправдывался писец.

– Вали-паша не выгнал тебя по великой доброте своей, а не по закону. Ты меймур[14] и должен знать и меймурлик свой. Иди вон!..

Когда писец, смущенный и растерянный, оставил комнату, Изет-паша обратился к гостям своим и сказал им:

– Это они считают политичностью и образованием. Эта мода – гибель для всех нас.

– Вы говорите истинную правду, паша-эффенди, – воскликнул доктор. – Мода всех нас, восточных людей, сводит с ума, и мы от Европы принимаем лишь одно дурное, разврат и роскошь!..

С этими словами доктор хотел встать и проститься, но Изет-паша удержал их, говоря, что дел спешных теперь нет и он рад побеседовать. Он велел подать еще кофе и сигары, себе спросил чубук и повеселел.

Он много расспрашивал Алкивиада про Афины и Грецию; жаловался на разбои в обеих пограничных странах и сказал, наконец, нечто такое, что вызвало со стороны Алкивиада немного живой ответ.

– У вас держится разбой, – сказал паша. – Когда бы мы жили всегда в согласии и дружбе, как добрые соседи, так этому худу давно бы положили конец...

– Ваше превосходительство, извините меня, – сухо возразил Алкивиад, – если я не соглашусь с этим. Правительство наше конституционное и по этому одному иногда не может так легко и скоро наносить удары беспорядку, как могло бы правительство самодержавное, как ваше; если бы... обстоятельства, которых я не знаю и не сужу, не противились бы этому.

– Что он говорит? – спросил Изет-паша у доктора, – он говорит уж слишком по-эллински, и я таких высоких слов не понимаю.

– Он надеется, – сказал доктор по-албански, – что такое могущественное, самодержавное правительство, как правительство султана, скорее эллинского достигнет этой цели, и не хвалит конституцию.

Паша подозрительно поглядел на доктора и сказал:

– Это правда. Это он хорошо говорит. Я старинного эллинского языка не знаю. Но люди, которые знают его, хвалят и говорят, что в нем много премудрости и сладости.

Доктор перевел полуалбанскую, полугреческую, полутурецкую речь паши своему спутнику, и они простились с пашой.

Паша сказал Алкивиаду, чтоб он не уезжал в Рапезу, не простившись с

---

[14] Меймур, меймурлик (по-турецки) чиновник, чиновничество.

ним, что он хочет еще поговорить с ним и дать о нем похвальное письмо рапезскому каймакаму, «чтобы тот на него хорошо смотрел».

VII

Алкивиад на другой день рано уехал верхом взглянуть на развалины Никополя.

Доктор спешил с утра к больным и сокрушался, что не мог сопутствовать ему. Сначала Алкивиад пожалел об этом, но потом утешился. Мечтать и думать было приятнее одному на зеленой равнине, где между морем и заливом стояли развалины.

В стране, которую посетил теперь Алкивиад, каждый шаг многозначителен для грека. Куда ни обращался его взгляд, все пробуждало здесь великие воспоминания. Мыс Акциум, где бились Антоний и Октавий Август, был недалеко. С горестью вспомнил Алкивиад о том, что эти грозные римляне были учениками древних греков и что орлы римские разносили когда-то греческий ум и греческий вкус во все края света. Почти содрогаясь от гордости и горя, вспомнил он один лишь случай из жизни греко-римского Мiра. Он вспомнил, как гонец принес парфянскому царю голову Красса, разбитого Суреной, и застал своего царя вместе с царем армянским за ужином. Оба царя любовались на актеров, которые представляли в эту минуту трагедию Эврипида. Гонец вошел. Раздались вопли торжества. Актеры умолкли. И голова старого римского полководца пала к ногам восточных царей.

В диких горах Армении цари наслаждались тогда Эврипидом! А теперь?..

Не в Акарнании, как пророчил ему Астрапидес, а здесь предстала ему тень Чайльд-Гарольда.

«О, прекрасная Греция! плачевный обломок древней славы! Тебя нет, и, однако, ты вечно бессмертна!

Кто будет ныне вождем твоих сынов, рассеянных по лицу земли? Кто изменит привычки столь долгого рабст-ва?

Сердце тоскует по родине, когда нежные узы соединяют его с родительским кровом, сердце живет счастливо у домашнего очага... Но вы, одинокие странники, посетите Грецию и бросьте взгляд на страну столь же грустную, как и вы сами. Греция не внушит вам веселых мыслей!

Посетите эту священную страну, эти волшебные пустыни! Но щадите эти обломки; пусть рука ваша чтит этот край, и без того ограбленный многими!»

Продолжая размышлять и мечтать, Алкивиад приблизился к той развалине, которую зовут баней Клеопатры. Название это, конечно, не верно, ибо Никополь (город победы) был построен Августом и назван им так после гибели Антония и Клеопатры. Здание это не велико, и развалины его не имеют ни величия, ни изящества. Есть простые турецкие бани, которые гораздо больше и красивее. Алкивиад мало знал археологию и думал обо всем этом как простой путешественник. Он присел отдохнуть в тени этой развалины и только в ту минуту заметил, что неподалеку от него, около разрушенных ворот, стоят два оседланные мула. Слуга доктора разговаривал, сидя на траве в тени, с другим мальчиком в простой албанской одежде. Немного подальше стояли пред стеной два монаха; один из них, седой, показывал что-то руками, а другой, черноволосый, еще молодой и очень стройный, записывал в книжку карандашом.

Алкивиад подошел к ним, и они познакомились. Седой монах сказал, что он игумен одного из монастырей около Рапезы, а молодой, которого выразительное лицо сразу понравилось Алкивиаду, назывался отцом Парфением и был в этой стороне проездом из Македонии.

Окончив свой осмотр, монахи предложили Алкивиаду разделить с ними завтрак в тени развалин.

Алкивиад согласился с радостью, слуги принесли сыр, хлеб, хорошее вино и апельсины, и скоро разговор оживился.

Седой монах, отец Козьма, казался стариком простодушным, но отец Парфений был крайне осторожен и тонок. При всей живости своей и свободе обращения, полной достоинства, он старался больше выспрашивать Алкивиада, чем отвечать ему. Об одном только он говорил про себя охотно: о своих археологических занятиях. Заметки его были очень интересны, но Алкивиаду хотелось иного, и он прямо сознался, что «новости предпочитает древностям».

– Имеют и древности свой вкус, – улыбаясь отвечал отец Парфений, – особенно, когда настоящее не занимательно, а будущее темно.

– Будущее хоть и темно, однако всегда занимательно, – возразил Алкивиад, – особенно для народа, который не имеет настоящего.

– Что-нибудь одно, – сказал монах (и все с улыбкой), – если народ существует, он не может быть без настоящего... если же у известного общества людей нет народного настоящего, в каком бы то ни было проявлении, то нет, значит, и народа... А будущее известно лишь Творцу вселенной. Не так разве?

Улыбки отца Парфения казались Алкивиаду насмешливыми, и речь его, ясная по смыслу, но темная по намерению, раздражала любопытство и самолюбие... Алкивиад дал себе слово, что заставит монаха высказаться откровеннее. Он видел, что пред ним не простой поп, а человек просвещенный и, казалось ему, необычайно даровитый.

— Я настоящим для народа не зову жалкое прозябание под игом! — воскликнул он.

— Кто же прозябает и под каким игом? — спросил отец Парфений. — Если вы говорите о турецком правительстве, то я не знаю, можно ли назвать игом власть, которая в последнее время сделала столько успехов и которая уже почти сравняла всех своих подданных в правах. Не пора ли оставить эти слова без смысла и содержания, взглянуть на дело взором чистой логики и назвать, как говорится — корыто корытом, а смокву смоквой, а не камнем или еще чем-нибудь иным?.. Не пора разве?

— Я не понимаю, что вы хотите этим сказать, — ответил Алкивиад. — Я понимаю одну и очень простую вещь, вот она: Эпир, Фессалия, все острова, Константинополь и Македония, по крайней мере, должны принадлежать грекам.

— Простая мысль! поистине простая! — воскликнул отец Парфений и засмеялся громко.

Потом прибавил еще:

— И Фракия, и Фракия, если позволят обстоятельства.

Отец Парфений встал и, обратясь к старому игумену, спросил:

— Что вы, старче, о чем мыслите?

— Силы нет, силы! — отвечал старик, вздыхая.

— А охота есть? — спросил отец Парфений.

— Как не быть охоты веру свою в торжестве и силе видеть, — сказал старик.

— Греческая только эта вера, старче, или есть и еще православные? Нет ли каких еще сербов или татар ногайских крещеных в нашу святую веру?..

— Есть! Как же? одна Россия считает ныне более 70-ти слишком миллионов... Господь Бог простер благодать Свою над православною державой. Как же, как же! Есть много православных на свете...

Отец Парфений на это ничего не ответил и опять спросил, смеясь, у игумена:

— Так охота есть, старче? Силы нет? Так ли?

— Так, конечно так.

— Тихие воды опасны и бездонны, старче! Ты тихий и опасный человек; но я тебе скажу, что и охоты иметь не следует, той охоты, о которой ты говоришь...

— Бог даст! Бог все даст! — кротко заметил на это старичок, и монахи, простясь с Алкивиадом, уехали.

Молодой Аспреас, размышляя, шагом тоже вернулся в город. Отец

31

Парфений показался ему очень занимательным, и он желал бы опять встретиться с ним.

Доктора не было еще дома, когда он возвратился, и ему пришлось беседовать с докторшей.

Что было с ней говорить! Она была со всем согласна, и если и возражала, то так нестерпимо и до того уж просто, что Алкивиад чуть не возненавидел ее...

Всякому немного новому слову она удивлялась; шутка почти пугала ее; похвала чему-нибудь местному возбуждала в ней очень глупый смех.

Когда, например, Алкивиад, на вопрос докторши, не устал ли он от прогулки в Никополь, сказал ей смеясь, что такой побродяга, как он, не может легко устать, докторша испугалась и воскликнула: «Ба, ба, ба! Что вы говорите! Как может молодой человек такой хорошей фамилии быть побродягой! Это только простые сельские люди, варвары, не устают!»

— Хорошо, пусть буду и я варвар! — шутя ответил Алкивиад.

Докторша еще больше растерялась и закричала пронзительно.

— Ба, ба, ба! Может ли молодой человек, воспитанный в европейских городах и благородной семьи, быть варваром!

«Какая глупая, безвкусная женщина!» — подумал Аспреас.

Случилось ему заметить, что белая чалма турецкого духовенства придает много и красы и величия лицу. Докторша засмеялась и сказала:

— Это вы шутите! Разве чалма может быть красива? Сказано — турецкая вещь!

— Отчего же? Мы не за безобразие браним турок, а за другое, — возразил Алкивиад, пробуя хоть как-нибудь пробудить искру мысли или вкуса в этой женщине...

— Это правда! — сказала докторша.

Помолчав немного, она сама решилась предложить гостю один вопрос... Вопрос этот давно пожирал ее душу; предложить его она считала (как и все ее соотечественницы) долгом вежливости, долгом хорошего воспитания и просвещенного ума. Но живость Алкивиада и его странная (в глазах эпирской дамы) манера, — без всяких вопросов о здоровье и заметок о погоде начинать, взойдя в комнату, шумно и скоро говорить о чем попало, — сбила ее совсем с толку. Наконец она выбрала минуту и спросила:

— Как вам нравится наше место?

— Городок ваш имеет очень приветливый и веселый вид, — сказал Алкивиад.

— Это происходит от вашей доброты! — ответила докторша. — Такой ответ обязателен, когда дело идет о похвале чему-нибудь близкому нам... Доброта, значит, ваша делает вас снисходительным к недостаткам людей и страны.

Алкивиад, наконец, с досадой спросил ее:

– Скажите мне, я вас прошу: отчего женщины здесь так не развиты и не смелы?

– Турция! – сказала хозяйка.

– Извините меня! – воскликнул с сердцем гость. – Чем же турки виноваты, что наши женщины не развиты... В эти дела они не мешаются.

– Так у нас уже исстари ведется. Школ также для девиц мало... Одна школа девичья у нас есть в Превезе. Ее поддерживает русская Государыня!

Алкивиад прекратил разговор, запел итальянскую арию и вышел на балкон.

Море было спокойно; флаги консульств и турецкий на крепости веяли тихо. С какою тоской взглянул молодой патриот на голубой крест греческого флага, который колебался ближе всех к балкону доктора.

«Бедный родимый флаг! Когда бы цвета твои, белый и голубой – символ чистоты и постоянства – красили точно душу эллинов! Когда бы все патриоты наши, от

Кипра до Балкан, были так чисты и бескорыстны в желаниях своих, как чист и бескорыстен я в своих мечтах... Да, я люблю мою рродину лишь для нее самой, для ее величия и славы... Величие и слава! Несчастный народ! К кому примкнешь ты в будущем? На чью бескорыстную помощь ты можешь надеяться? Слабое племя в четыре миллиона – что будешь значить ты при всей тонкости ума твоего, при всей безумной отваге твоих сынов, при всем их трудолюбии, когда вокруг тебя теснятся и растут великие царства? И, если один какой-либо из великих народов Европы протянет нам братскую руку, будет ли это страх и сознание нашей греческой силы? Нет! Это будет милость льва, а не самобытное величие и слава эллинского народа, себе лишь одному обязанного, собой живущего, гордого и опасного всем другим!»

VIII

Собираясь в Рапезу, Алкивиад надеялся увидать еще раз отца Парфения; он спрашивал о нем доктора, но тот не встречал его и не слыхал даже его имени.

Перед отъездом доктор свел его еще раз к паше.

Мутесариф в этот день был весел. Он принял их радушно, говорил Алкивиаду ты и много смеялся.

– Мы тебя женим в Эпире! – сказал паша. – Э, доктор, женим его?

— Постараемся, постараемся.

— Я уж для твоего хатыра, сын мой, — сказал паша, — и глаза закрою на то, что ты греческий подданный. Если возьмешь девушку райя, я ничего не скажу! Веди ее со всеми комплиментами по улице и с музыкой, я твоего тестя в тюрьму не посажу. А ведь девицы, я думаю, доктор, ваши на такого красивого паликара все смотрят сквозь щелки; как идет он по улице, теперь все бегут к окнам.

— В Рапезе есть для него невесты, — сказал доктор. — Лишь бы взял.

Паша потрепал по плечу Алкивиада и даже погладил рукой его свежие щеки. Алкивиад краснел, но не сердился. Ему казались эти ласки скорее забавными, чем оскорбительными.

Они просидели у паши долго и не без пользы. Алкивиад узнал многое об албанцах, с духом их еще Астрапи-дес советовал ему познакомиться ближе.

Расхваливая наружность Алкивиада, паша заметил, что маленькие уши издавна считаются признаком хорошего рода.

Доктор, желая польстить хозяину, сказал Алкивиаду:

— Вот и наш паша из большого очага, один из первых домов Албании; он в этих приметах должен быть знаток.

— Что значит, брат, нынче большой очаг Албании! — воскликнул паша. — Аристократия наша не имеет прежней силы.

— Однако! — сказал доктор.

— Не говори ничего! — возразил паша. — В Стамбуле есть великие головы! Кто думает, что теперь то, что прежде было, тот осел! Послушай меня. Точно, было время, мы, албанские беи, приказывали туркам цареградским, и они боялись их. Хотели беи бунтовать, бунтовал и народ. Молодцов и теперь у нас, друг мой, много, да молодцы эти в царском войске служат. К порядку привыкают... Беев наших тоже разместили хорошо. Говорю я тебе, ты меня послушай, в Стамбуле умные головы есть. Смотри, я мутесариф здесь; в Рапезе каймакам — албанский бей. В Берате мутесариф из нашего большого очага. Жалованье большое; почет большой; власть большая, ты знаешь. Кто же нам скажет: «тревожьтесь, заводите смуты!» А кто и скажет, мы тому ответим: пусть голова твоя, осел, высохнет, мне и так хорошо! А народ без нас, ты сам знаешь, что? Теперь времена такие, что двое заптие, которых начальство пошлет, Целую деревню арнаутов как овец пригонят сюда на расправу. И хорошо, друг мой, думают в Константинополе! Азбуки у нас нет; турецкими буквами хотят нынче албанские слова писать, чтоб учить нас. Благоразумно это, эффенди мой, очень благоразумно! Веру, ты скажешь, мы прежде не знали хорошо. И я скажу тебе: правда это, друг мой, но погляди!.. Имин-бей своих детей в Стамбуле обучил; Нур-редин-бей

34

ходжу ученого в дом взял; – тот взял ходжу, другой к ходже сына шлет... Веру узнают люди. Вот тебе об Албании мое дружеское слово!

– И у гегов в северной Албании так? – спросил Алкивиад.

– О гегах, сын мой, я мало знаю, – отвечал Изет-паша. – Я говорю про здешних, а там что делается, знает Бог да падишах с Аали-пашой... Нам до этого и дела нет...

– Что ж! – заметил доктор. – Это хорошо; это обеспечивает спокойствие империи. – Надо, чтобы все довольны были, тогда все пойдет к наилучшему.

– Все, друг мой, довольны быть не могут. На недовольных и сила у султана есть...

Алкивиад вынужден был слушать все эти горькие вещи скрепя сердце.

Глаза Изет-паши смотрели на него зорко...

На прощанье паша опять, забыв государственные вопросы, поласкал юношу, пошутил с ним и пожалел, что скоро Байрам, а то бы он дал ему заптие проводить его до Рапезы.

– А то видишь, сын мой, жалко людей для праздника в путь отправлять. Ведь и они люди.

Алкивиад благодарил и сказал, что он и один доедет.

– Разбойников не боишься? – отечески спросил паша. Алкивиад покраснел и сказал:

– По крайней мере, как эллин, я не должен никого, даже больших, чем разбойники, бояться!

– Молодец! Люблю молодцов! – воскликнул паша. – И то сказать: ведь вы там с разбойниками в Элладе хорошо живете. Привыкли – свои люди...

– Свои и для своих, хоть и разбойники, а все лучше чужих, ваше превосходительство, – заметил Алкивиад...

Лицо паши омрачилось, и он угрюмо сказал: – Э! Добрый час! Добрый час вам!

Гости ушли.

За первым же углом доктор осмотрелся и сказал Алкивиаду вполголоса:

– Какова лукавая тварь? С величайшею просто-той-с... А?

– Да, – отвечал, вздыхая, Алкивиад. – Печально это слышать, если только это верно.

– Верно, ясно как свет солнца, – продолжал доктор. – Южные албанцы входят постепенно более и более в поток турецких вод, и одна лишь сила оружия, – удача христиан на поле брани, удача, друг мой, которая могла бы отрезать жителей южной Албании от военных подкреплений из Битолии, Константинополя и т. д. И разве, при этом скажем, верные обещания самобытности могли бы обратить их, дать иное направление их идеям, если можно назвать идеями жалкие подобия мыслей, которые могут пробегать по этим варварским мозгам... Таково мое скромное, посильное мнение, друг мой. Я человек не политический; сужу по мере сил моих и не позволю никогда моим патриотическим чувствам и надеждам ослепить мой разум...

– Это грустно, – сказал Алкивиад, и они оба молча возвратились домой.

На следующий день Алкивиад и Тодори уехали. Доктор достал для Алкивиада хорошую лодку до места, которое зовется Салогоры; от Салогор же до Рапезы они должны были ехать верхом. Докторша припасла им на дорогу пирог, жареного барашка и две бутылки вина.

IX

Зимний день, в который Алкивиад Аспреас выехал из Превезы в Салогоры, был тих, и широкий залив стоял зеркалом. Гребцы гребли хорошо. Алкивиаду было весело, и он вступил в разговоры со слугой г. Парасхо. Они говорили долго о турках, о разбойниках, о том, как живет народ. Алкивиад и в словах слуги этого нашел много поучительного. Тодори был сулиот и не уважал ремесленников: разбойники в его глазах были лучше.

– Разбой нельзя уничтожить, – сказал он. – Разбойники эти благословенны Богом. Бандиты[15] городские Богом не благословенны; поссорится один бандит с другим и убьет, это великий грех. А разбойник действует по правде; он захватит богатого купца или бея и потребует выкуп. Зачем же родным не дать выкупа? А разбойники всегда должны на церкви, на монастыри или на школы, или на бедных часть денег своих отдавать. Они так и делают. Разбой благословение Божие имеет, и гораздо лучше христианину хорошему быть разбойником, чем хоть бы столяром, потому что столяры Христом прокляты. А проклял Христос столяра за то, что однажды шел Христос, встретил столяра и спросил его: «Что ты несешь в своем фартуке?» Столяр нес деньги и солгал, сказав: «Опилки несу». – «Носи же ты всегда опилки и богат никогда не будь». Прокляты также пастухи коровьи. Посмотрите на пастуха овечьего, как он покоен! А коровий пастух никогда не спокоен; коровы бегают туда и сюда, и он бегает за ними и собирает их. Прежде ему было лучше, прежде коровы паслись смирно, а пастух сидел на стуле и на свирели играл. Попросил

---

[15] Бандитами зовут иногда в Эпире бедных горожан-ремесленников, потому что они вообще очень бойки, смелы и охотно берутся за нож. Архонты не любят их и боятся.

Христос напиться у коровьего пастуха: не дал ему тот воды, и наказал его Бог; а разбойника, когда был распят со Христом, благословил Бог, сказав ему: «Ты благословен Мною», за то, что разбойник спрятал гвоздь, который евреи хотели в сердце Христу вбить, и евреи не могли его найти.

Кончив свой рассказ, Тодори обратился к гребцам и спросил у них:

– Правду я говорю, дети?

– Правду! – отвечали гребцы.

– Не Божье благословение спасает разбойников, Тодори, – сказал Алкивиад, – а нерадение турок и наши эллинские несогласия.

– Турки! Что могут турки сделать! Турки ничего не сделают... Турция пропала и совсем погибнет скоро.

– Ты думаешь? – спросил Алкивиад. – А я думаю, что теперь турки поправились и горд ее стали после того, как критские дела кончились. Положим, что их франк держит, однако, все-таки нам теперь труднее стало.

– Нет! – воскликнул Тодори. – Сколько они ни гордись, а вся сила Турции к русским после Крымской войны перешла. Разве вы не знаете, что русские с ними сделали. Приехал в Константинополь Великий Князь Константин, нашей Ольги отец, и привез султану в подарок богатые часы, с четырьмя золотыми минаретами по углам. Султан очень обрадовался и не знал, как отдарить его. Призвал патриарха и спросил: скажи мне, старче, что дать в подарок Великому Князю? Патриарх сказал: есть древний крест, зарытый в землю. Дайте ему этот крест, и как он одной веры с нами, ему это будет приятно. Велел отрыть султан крест и отдал Константину. Великий Князь, как только взял крест, так сейчас сел на пароход и уехал. Сказали султану, что с крестом этим и вся сила Турции уйдет; испугался он и послал догонять Князя и просить назад крест, что это по ошибке дали. Да где уж! Что? разве русские своей выгоды не знают? Князь не отдал креста, и с тех пор, что ни сделает Турция, все не к добру, а к худу ее ведет. Так и пропасть ей, анафемской, скоро!

Не желая разрушать веру людей в слабость Турции, Алкивиад сказал:

– Это правда, я и сам слышал об этом. Только разбойники Богом не благословенны, это, Тодори, неправда!

– Это верно, – сказал Тодори.

Долго еще они разговаривали; Алкивиад расспрашивал его еще о семье своего дяди Ламприди, о Салаяни и Дэли.

Господина Ламприди, жену его и всю семью их Тодори очень хвалил; но смеялся только одному, что господин

Ламприди боится Салаяни и по делам своим даже никогда теперь в свои чифтлики ни сам не ездит, ни сыновей не посылает. И прежде боялся, а теперь Салаяни погрозился, что он его в самом городе схватит.

– За что-то сердится на него Салаяни, – сказал Тодори.

Алкивиад знал, за что Салаяни сердит на его дядю.

Веселый и интересный разговор, однако, продолжался не слишком долго. Море стало волноваться; загремел зимний гром. Дождь полился рекой, и сами гребцы сознались, что есть опасность. Лодка была мала; парус сняли, чтобы ее не опрокинуло, и на одних веслах боролись долго с волнами. Темнело все больше и больше; до песчаного берега было близко, но до Салогор ехать было гораздо дальше; тонуть без нужды никому не хотелось, и сообща все решили пристать где придется к низкому берегу.

Лодочники вытащили с большим трудом и по колена в воде лодку на песок, чтоб ее не снесло; и Тодори, и сам Алкивиад помогали им сколько было сил; расплатились, оставили их одних на берегу и пошли пешком. Алкивиад с радостью узнал, что всего на один час с небольшим ходьбы от берега стоит монастырь, в котором игуменом тот старый и добрый монах, которого он видел вместе с отцом Парфением на развалинах Никополя.

Алкивиад и Тодори, вышедши на берег, долго шли по грязи и с большим трудом отыскали дорогу в монастырь. Гроза скоро прекратилась; но дождик продолжал идти, и ночь приближалась.

Несколько раз Алкивиад останавливался вздохнуть и садился на камни. Тодори заботился о нем и подстилал ему всякий раз свою бурку, чтобы он не простудился, сидя на камнях.

Так, отдыхая и опять пускаясь в путь, прошли они около часу; до монастыря было уже недалеко.

Людей они долго не встречали. Только не доходя получаса до монастыря, поравнялся с ними один поселянин в бурке. На голове его был надет башлык от дождя.

– Добрый час! – сказал он. Путники поблагодарили его.

– Куда идете? в Рапезу? – спросил поселянин.

– Пока в монастырь; а там завтра в Рапезу, – сказал Тодори. – А вы куда?

– Я тут поблизости в селе был.

Тодори нагнулся и, всмотревшись в лицо поселянина, сказал ему смеясь:

– Я вас не узнал. Давно не видались. Ну, как проводите время?

– Как проводить! – отвечал со вздохом поселянин, – какую жизнь мы влачим – сам знаешь!

– Жизнь тяжелая! – согласился и Тодори. Прошли еще немного молча.

– Все дожди, – сказал поселянин.

– Дожди ничего в такое время, – отвечал Тодори, – не было бы мороза. Простоит мороз, все лимоны и апельсины пропадут.

– Это правда, апельсины пропадут; а лимоны еще нежнее. Лимоны от холода скорей апельсинов пропадают, – заметил поселянин.

Монастырь был уже близко, и из одного окна чрез стены светился приветливый огонь. Поселянин простился с Тодори.

— Не зайдете к игумену? — спросил его Тодори. — Я думаю, теперь у него нет народу.

— Не могу, пора домой, в село... — отвечал поселянин, еще раз пожелал Алкивиаду «доброго часа» и удалился.

Когда он исчез в темноте, Тодори тихо сказал Алкивиаду:

— А знаете кто это? Это разбойник Салаяни. Алкивиад, несмотря на всю свою смелость, немного испугался.

Хорошо сказал паша: «в Элладе разбойники „свои люди", знаешь их обычаи, их дух, знаешь и местность»... Иное дело видеть Дэли в доме Астрапидеса; иное дело стоять здесь, в Турции, ночью, в грязи, под дождем и без оружия и знать, что Салаяни недоволен им. Разве он не может вернуться чрез полчаса с десятком товарищей и осадить монастырь? Он бы мог спросить об этом у Тодори, но стыдился обнаружить пред ним свой страх.

Тодори был не только спокоен, он даже повеселел от встречи с разбойником и смеясь сказал Алкивиаду:

— Постращать надо старичка игумена, что Салаяни кругом монастыря ходит. Салаяни на него сердит. С месяц тому назад пришел он с двумя людьми вечером к монастырским стенам и стал звать игумена. Подошел игумен к окну, а Салаяни снизу кричит ему: «Дай, старче, десять лир турецких, на целый год тебе покой будет от нас». Игумен не испугался, потому что стены высоки и народу у него тогда собралось в монастыре к празднику человек пять-шесть. «Не дам», — говорит. — «И ночевать не пустишь, старче?» — «Не буду я вас укрывать никогда. Добрый час вам! Тащитесь своей дорогой». Вот Салаяни и ушел. С тех пор, говорят, в чортов список игумена записал. Постращаем старичка.

На стук наших усталых путников в ворота долго не отвечал никто. Только собаки лаяли и рвались им навстречу.

После долгих расспросов: «Кто вы?» «Что хотите?» «Какие вы люди?» служка монастырский отворил им дверь, и сам игумен-старичок с радостью повел Алкивиада наверх. Сейчас в большой комнате затопили очаг; сняли с Алкивиада грязные сапоги, принесли ему туфли, и он с радостью лег на широкий турецкий диван, у самого огня. Игумен долго бегал везде сам, доставал варенье, смотрел, чтобы скорее варили кофе для гостей, и Алкивиад оставался долго один, размышляя о Салаяни и спрашивая себя: «Зачем же он ему не открылся? Вероятно, он сердился на него за то, что Алкивиад не сумел выхлопотать ему от дяди прощение».

Наконец, пользуясь тем, что игумен на минуту присел около него, он рассказал ему свою встречу с разбойником под стенами монастыря, не показывая, разумеется вида, что он виделся с ним прежде в Акарнании.

39

– Тодори его узнал, – сказал Алкивиад. Игумен, вздохнув, воскликнул с негодованием:

– Великая язва, кир-Алкивиад, для нас этот разбой. Все хуже и хуже. Ни за овцу, ни за осла (извините!)[16], ни за свою собственную жизнь человек не спокоен... Не смотрит правительство наше как следует; генерал-губернатор новый хорош, умный человек и деятельный, но сказано, что одна кукушка еще не весна... Бедный, и он не поспевает везде. Этот изверг Салаяни бич Господень на человечество. Великий злодей и бесчеловечен он, государь мой, хищный зверь во образе человека! Знавал я в мою долгую жизнь многих разбойников; но у многих была хоть какая-нибудь совесть. Вот был прежде Шемо, его поймал Хусни-паша и казнил. Этот Шемо от добычи уделял на церкви, на школы, на монастыри; к бедным был щедр. А у Салаяни ничего нет священного. Хищный зверь во образе человека. И давно бы ему погибнуть, если б от страха, а иные от собственного варварства, не спасали его крестьяне... Они одни могут предать его в руки власти... А вали сам по себе его не поймает... Это верно!

Алкивиад потом стал расспрашивать игумена о его собственном образе жизни и о том, чем держится монастырь.

Старик рассказал ему, что монастырь получает от стад и небольших посевов около 15 000 пиастров в год. Имеет сверх того старинную грамоту, века два тому назад данную Россией, и от времени до времени получает из Петербурга небольшую сумму. Были из Валахии прежде доходы «преклоненных» монастырей, да бесчеловечный Куза, «да будет он во веки проклят», посягнул на эту собственность, и одна надежда наша и есть лишь на Россию, которая, Бог даст, отстоит хоть что-либо для бедных греков.

– Все-таки есть доходы и теперь: вероятно, есть и приношения, – сказал Алкивиад.

– Половину дохода отдаем на соседние школы, – отвечал игумен. – А приношения? Какие у нас приношения? Благочестия нынче нет, государь мой! Денег в монастырь не несут люди... Это не то, что в России! Там видите вы и благочестие. Я ездил в Россию и видел благоденствие этого края! Там существует благочестие. И стоит русский в церкви иначе, чем стоит грек... Видел я и посланника русского в Афинах, видел, как он стоит в церкви и как наши эллинские министры стоят. Иначе стоит русский посланник, иначе стоит наш министр. Когда бы вы могли видеть благолепие храмов и богатство монастырей в России! Словом, иное устройство. У нас здесь, видите, все по одному игумену в каждом монастыре, и редко где два-три человека есть. А там монастыри многолюдны, и не могу изобразить вам отраду для православного

---

[16] Слово осел считается непристойным.

40

человека, когда видит он этот неизмеримый край, который Бог сохранил для нашего спасения... Поверьте мне, даже земля там иная: у нас, в Турции, все горы и камень, как проклятие какое-нибудь над этим диким местом! А там и месяц едешь, ни одной горы не увидишь...

– А болгарский вопрос? – спросил Алкивиад. Игумен рассмеялся и встал, говоря:

– А вот я посмотрю, если не спит отец Парфений, он о болгарском вопросе говорит иначе... Он ведь болгарин, вы это знаете!

Алкивиад очень обрадовался что занимательный отец Парфений здесь, и дремота, которая начала было одолевать с дороги и отчасти от скуки с простодушным игуменом, пропала вовсе, и он желал теперь только одного, чтоб отец Парфений пришел.

С игуменом, Алкивиад полагал, и спорить не стоило, он, как отец, скажет: «мы греко-российской церкви поклоняемся, сын мой!» Отец Парфений был иное, и так как теперь открылось, что он болгарин, то еще занимательнее. Настоящих болгар Алкивиад встречал очень редко, и ни с одним из них не случалось ему коротко знакомиться. Он знал только несколько студентов из Македонии, которые учились в Афинах, но в Афинах они казались самыми пылкими греками, и лишь позднее с большим удивлением и горестью узнавал разными путями, что многие из них вернулись в болгарские страны и из пылких греков стали исступленными болгарами. Неблагодарно (по мнению Алкивиада) и не благородно употребляют против эллинизма те силы, которые дала им эллинская образованность.

«Посмотрим, что скажет он про болгарский вопрос!» – думал Алкивиад и с нетерпением стал даже ходить по комнате.

Отец Парфений не спал: он и сам хотел прийти побеседовать с нечаянным гостем монастыря, но боялся обременить его, усталого от трудного пути.

Когда отец Парфений вошел, Алкивиад первым делом поцеловал его руку, чтобы снискать благосклонность умного монаха и из другого деликатного чувства... так как отец Парфений был болгарин.

Молодой монах, казалось, был тронут этим вниманием; он поцеловал Алкивиада и не скрывал, что тоже очень рад его видеть.

Сидя около камина, они долго улыбались приветливо друг другу и расспрашивали друг друга о ничтожных предметах.

Мало-помалу Алкивиад добился своего: он заставил отца Парфения говорить о болгарском вопросе и о греках.

– Я не знал, поверьте мне, что вы болгарин, – сказал ему Алкивиад. – По лицу вашему, столь оживленному и, простите мне этот комплимент, столь красивому – я думал, что вы грек.

Отец Парфений засмеялся и отвечал:

41

— Комплимент ваш был бы выгоден для меня, если б я был мірянин. А теперь он имеет более оскорбительное для болгарства, чем приятное для меня значение. Неужели вы думаете, что все болгары похожи на готтентотов или на каких-либо зверей? А я вам на это скажу, что не знай я, что вы грек, я вас бы принял за южного славянина. У вас в физиономии нечто сладкое и кроткое, чего нет у большинства ваших соотчичей... Лицо есть зеркало души. Болгарин добр и прост; грек лукав и жесток.

Алкивиад и на это отвечал в том же духе.

— Колко для народности, любезно для лица. Признаюсь, если все болгары простодушны, как вы, так для нас пропала не только Фракия, но даже и Македония! Одна моя надежда, что таких, как вы, немного везде.

— А тем более у бедных болгар! — воскликнул отец Парфений. — Хорошо, пусть будет по-вашему: принимаю ваши похвалы мне в ущерб моему народу... Надежда нашего бедного, угнетенного народа на слова Спасителя: «Первые будут последними и последние будут первыми»!

Так завязался разговор о болгарском вопросе. Молодые люди, монах и политик, проспорили за полночь. Игумен ушел гораздо раньше, и давно уже в монастыре спали, когда они простились и разошлись.

Спор вышел такого рода, что Алкивиад, союзник Турции, был вынужден нападать на нее, а отец Парфений защищал и Порту и даже турецкую нацию. Алкивиад раз или два даже склонялся в пользу России (диалектическая ловкость монаха довела его до этого), а славянин, не относясь к России с явною враждой, жалел, однако, и осуждал русских за их излишнее потворство патриархии. Монаху приходилось не раз отстаивать народность против церкви, деисту же и политику-демагогу — защищать церковь против народных посягательств.

Вопрос этот Алкивиад знал, конечно, хуже монаха, и отец Парфений старался долго и напрасно доказывать ему, что Россия поддерживает скорее патриарха, чем болгар.

На этом они расстались.

На другое утро Алкивиад и Тодори выехали на монастырских лошадях по дороге в Рапезу. Вчерашние облака рассеялись, солнце грело, и игумен с отцом Парфением провожали их больше часа. Присели проститься и отдохнуть; игумен выложил на коврик хлеб и хороший сыр для гостя; выпили и вина за здоровье друг друга;

Тодори тут же развел огонь и сварил на нем кофе. Отец Парфений дружески глядел на Алкивиада и наконец сказал ему:

— Пока вы роскошно нежились до позднего часа, как истинный афинянин, я, как монах и человек сельский, встал рано, вышел за ограду монастырскую, сел на камень и долго думал о вас. Думал я, думал и нашел для вас притчу одну. Ее-то я вам хочу сказать на прощанье, чтобы вы вспомнили мою толстую болгарскую голову с добрым чувством. Вот моя притча. Назову я ее притчей о неблагоразумном земледельце. Неблагоразумный земледелец этот жил у подошвы крутой и большой горы. Гора эта была на север и запад от его жилища, а на восток и юг простиралось широкое мало возделанное поле; на этом поле владели предки земледельца землями целые века, и обломки домов их видны там до сих пор. Но селянин не глядел никогда на это поле, взоры его обращались на скромные виноградники, которые в поте лица возделывали по склону горы его северные соседи, столь же бедные, как и он, или еще более бедные. Он начал с ними долгую и несправедливую тяжбу на тех лишь доводах, что прадед его захватил когда-то силой эти земли горные и держал их всего двадцать лет. Было это очень давно, и держал этот человек виноградники, скажу вам, примерно, от 1020 года до 1040 года не больше. Тогда винодельцы были сильнее и прогнали его. Теперь они бедны и слабы. Но на вершине горы стоит высокий дворец богатого бея, которому бедные виноградари эти близкие родные. Не все их требования исполняет бей так, как бы они хотели, и дружба его дома с домом неразумного пахаря – дружба древняя. Не знает, однако, и бей иногда, что делать и с бедными родственниками, и с неразумным пахарем, которого он также жалеет и любит. Трудно бею, трудно и пахарю, трудно и винодельцам бедным. Тяжба разоряет их; и враги их общие празднуют радостный праздник, видя раздоры их. Так идет дело Давно, и никто не сказал еще пахарю: «Неразумный и злой пахарь! Если твоя запашка тебе кажется малою, брось взоры свои на широкое восточное поле, где видны следы твоих великих предков, поросшие мхом и тернием, и протяни братскую руку и бею могучему, и родным его бедным! Не взойти тебе и на полгоры, беззаконно-неразумный и жестокий пахарь». Вот моя притча! – сказал, вставая, отец Парфений и обнял Алкивиада.

Алкивиаду нетрудно было понять ее. Он догадался, что пахарь неразумный не кто иной, как грек, а бедные родственники богатого бея – южные славяне, соседние греки. А кто бей богатый – это также было ясно.

X

Около полудня, в первый день Байрама, путники выехали в Рапезу.

Алкивиад полюбовался на древний турецкий мост через реку, которая шумно бежала по камням, переполнившись от вчерашнего дождя... Экипажам, если б они были в стране, было бы трудно проезжать по его каменным уступам; но вид его был величав и прочен.

Про этот мост сложена народом краткая песня о временах побоищ под стенами Рапезы:

Три птички малые сидят на старом мосте: Одна глядит на Янину, другая смотрит к Пете, А третья, меньше всех, щебечет речь такую: «Ах, не найдется ли один хоть христианин, чтоб в Пету

весть подать.

Туретчины собралось множество, чтобы напасть на Пету; Сам Целиос[17] вперед идет, за ним идут низамы... И караулы все кричат»...

За мостом начались по обе стороны большие апельсинные сады, загороженные от дороги высокими стенами тростника.

На базаре много было народу; христиане и евреи торговали. Турки, нарядные для Байрама, сидели в кофейнях и у знакомых в лавках; на первом же углу несколько албанцев, худых, усатых и воинственных, в богато расшитых золотом куртках, неприязненно поглядели на Алкивиада, не дали дороги его лошади, и когда он объехал их осторожно, воскликнули громко:

– Еще один франк! Кто он такой и откуда? Толпа турецких мальчишек и девочек, услыхав эти слова, побежали за ними с криками:

– Франко-маранко! Франко-маранко! Откуда ты, франке-маранко?!

Алкивиад и Тодори ехали молча. Алкивиад пожирал свою досаду, думая, что все окружающие смеются над ним вместе с детьми.

– Молчать! – закричал на детей один почтенный седой турок, проходя мимо.

Но дети не послушались его и продолжали шуметь и прыгать вокруг лошадей. Наконец одна прехорошенькая девочка подняла с мостовой камень и бросила в лошадь Алкивиада.

Лошадь испугалась и кинулась в сторону. Алкивиад был ездок смелый, но не слишком искусный. Он едва усидел на седле и вне себя от гнева обернулся с хлыстом на толпу детей. Турчата и девочки разбежались со смехом и криками.

Тогда один из албанцев загородил дорогу Алкивиаду и спокойно, но со свирепостью во взгляде сказал ему по-гречески:

– Не тронь, они неразумные дети!..

– Дети! – закричал на албанца Тодори, не давая времени Алкивиаду ответить. – Дети, ты говоришь... А зачем большие не учат их разуму?..

– Не кричи на меня, кефир! – воскликнул албанец, хватая Тодори за узду...

---

[17] Целиос – албанец, мусульманский вождь иррегулярного войска, известный своими подвигами против греков во время войны за независимость.

Тодори вмиг соскочил с лошади и схватил албанца за грудь... Оба остановились на мгновенье, как бы сбираясь с духом... «Кефир!»*– шептал албанец. «Собака!» – громко кричал Тодори.

Алкивиад тоже соскочил с лошади; но прежде чем он успел подоспеть к бойцам, их уже окружила целая толпа греков, албанцев, евреев. Алкивиад уже не мог разобрать... Все кричали, ругались, уговаривали... Алкивиад видел только, что Тодори с албанцем, крепко схватившись, кружились на месте и не могли ничего сделать друг другу, потому что на них уже повисло, чтобы разнять их, пять-шесть человек... Подбежали заптие и стали разгонять народ, угрожая прикладами и поднимая их над головами... Один из них, быть может, разгорячась и по неосторожности, ударил прикладом в плечо Алкивиада... Алкивиад толкнул его сильно в грудь...

– Бери его! – закричал чауш, – на полицию поднимать руку, знаешь за это что... два года тюрьмы тебе, свинья! Бери его!

– Я греческий подданный! – сказал Алкивиад.

– Бери его!

Его схватили за руки... Но в этот миг толпа расступилась сама перед высоким стариком, одетым в мундир с золотым шитьем на груди. С радостью узнал в нем Алкивиад дядю своего капуджи-баши кир-Христаки Ламприди. Он возвращался от каймакама, которому только что сделал официальный визит по поводу Байрама, услыхал шум и подошел к толпе... Вмиг все утихло. Заптие молча оставили Алкивиада, как только услыхали, что он племянник кир-Христаки; они даже точно виноватые опустили глаза... Албанца с Тодори к тому времени тоже уже розняли, и они оба всклокоченные и потные пожирали лишь искоса друг друга глазами, как два сильных пса, которым не удалось утолить свою злобу.

Смущенного и рассерженного Алкивиада кир-Христаки взял под руку, вывел из толпы, и за ним вслед побрел и Тодори, проклиная вполголоса турок. Лошадь игумена была тут, ее поймал под устцы, в ту минуту, когда Алкивиад бросил ее, один из тех самых мальчиков, которые кричали «франко-маранко». Мальчик повел лошадь за ними до кир-Христаки; он уже звал Алкивиада «эффенди» и улыбался ему благодушно.

Кир-Христаки дал мальчику один пиастр за труд, похвалил, приласкал его, назвал дружески «рогачом» и «негодяем» и отпустил домой.

XI

Через месяц после отъезда Алкивиада из Корфу сестра его получила от него письмо.

«Милая сестра моя (писал он), я влюблен! Позволь мне признаться в этом тебе одной. Я привык смотреть на тебя, как на музу, которая пробуждала в душе моей первые благородные звуки жизни. Или лучше я сравню тебя с нимфой Эгерией, которая учила мудрости Нуму Помпилия. Не ты ли заменила мне мать у колыбели моей? Не ты ли следила за первыми успехами моими в ученье? О, конечно, не маленькая книжка, по которой нас обучали в школе эллинской истории, развила во мне то живое чувство патриотизма, которое мне стало так присуще, без которого я уже не понимаю жизни земной!.. Твои пламенные, чорные очи блистали около меня, как путеводные звезды, возвышая мои помыслы! Не ты ли говорила мне: „Помни, Алкивиад, что ты эллин! Провидение недаром сохранило греческий народ под игом варваров... Помни, что и Перикл, и Демосфен, и Сократ, и Леонид Спартанский были такие же люди, как и мы. Если они умели быть великими на столь тесном поприще, как древне-эллинские республики, не должны отчаиваться и мы..." Не ты ли заботилась о моей будущности? Не ты ли отговорила меня, когда я было хотел посвятить себя медицине, и указала мне на политическое поприще? Не ты ли представила меня королю, куда ты была сама естественно призвана – красотою твоей, улыбкою и образованностью? Позволь же мне мыслить и чувствовать с тобой вслух – по старой привычке... Я влюблен, дорогая моя Афродита! Не скрою от тебя моих колебаний... Я еще не знаю, как влюблен... Настолько ли я влюблен, чтобы связать себя навек... Пусть будущее решит это. Я же не стану больше мучить тебя загадками: я влюблен в нашу родственницу, Аспазию Ламприди. Я тебе скажу, какова она. Что она вдова, ты это помнишь, вероятно. Она, конечно, милая Афродита, не имеет твоего воспитания. Она не блещет даже и поразительною красотой. Она немного болезненна, мала ростом, задумчива, уныла; но иногда, когда какой-то луч жизни пробежит по лицу ее, она становится обворожительна. Мне нравится также ее природный ум... Мне даже начинает нравиться мрачная вдовья одежда, которую она, по здешнему обычаю, не снимает, несмотря на то, что после смерти ее мужа прошло пять лет. Поверишь ли ты мне, я чувствую иногда ревность к портрету ее покойного мужа, снятому дурным странствующим фотографом. Кажется мне, она это заметила. Вчера она, рассматривая его, спросила у меня: „Не нравится тебе этот портрет?" Я тоже отвечал вопросительно: „Портрет или что-нибудь еще?" Она поняла меня и

46

отвечала с улыбкой: „Как хочешь, это твое дело..." Я все не хотел ответить прямо и спросил еще: „А твое дело в этом какое?" – „Мое? – отвечала она. – Мне нравился и прежде и теперь нравится..." „А мне, – сказал я, – не нравятся здешние богатые молодые люди. Они все очень грубы, боязливы, не умеют жить, не патриоты и кроме карт и разгула ничего не знают!" Она даже не покраснела. Она бела и холодна, как паросский мрамор. О! как бы я желал быть ее Пигмалионом. Прощай; обнимаю тебя. Меня зовут. Я оставляю тебя в изумлении и тревоге за мою участь. Но не бойся – это ненадолго. Я буду по-прежнему часто писать тебе, и ты, хотя и с волнением участия, но беспрерывно будешь следить за бурями и затишьями моего сердца. Я живу не у дяди Христаки; я не настолько близкий родственник ему, чтобы прилично было мне жить долго в доме, в котором столько женщин. Я живу у другого нашего родственника и доброго старичка, Фемистокла Парасхо, которого, помнишь, и ты видела однажды в Корфу. Он все тот же...»

XII

По церковному уставу Алкивиад мог бы жениться на Аспазии; кир-Христаки был троюродный брат его отцу. Но был ли он в нее так влюблен, как писал сестре?.. Ему это казалось... Он прожил больше месяца в Рапезе в приятном бездействии. Страны эти были для него и родина и не родина, в них было для него и все любопытное чужбины, и свое родное, что ни шаг...

Жил он у старика Парасхо спокойно. Старик был молчалив и задумчив; даже в гостях, на улице, он был все уныл, тих; вставал, выкуривал наргиле у очага и шел, хромая, в церковь, если был праздник; если же нигде не было обедни, то он прочитывал что-нибудь из жития святых или из Священного Писания. В городе над ним смеялись и уверяли, что он девственник; турки подозревали его в том, что он будто бы не раз был участником революционных историй; но доказательств не было никаких, и сами турки уважали его честность, его святой образ жизни, его тихое благодушие. Все уважали его; все, однако, шутили с ним и любили его дразнить; кричали ему на улице: «кир-Парасхо! кир-Парасхо! пойдемте к Аише! Аише... вас ждет!..» А эта Аише была турчанка, которую знали все... Сами турки смеялись на улице, когда слышали, что кир-Парасхо зовут греки к Аише... Старик стыдился этих шуток, опускал еще ниже глаза, мучился, жалобно щелкал языком, качал головой и шел, хромая, дальше уныло-преуныло, точно будто он горько оплакивал людское бесстыдство. В обществе, в кофейных, в лавке какой-нибудь мужчины нарочно при Парасхо вели нескромные речи, выбирая самые непотребные слова. Терпел, терпел Парасхо, голова его все склонялась ниже на грудь, глаза все больше и больше опускались... наконец он надевал шляпу и выходил вон... все только этого и ждали и начинали хохотать. Он состоял давным-давно драгоманом при греческом великом консульстве, не из выгод каких-нибудь, а для почета и из боязни турок...

Всем консулам своим, которые часто менялись, он был покорен донельзя и грустно твердил молодым людям: «Иерархия! Иерархия! Дисциплина! Иерархия! Дисциплина!» Если консул начинал шутить при нем так, как другие, он говорил только: «г. консул сегодня весел!» и переносил от консула эти разговоры больше чем от других. Хотя он имел очень порядочные средства к жизни и хотя письмо утомляло его глаза и старую голову, но с раннего утра и до захождения солнца, покончив лишь свой наргиле и свои молитвы и христианское чтение, он уходил в греческую канцелярию и исполнял бесплатно всякий труд. Консул был дома, кавасс пропадал, слуги уходили, весь дом мог разбегаться, но Парасхо был там с утра, и всякий знал, что уж его-то он найдет в канцелярии, найдет готовым на всякую помощь и на всякий совет. «Святой человек!» – говорили про него люди простые... «Добрый человек», – снисходительно отзывались о нем люди лукавые и ловкие. «Домовой греческого консульства», – острила молодежь.

Иногда кир-Парасхо и сам хотел пошутить и говорил собеседникам: «Будемте теперь острить и смеяться. Знаете? я ведь очень остроумен! О! я очень остроумен», – убедительно утверждал он и начинал рассказывать что-нибудь удивительно, по его мнению, смешное. «Вы послушайте, вы умрете от смеха!» Но, увы! смех, который он возбуждал, относился к нему самому, а уж никак не к рассказам его...

У этого почтенного человека поселился надолго Алкивиад.

Дом Парасхо был уединенный и пустынный, построенный по старинному турецкому образцу, с огромными очагами, маленькими лестницами, множеством дверей, открытыми галереями и полуразрушенною стеной, на которой весной аисты вили гнезда.

Вид из нее был прекрасный на весь город и на гору, усеянную до вершины большими, правильно расположенными серыми холмами, которые издали можно было принять за продолжение города, за домики какого-нибудь предместья. . Видны были и апельсинные сады, и немного подальше древний, мрачный, полуразрушенный храм византийской постройки... Нечто мирное и приятно-грустное носилось над этим южным городком, когда Алкивиад глядел на него при зимнем утреннем тумане...

48

Обедать Алкивиад почти никогда не обедал дома у Парасхо. Обед у старика был уж слишком плох, не от бедности, а от воздержности хозяина и от его равнодушия к плоти. Алкивиад к полудню всегда уходил к дяде Лам-приди, там оставался почти всегда до поздней ночи, уходил гулять с молодыми людьми по кофейным, опять приходил, ездил за город верхом, один скакал около реки и по ущельям, распевая любовные и патриотические песни и смеясь над разбойниками, которые продолжали гнездиться в соседних горах...

Дома у Парасхо, по утрам, продолжал занимать его своими рассказами и рассуждениями сулиот Тодори. Он был чудак и патриот не менее своего господина, только совсем другого рода. Он, например, до приезда Алкивиада ненавидел и презирал аистов; называл их «турецкая птица», не потому только, что турки чтут и жалеют их, но еще и за то, что аист «каждый вечер молится Магомету; как свечереет, он поднимает голову, смотрит на небо и стучит клювом. Постучит, замолчит, опустит голову и опять поднимет и опять застучит!» Когда настал март месяц и аисты стали слетаться, Тодори несколько раз брался за ружье, чтобы бить тех из них, которые доверчиво начинали уже вить гнезда на стене... Но Алкивиад, которому нравилась «вечерняя молитва» величавой птицы, заступался за нее и своими рассказами о пользе, приносимой аистами, о почете, который оказывают им и во многих не турецких странах, так скоро сумел убедить и смягчить Тодори, что он не только отказался убивать аистов, но и вошел в их семейные интересы. Самец-аист, который выбрал стену Парасхо для своего гнезда, был не силен; шестеро других аистов слетались каждый день сгонять его оттуда: становились рядом с ним в гнездо, клевали его или сталкивали вниз плечом так сильно и скоро, что он не успевал подняться на крыльях и падал вниз. «Постарел, должно быть, сердечный! Вот его молодые и обижают...» Он бросался помогать аисту, поднимал его, отгонял других, стрелял даже по ним холостым зарядом и с радостью, наконец, объявил Алкивиаду, что «старики снесли яйца и другие уж не трогают их». Добрая душа Тодори сказалась тотчас же, как только он убедился, что аисты не турецкой веры.

Тодори хотя был еще молод, но знал множество историй про Али-пашу Янинского, про сына его Латхтара и любовницу его Евфросинию, которую он бросил в озеро, про разбойников и турок. Алкивиад сажал его около себя, чтоб он был смелее, и заговаривал с ним. Но Тодори долго не мог сидеть; он оживлялся скоро, начинал бегать по комнате, прыгать то вперед, то назад, изображая то наступление, то побег, то гнев, то ужас...

Забавно донельзя визжал «уююй-уююй!», представляя, как кого-нибудь били. Рассказывал даже свои семейные и сердечные дела. Наставительно преподавал, что с женщинами надо быть осторожным, что в него однажды была влюблена даже турчанка и говорила ему: «сжег ты мне, собака, сердце мое!» Но Тодори хоть и пожалел ее, бедную, но отказался от любви ее, «потому что закон наш не позволяет этого...»

Он даже и с женою своей осторожен. Жена живет одна со свекровью и детьми в Сулийской долине, в деревне Грацана и занимается хозяйством; она грамотная, и когда нужно Тодори писать ей о делах, он, чтоб она не сочла себя госпожей, обращается и в письме не к ней, а к двухлетнему сыну своему, и на адресе подписывает ему, а не ей: «Господину, господину Михалаки Пападопуло». От Тодори Алкивиад узнал еще, что в Янинском озере живет издавна огромное чудовище, которого никто не видит никогда; оно выходит лишь ночью и плачет и воет пред каким-нибудь великим несчастием, которое должно поразить страну. Узнал, что ламиа[18] иногда бывает и в церквах и причащается даже с другими женщинами, чтобы высмотреть красивого молодца и пожрать его после...

Так проходило утро, и когда в полдень раздавался крик ходжи с минарета, Алкивиад спешил к дяде Лампри́ди обедать...

Семья Лампри́ди была многолюдная, веселая, согласная. Сам старик, старушка, две незамужних дочери, сын женатый, второй сын холостой (глухой добряк) и дочь вдова 23 лет, та самая Аспазия, которая так понравилась Алкивиаду. Парадные комнаты богатого дома были почти всегда заперты и отворялись лишь в праздник или для очень важных гостей. Вся семья проводит почти целый день вместе, в одной и той же зимней комнате, – в ней горел день и ночь неугасаемый очаг; широкие турецкие диваны окружали этот очаг; к очагу придвигали в полдень и вечером большой стол и обедали около него, кто сидя по-турецки на диванах, спиной к очагу, а кто лицом к нему на стульях а la Franca. У очага женщины шили и вязали чулки; у него же гадали на картах; около него принимали запросто гостей; около него грелся, возвращаясь из Порты, хозяин; около него дремала иногда мать семейства; сам Алкивиад ложился около этого очага и проводил целые часы, то разговаривая, то молча, то с газетой в руках, то играл в карты с девицами, то смотрел пристально и долго на бледную вдову, которая чувствовала на себе его взгляд и улыбалась, опуская глаза на работу.

Обед всегда был шумен и беспорядочен; один садился, другой вставал; все шумели, звали разом слуг, десять рук бросались разом на каждое блюдо; вино и соус беспрестанно лились на скатерть; неопрятные от беспорядочной и безуспешной работы мальчики, в грязной фустанелле и босые (хотя красивые собой и одетые с живописною беспорядочностью), то вместе толкались около стола без дела и принимали участие в беседе и спорах господ, то пропадали так надолго, что все господа разом начинали кричать и звать их, и кто-нибудь из младших вставал и бежал за новым

[18] Ламия – вроде ведьмы.

блюдом; либо сама кухарка приносила кушанье, а мальчики оставались вместо нее в кухне и работали что-нибудь там.

Столовое белье менялось раз в неделю, по воскресеньям; но в понедельник оно было до того залито и замарано, что смотреть на него Алкивиаду было неприятно. Алкивиад привык у отца и сестры к большой опрятности и часто брезгал во время этого шумного и беспорядочного обеда, но благодушие, патриархальность и согласие, с которым все это делалось, утешали его.

Спали тоже почти все вместе, в двух комнатах, мужчины и женщины. Только старший женатый сын спал с молодой своею на другом конце дома, в особой комнате, отделанной более а la Franca: без диванов, без очага, с широкою железною кроватью, австрийской работы. Ее молодые, впрочем, не любили и, проклиная (в душе) «франкские комплименты», нередко приказывали попросту, то есть по-турецки, стелить на полу шелковые приданые тюфяки. Вся остальная семья гнездилась и ночью в окрестностях того очага, около которого днем обедали, дремали, скучали, веселились, беседовали, болели, выздоравливали, пели песни, читали газеты, вздыхали, смеялись, спорили, работали и ленились.

Старик, старушка, обе девицы и вдова Аспазия спали вместе в маленькой спальне около столовой; глухой брат – в столовой, около очага, на диване. Иногда Аспазия зябла в спальне и приходила спать к нему на другом конце дивана. Иногда глухой скучал, не спал и среди ночи входил к сестре и матери и находил и у них себе уголок. А не то так будил мать или одну из сестер, кричал: «не могу спать! Вари мне в очаге кофе и поговорим у очага». Добрая мать вставала и исполняла его желание. То же делали и сестры.

Умственной жизни в доме не было вовсе. У старшего женатого сына, который учился в Корфу, стоял в спальне шкапчик с книгами, и он гордо показывал их Алкивиаду. Там был Данте, Плутарх, Софокл и другие древние авторы; но ключ даже от этого шкапчика был давно потерян, и молодой Ламприди давно говорил: «все забываю заказать этот чортов ключ для моей библиотеки!» В столе валялся грязный сборник песен, романсов и стихов: Парасхо, Саломо, Суццо, Рангави и других поэтов новой Греции.

Всей семье особенно нравились стихи, в которых автор судил мужчин с женщинами:

Женщины все жалуются, Что мужчины виноваты, А мужчины все жалуются, Что виноваты женщины...

Суд автора кончается так:

Бросим этот суд,
Все мы значительно неправы!

51

Придите, помиримся
И сладко поцелуемся!

Кроме этой книжки да греческого перевода «Павла и Виргинии», которого начало было оборвано и потеряно, книг, запертых в шкапу старшего сына, не было в доме ничего литературного. Газеты зато читали немного, и даже слуги занимались ими нередко.

Обе девицы, Цйци и Чево[19], еще учились, к ним ходил учитель и преподавал им только арифметику, греческую историю и древний греческий язык. Трудно понять, зачем им даже и это было нужно! Какое было дело Цици и Чево до мудрости Сократа, до мужества Леонида, до изящества Алкивиада?

Мудрость воплощал для них отец, который говорил, что «назначение женщины быть честною женой и хозяйкой». Изящество олицетворяли молодые сыновья архонтов, которые носили какое-то подобие модных сюртуков и жакеток, называя эти жакетки «бонжуркалш», и надевали золотые перстни на грязные пальцы.

На что им был Сократ, Алкивиад и Леонид? Однако они учились прилежно... они знали, что дочери архонта должны быть грамотны, целомудренны и трудолюбивы. Цици и Чево твердо учили наизусть от такой-то страницы до такой-то, от одной точки до другой, о том, как Демосфен противился Филиппу; но хорошо ли он делал, что противился, учитель и не пытался спрашивать... Выучивали твердо и, приготовляясь отвечать, даже шутили между собой, споря: которая знает слово в слово твердо, которая без запинки скажет скорее, до того скоро, чтоб и слова стали непонятны.

Кончался урок, Леонид гиб под Фермопилами, Саламин озарялся вечною славой, Александр разносил по земле эллинскую культуру, – рушилось Македонское царство, греки становились рабами, воцарялось христианство, Византия боролась с варварами, Константин Палеолог умирал с оружием в руках на стене Вечного города, наставали годины праха и молчания... Ипсиланти, Караискаки, Миаули водрузили знамя новой независимости.

Учитель рукой указал в сторону Миссалонги; из окна видна была Пета... Но Цици и Чево, обе румяные, обе добрые и веселые, с одною и тою же приветливою и целомудренною улыбкой отвечали учителю и о возрождении, и о гибели родного эллинского племени... мысль их была ближе... она не только не улетала в Саламин, – она не доходила и до Петы, за реку... она была уже у очага или на кухне. «Отец пришел из Порты; он любит, чтобы Чево сама подносила ему водки и кофе. Матушка приказала

---

[19] Цици – ласкательное от Василиям; Чево – от Прасковьи или Параскевы.

52

починить коленкор на своем подоле. Сестрица Аспазия сама ничего почти не работает; надо ей помочь. Гости пришли! мальчик убежал! у кого ключ от варенья и от кофе? Да и гораздо веселее чистить картофель на кухне с кухаркой, которая шутит и смешит, чем отвечать про Фе-мистокла, которого и Чево и Цици и представить себе не могли как в виде Фемистокла Парасхо, который, сгорбясь и прихрамывая, идет на рассвете в церковь или в греческую канцелярию, у которого борода до пояса, сюртук уж очень стар и неопрятен!..»

Сестра их Аспазия знала еще меньше их: ее не учили даже и истории, а только древнегреческому языку; она была слаба здоровьем, так же как и младшие сестры не выходила никогда из дома и от рассвета до ночи проводила время у очага, гадала и играла в карты или работала...

Она не знала даже и греческой истории, но Алкивиад и не искал испытывать ни познаний ее, ни патриотических чувств; он был убежден, что в трудную минуту народной жизни всякая гречанка, сама не зная даже зачем и для чего, скажет сыну, мужу или брату: «иди на войну или дай денег, если сам не можешь...» Он и сам забывал иногда все гражданские заботы; все помыслы его, вся жизнь его на время ограничились знакомою комнатой и гостеприимным очагом, около которого толпилась столько лет радушная и простая семья... Около этого очага носилась ежеминутно и его душа, даже и тогда, когда он катался верхом по окрестностям города или рассеянно слушал занимательные бредни Тодори.

XIII

Сближению Алкивиада с Аспазией в семье Лампериди никто не мешал, но никто и не помогал. Он приходил, садился около нее и за обедом, и на диване после обеда у очага; звал ее ходить по большой пустой зале, когда было не слишком холодно; играл с ней в карты. Он даже очень лукаво расточал ей похвалы при всех, хвалил ее голубые глаза, ее умную улыбку, ее длинные русые косы, которые висели на спине из-под черного вдовьего платочка... Трогал даже эти косы руками при отце и матери ее и перебирал подолгу, сидя за ее спиной. Он нарочно делал то же самое и с Цици, у которой косы были еще больше, сознаваясь только при всех откровенно, что цвет волос у Аспа-зии ему больше нравится.

Он думал, что все увидят в нем лишь нежного брата их, и сначала так и было. Все, кроме самой Аспазии, видели в нем лишь доброго родного. Старший женатый брат был добрый, веселый крикун, который был заботлив лишь тогда, когда дело шло об отправке пшеницы в Марсель, так же как и родители его не видели никакого зла в этой близости и нередко звали Алкивиада посидеть на свою половину; потому что и Аспазия здесь, – говорили они.

Но одному никогда не приходилось Алкивиаду быть с Аспазией. Никто, по-видимому, нарочно не следил за ними, но никогда почти больше одной минуты они не оставались одни. Мать выйдет похлопотать по хозяйству; другие дочери уйдут учиться; старик у каймакама; невестка отдыхает; старший брат шумит внизу в конторе с крестьянами; вот бы остаться хоть час одним!.. Но нет, глухой брат придет и ляжет на диван с газетами. «Во Франции смятения!» – кричит он что есть силы.

«Смятения...» – повторяет знаком Алкивиад, не выпуская кос Аспазии.

– Петр Бонапарте оправдан! – кричит глухой.

– Хорошо! – отвечает Алкивиад.

Аспазия смеется. Глухой уходит; но в дверях является кухарка... Она ищет барыню. Лукавая Аспазия останавливает ее и спрашивает: «Что слышно о морозе? Не испортятся ли апельсины и лимоны?..» Не успела еще ответить кухарка... уже мать звенит ключами. Смеркается; мальчик вносит огонь. Старик, потирая руки и жалуясь на холод, возвращается из Порты. Входит невестка и вздыхает, что дурно спала после обеда; за ней ее муж... Он шумит и проклинает сельских людей: «Варвары люди эти! Сказано: деревенский человек! Человек без воспитания – камень. Что ты сделаешь с камнем... Опять уверяют, что не могут заплатить нам своего долга... Нет! я, наконец, забуду и всегдашнее свое благоутробие (евсплахниа) и то, что они греки... и пойду к каймакаму. Жестокий народ! неумолимый и хитрый народ!»

Девицы кончают уроки, Чево спешит подать сама отцу наргиле и кофе; Цици помогает мальчику накрыть стол...

Еще один день кончен... вот и длинный зимний вечер... А Аспазия еще не влюбилась и знает ли даже она, о чем тревожится Алкивиад?.. Конечно, эти волнения, эти неудобства не были страданиями; эти волнения были очень сладки и легки.

Алкивиад иногда погружался в чтение песенника, подыскивал подходящие стихи и, подавая их Аспазии, говорил:

– Прочти, Аспазия, это очень хорошо. Не надо, Аспазия, забывать поэзию...

– Прочту! – отвечала ему иногда Аспазия, взглядывая на него с улыбкой, которая ему казалась насмешливою...

Иной же раз подыскивала другие стихи ему в ответ.

Эта игра понравилась обоим, и Алкивиад стал повторять ее чаще и чаще...

Раз он указал ей на стихи Рангави; в них была жалоба влюбленного на несмелость свою; они кончались так:

«Небесный твой взгляд как магнит привлекает меня. Скорее бьется мой пульс, отмеривая мою жизнь. Но ты так сурова, что кровь моя стынет и только вздох один осмеливается вылететь из моей груди».

Аспазия (все улыбаясь насмешливо) взяла книжку – Долго искала, долго думала, нашла наконец и указала на конец черннической песни «Всадник».

«Не плачь, прекрасная девушка! Мой путь лежит за эту гору. Я везде найду красавиц... но не останусь ни с одной... Отчизна моя – весь мiр!..»

– Что же? – спросила она. – Разве это не хорошо?

– Пусть и не плачет! – шутя ответил Алкивиад, не желая еще обязывать себя никаким серьезным словом.

– У нас о таких вещах и не плачут хорошие женщины, это у нас не в обычае, – сказала Аспазия, опять наклоняясь к шитью.

В комнате тогда были только глухой и Чево. Чево, улыбаясь, но вовсе не лукаво, а как дитя, также смотрела на него.

– Чево! – сказал Алкивиад, – ты никогда не влюбишься?

Чево не посмела ответить на такой дерзкий и бесстыдный вопрос. Она лишь опустила глаза.

– Выйдет замуж, тогда и влюбится! – отвечала за нее Аспазия.

– Не лучше ли сказать наоборот? – возразил Алкивиад. – Прежде влюбится и тогда выйдет замуж.

– Это у нас не в обычае, – ответила Аспазия.

– Разве есть на страсти обычай! – воскликнул Алкивиад уже в досаде.

– У нас так привыкли...

– Неужели у вас не понимают ничего мечтательного, ничего страстного, ничего романического... Никто не посягает на честь женщины и девушки... Честь есть краеугольный камень семьи – это мнение каждого эллина!., (продолжал с жаром Алкивиад). Я говорю не про этот священный принцип, а про увлечение и про мечты... Я говорю о жизни сердца и фантазии... Неужели здесь женщины не живут душой?.. Везде, где есть жизнь, достойная этого названия, есть и страсти, которые доводят иногда до самоубийств, до преступлений... Это грустно, это ужасно, но это доказывает, что существует нечто идеальное... Сафо бросилась с Левкодского утеса... Всякий день читая и слушая рассказы о странах просвещенных, мы видим, что молодые девушки и молодые женщины удушают себя угольями, отравляются, убегают из дома родителей, сходят с ума от любви...

– Пусть Бог избавит нас от такого просвещения! – ответила Аспазия. – Нам так лучше; у нас никто не убивается.

Чево громко засмеялась, так ей понравился ответ сестры...

С досадой слушал Алкивиад этот смех... и ему еще стало досаднее, когда в комнату вошел старший брат Ас-пазии и с простодушною радостью спросил:

– Чему вы смеетесь? Скажите мне, посмеюсь и я!

– Я не смеюсь, – сказал Алкивиад, – я жалею, что у всех здешних женщин и у мужчин нет сердца... Послушай, я расскажу тебе историю, которую рассказывал мне недавно один молодой русский в Афинах. Она поучительна уже потому, что изображает нам хоть одну сторону жизни этой России, которую все мы, и враги и друзья, так мало знаем. Я России боюсь и не люблю, ты это знаешь...

– Напрасно! – перебил молодой Ламприди. – Без России все ваши росказни будут щепки и стружки, больше ничего...

– Это другое дело! – гневно воскликнул Алкивиад. – Слушай меня! Слушай меня и ты, Аспазия, умоляю тебя.

– Я слушаю! – сказала Аспазия.

– Нет, оставь работу и гляди на меня, – сказал Алкивиад.

Аспазия послушалась.

– Слушайте же, – продолжал Алкивиад, – я говорю, что не люблю Россию. Но я согласен, что ничего не может быть милее, благороднее, любезнее образованного русского. Один из таких обворожительных русских молодых людей рассказывал мне, незадолго до моего отъезда сюда, историю своего родного брата, который, как и видно по всему, был также прекрасный молодой человек. Он служил офицером на Кавказе и был из хорошей семьи. В Петербурге были у него богатые родные. В доме этих родных он встретил молодую девушку, тоже родственницу их, и влюбился в нее. Хотя и герой на войне, молодой офицер этот был очень застенчив и скромен с женщинами. Девица была невинна, стыдлива. Он не решился объясниться с нею и открылся лишь брату своему. Брат с жаром взялся помогать ему и скоро передал ему о согласии молодой девушки. Открылись наконец и богатым родным, от которых девушка зависела. Но отец семейства отверг этот брак, потому что и офицер и девушка имели оба слишком мало средств к жизни. Сверх того, старик нашел и другое препятствие, которое любопытно, как странная подробность русских нравов: он сказал, что эта девица слишком хорошо воспитана, чтобы выйти замуж за человека, который почти не говорит по-французски. «Точно не человек хорошего общества, а какой-нибудь управляющий имением другого». Офицер опять уехал на Кавказ, и все думали, что он забыл избранницу своей души. Но это была ошибка; прошло лет более десяти, молодая девушка вышла замуж за человека также молодого, очень богатого и знатного; она стала ему верною супругой и прекрасною матерью своим детям; но полюбить его не могла...

56

Тут Алкивиада перебила старушка Ламприди (она вошла при начале его рассказа):

— Отчего же она не могла полюбить мужа? Значит она своего долга не знала! — восклицала она.

Алкивиад продолжал:

— Прошло больше десяти лет; офицер возвратился с Кавказа и видел ее; но вспоминать о прошлом они себе не позволили. Молодая женщина, однако, была часто больна и, наконец, скончалась в своем имении, в провинции. Умирая, она написала ему письмо, в котором открылась ему, что до последней минуты не переставала его любить... Он получил это письмо; не показал его никому; несколько дней был веселее прошлого; потом уехал из Петербурга в то имение, где похоронили предмет его обожания... Он остановился в маленьком городке, переоделся, переменил там белье; подарил все вещи свои слуге в гостинице и нанял экипаж и поехал туда, где была ее могила; с ним был пистолет, и дорогой он шутил с крестьянином, который его вез; выстрелил пулей в большое дерево на дороге и спросил крестьянина, крепко ли бьет пистолет и пробьет ли он лоб хорошо? В селе служили всенощную, когда он приехал; он был набожен: вошел в церковь, долго молился, и потом люди видели, как он вышел из церкви и стал молиться на ее могиле. Долго молился он; наконец люди проходя заметили, что он лежит неподвижно; его подняли и увидали, что он застрелился из пистолета! Всем родным своим и друзьям он за день до смерти приготовил прощальные письма и подарки... Вот это страсть! Вот это чувства! — воскликнул, кончая, Алкивиад.

Все долго молчали; когда он кончил, только старушка мать с горестью заметила, что и в просвещенных и больших местах случаются, видно, худые дела, и удивлялась, как же это начальство там православное, а за этим не смотрит!

Николаки немного покраснел за мать и сказал ей:

— Вы, матушка, уже слишком древняя кирия. Нынче свет не такой!

Потом он развеселился и предложил Алкивиаду выслушать его рассказ об эпирских греках.

— Хорошо! — воскликнул он, — ты рассказал мне трагическую историю из аристократической жизни русских; а я расскажу не одну, а две истории про наших... В одном селе, в странах наших, жил в старые годы один молодой паликар. Женился он на красивой девушке; справил свадьбу; пожил с молодою женой хорошо и уехал торговать на чужбину, как, ты знаешь, делают многие эпироты. Вернулся он через пять лет; жена все еще была хороша и без него стала любовницей одного турецкого бея. Расстались, однако, они, когда вернулся муж; но долго бей без нее оставаться не мог; он решился похитить ее и убедил ее так, что она согласилась на это. Бей выбрал день, в который она с мужем должна была ехать в гости к родным в другое село. Он взял с собой трех отважных турок и скрылся с ними за утесами на пути. Муж ехал на муле; жена шла около него пешком; не доходя до утеса, жена сказала мужу: «Поезжай тихо, а я одежду хочу поправить и после догоню тебя!» Видно, ей было страшно. Бросились турки на мужа; но он имел оружие; ранил всех трех, и остался бей перед ним один. «За что хотел ты мне зла? – спросил он его. – Отдай мне оружие и скажи мне правду, тогда я подарю тебе жизнь». Бей отдал ему оружие и сознался, что хотел похитить его жену. Тогда муж не вынес этих слов и убил бея. Возвратился к жене, отрубил ей обе груди, бросил ее на дороге, истекающую кровью, и бежал из Турции. Дело это старых времен. Турки были тогда проще, и паша сказал: «Напрасно бежал человек – я бы не наказал его. Он исполнил долг своей чести!»

– Какая жестокость, но вместе с тем какая греческая отвага! – сказал Алкивиад.

– Конечно, люди простые, без воспитания, – вздохнув, заметила старушка.

– Подожди! – продолжал Николаки, – я расскажу и другую историю; та не будет такая жалкая. В другом нашем городе явился другой паликар. Сосватал он себе одну девушку из другого села и не знал, что она давно любила другого. Собрались люди на свадьбу; привезли невесту из того села; поехали с ней родные и гости. Начали петь песни свадебные, кушать, пить и плясать. Невеста была в другой комнате с женщинами, по обычаю. Вдруг она говорит им: «Подождите; нездорова я что-то. Выйду воздухом подышать!» Вышла и родила ребенка в саду. Никто и не знал, что она беременна. Ребенок был мертвый, вероятно, от волнения, в котором была мать. Ждут ее женщины другие, ждут; нейдет назад. Вышли и видят, она в поле идет с ребенком; хоронить его хочет. Закричали женщины; сбежались все; взяли у ней ребенка мертвого; взяли и ее, уложили сперва, а потом на другой день отправили назад к отцу в село. Расстроился праздник, и разъехались все; но они уже были обвенчаны; молодой обдумал и на увещания пойти к митрополиту и просить развода отвечал: «Нет не пойду. Такую, должно быть, Бог мне судьбу дал; возьму ее опять; она мне жена и, может быть, доброю хозяйкой будет». И взял ее, и живут с тех пор не хуже других.

Этой истории от души смеялись не только сам Николаки, Аспазия и мать, но даже обе девушки Цици и Чево. Старушка и тут по-своему объяснила это дело Алкивиаду.

– Что ж делать! – сказала она. – Бедный человек: где ему разбирать строго. Работала, видно, хорошо в виноградниках да послушною женой стала; вот он и живет с ней... Бедность! Турция!

Алкивиад, напротив того, похвалил этого грека и сказал:

– Должно быть, у него истинно христианские чувства были.

– А что же ты думаешь и скажешь о первом молодце нашем? Вот зверь-человек! – спросил Николаки.

– Жестокий человек! – отвечал Алкивиад. – Но я думаю не о нем только, а и о многом другом. Я думаю: отчего энергия, сила духа, патриотизм и все, что красит мужа... Отчего это у вас в Турции все досталось в удел гораздо более низшему классу, чем вам? – Пастухам, земледельцам, сельским капитанам... Ведь у тебя, Николаки, недостало бы ни великодушия, чтобы простить жене проступок, ни силы духа, чтоб убить ее...

Николаки не успел ответить; за него ответила Аспазия:

– Зачем же ему убивать или прощать? Жена его никогда не изменит ему; а если б изменила, на это есть митрополит, есть закон, их разведут, если она обесчестила мужа... Убивают только грубые деревенские люди...

Алкивиаду было больно слышать эти слова; не потому, чтоб он находил в самом деле необходимым убить или простить, а потому, что и в этих словах Аспазии видел прозаичность во взгляде на жизнь.

Он замолчал и скоро ушел.

Через несколько дней возобновился опять почти тот же разговор. Его начал Николаки, на этот раз при отце Ламприди. Смеясь, рассказал он отцу, как афинские люди жалеют, что архонты в Турции не убивают жен из ревности и не убивают самих себя от несчастной любви.

Алкивиаду было неприятно слышать такое злонамеренное искажение его мысли, но из-за Аспазии он ссориться не хотел и потому, краснея и побеждая свой гнев, попросил дядю рассудить их с Николаки.

– Николаки, – сказал он, – клевещет на меня. Я не то хотел сказать. Я хотел только отдать себе отчет, почему у сельского отрока в Турции, у пастуха, у горца еще так много энергии, а у архонтов так мало силы духа, так мало предприимчивости на все, что не касается их личных интересов.

Старик на это ответил с загадочною улыбкой (он был как Аспазия симпатичен и лукав, и все черты дочернего лица напоминали его черты):

– Архонты люди нежные; деревенскому человеку ничего не страшно. Он ко всему привык: и к холоду, и к голоду, и к ножу, и к ружью, которое он найдет куда спрятать от турка...

На это у Алкивиада было хорошее возражение. Он привел афинскую молодежь, которая, быть может, сказал он осторожно, не менее изнеженна и воспитана не хуже архонтов Турции; а сражалась же в Крите и показывала еще пример тем деревенским людям, которым, по словам дяди, ничто не страшно: ни холод, ни голод, ни чорная ночь в горах!

Старик Ламприди и на это ответил с улыбкой:

– Вы граждане свободного царства; люди гордые, образованные, самолюбивые... А мы люди скромные, «райя», в великие политические дела не мешаемся; заботимся о хлебе насущном, о том, как нашему аге подати платить и чтоб ага нас не бил. Вот теперь уже меньше бьет... Спасибо доброму соседу – северному, который все советы аге. дает; а в 29 году и поближе приходил взглянуть на друга... Спросил: как живешь, друг? Живи хорошо, душа моя, и ушел. Ага с тех пор поумнел и окреп даже. Подданные благословляют его; трудятся, работают, богатеют, кушают спокойно с супругами и деточками своими... и молятся за агу...

Вся семья смеялась, слушая старика; стал смеяться и Алкивиад, но ушел домой опять недовольный. Благодушие Аспазии, глубокий сон ее воображения приводили его в отчаяние.

Молодая женщина, казалось, не искала и не желала ничего; ни о чем не мечтала, и если иногда и жаловалась, то лишь на то, что ей не совсем здоровится и что вообще она не крепка и не сильна. Раз она сказала Алкивиаду, что она не надеется долго прожить...

– Тебе бы надо иную жизнь, – сказал ей Алкивиад. – Тебе бы нужны были развлечения.

– Какие развлечения? – спросила Аспазия.

– Поехать бы тебе в Афины, видеть свет, театр, прогулки, оживленный город. Подышать воздухом свободы. Показать и другим людям, показать свободным эллинам, какие цветки расцветают в глуши эпирских гор... Кто знает, – прибавил он шутя, – когда юноши эллины увидят, какие цветочки родятся здесь, то эта мысль воодушевит их, и часом раньше и здесь будет Греция.

Взгляд и румянец Аспазии говорили, что эти похвалы и шутки ей сладки; но слова ее и на этот раз дышали равнодушием.

– Не для нас такая роскошь, – ответила она спокойно.

– Однако неужели ты не подумала о том, что жить, как ты живешь, не значит жить. Подумай же: целые года... года! ты ходишь из спальни в столовую; от очага к столу и от стола к кровати... Весь мiр для тебя в этих двух комнатах; ты даже никогда не гуляешь.

– Что я буду гулять, – сказала Аспазия, – мостовая нехороша; дороги трудные, гористые; зимой дождь и холод; летом жарко... И с кем я буду гулять? наш Николаки не любит ходить; матушка стара и тяготится; сестрам обычай не позволяет – они уж велики...

– Чего же ты желаешь? Неужели ничего?

– Ничего! – сказала Аспазия.

Другой раз, оставшись с ней, наконец, наедине, он спросил у нее:

– Неужели ты не любила и не будешь никого любить?

– Я любила, ты знаешь, мужа. Бог взял его у меня. Это мое несчастие. Кого я буду любить?

– Неужели, Аспазия, ты понимаешь только ту любовь, которая разрешена законом?

– А то какая же еще? – спросила Аспазия и потом, краснея, прибавила с неожиданною прямотой:

– Если ты хочешь иной любви, ищи ее в том предместье, знаешь, где живет Аише и ей подобные... В хорошем доме ты иной любви здесь не найдешь...

После этого ответа Алкивиад долго не возобновлял разговора о любви. Он боялся оскорбить Аспазию и, отчаявшись в успехе простого каприза, стал думать все больше и больше о браке.

XIV

Любовь, которой первые, то сладкие, то бурные движения ощущал в себе Алкивиад, не могла отвлечь его вполне от драгоценных всякому греку политических размышлений. Он то интересовался ролью, которую родные его и другие христиане играли в Турции, то хотел выведать их образ мыслей, то передать им свой. Ему скоро пришлось заметить большой разлад во мнениях между ним и семьей дяди, где не только сердцами, но и мнениями были все заодно. Сыновья покорно и искренно внимали отцу; он видел больше их, испытал гораздо больше смолоду и книгами больше их занимался. Он помнил борьбу за независимость, он пережил сам опасные минуты, он путешествовал по торговым делам и в России и в западной Европе, видел народные смятения в Вене и Париже; гораздо лучше сыновей знал по-французски и по-итальянски, знал хорошо и по-турецки, а сыновья не знали.

Он свободно умел переходить от речи простой и деревенской к речи почти ораторской и ученой; знал также хорошо грубую пословицу горную, как и цитату из Демосфена или Фукидида.

Был недурно знаком и со старым турецким шериатом, и с новыми турецкими уставами, а каноническое право православной церкви знал так хорошо, что митрополит не мог кончить без него ни одного важного дела.

Еще и прежде, когда решения турецкого кади были гораздо своевольнее, чем теперь, кир-Христаки один из всех христиан умел склонять кади на свою сторону и не раз вынуждал их рвать уже написанные решения.

Алкивиад видел, что дядя, благодаря осторожности своей и политическому миролюбию, приобрел такую силу, что мог и бедным людям делать много добра. Он давал им иногда деньги взаймы (конечно, на проценты); принимал на себя и поручительство за многих и в денежных обязательствах, и в тех случаях, когда Порта нравственно не знала, довериться ли ей человеку. Он выпрашивал людей к праздникам из тюрьмы или совсем выручал их оттуда. К нему приходили с просьбами не только христиане, но и турки. Один хлопотал об отсрочке долга своего другому торговцу, который не мог не уступить господину Лампри-ди; другой просил похлопотать о повышении в офицеры из простых жандармов. Алкивиад сам видел, как молодой турецкий солдат, премилый и преумный юноша, целовал руки Христаки и прикладывал их ко лбу своему за то, что тот выхлопотал ему от начальства долгий отпуск в деревню, чтобы видеть старую мать и выдать замуж сестру.

Заметил и сам Алкивиад и стороной узнал, что кир-Христаки несправедлив лишь в одном случае – он не мог выносить, чтобы бакал, пастух или погонщик смел судиться у турок с архонтом; как бы ни было дело право, кир-Христаки употреблял все усилия, чтобы доказать простолюдину, как тщетны его надежды. Но когда приходилось разбирать дело двух людей низшего положения или двух архонтов друг с другом, г. Ламприди становился правдив и неподкупен. Так же неподкупен и правдив был он и в делах между людьми разной веры и породы, между евреем и греком, между греком и турком, между турком и евреем. Ему нужно было только одно – чтобы бакал, пастух, погонщик и земледелец не забывали своего старого страха перед архонтами и своего уважения к большим очагам, «где и котел в кухне никогда не перестает кипеть».

Это афинскому юноше казалось ужасным и непростительным.

Не нравились ему и политические взгляды дяди и двоюродных братьев. Разница между отцом и сыновьями была только та, что сыновья иногда говорили смело против турок, а отец никогда даже и в семье открыто Турцию не корил. Но и он сам, и сыновья были приверженцами России и в нее только верили.

Эллинскую конституцию они все трое осуждали чаще, чем деспотизм султанов, и с негодованием говорили о непрочности министров в Афинах и о пустых бреднях афинских адвокатов и газетчиков.

Раз глухой насмешливо сказал Алкивиаду:

– Не забудь и нас бедных райя, когда будешь министром свободной Эллады. Скоро будешь, будь покоен! При вашей анархии долго ли стать министром?

– То, что вы зовете анархией, мы зовем свободой и жизнью, и во имя свободы надо терпеть и некоторое зло. Кто не любит свободы, тот не грек.

Так возразил Алкивиад, но старик Ламприди на это сказал:

– Византийцы тоже были греки, а о свободе не заботились много.

Алкивиад решился на это сказать дяде колкость.

– Тебе хочется стать пашой, я вижу это, дядя... Говоря это, он сам немного смутился, полагая, что дядя обидится. Но кир-Христаки отвечал, не сердясь, что это еще не большое зло, если б его и подобных ему стали делать турки пашами.

— Я думаю, и стране, и народу будет больше блага от таких пашей, как мы, чем от ваших адвокатов и газетчиков...

Потом старик подумал и прибавил:

— Именно такой постепенный прогресс, постепенное уравнение прав и нужно. Надо, чтобы христианин в Турции был поставлен так, как был поставлен поляк в России; он имел все права, но не захотел удовлетворяться своим высоким положением, хотел завоевать пол-России, и буйство его наказано...

Алкивиада не раз уже возмущало то, что дядя предпочитал русских полякам; он не раз пытался возвразить ему на это, что если у поляков отнять право самобытности, то почему же должно оставить его за греками? Но всякий раз дядя тут же обличал его в противоречии с самим собою: «то примирение с Турцией, то бунт и свобода, — что же мы выберем, наконец, по-вашему?»

— Нет, друг мой, — сказал он ему раз, — не так вы судите. Я понимаю вас; я вас жалею. Вы еще недавно принесли столько жертв, пролили столько драгоценной всем нам крови. Ум ваш помрачился, и вы, как потерянные, простираете руки ко всякому, на кого только не взглянете. Поверьте мне, друзья мои, естественный поток истории увлечет и вас в свое течение. Не будем предсказывать час и день падения великих царств. Сколько раз стояла Турция на краю гибели и сколько раз опять укреплялась. Пусть стоит она долго, лишь бы христиане заняли постепенно в ней ту роль, которая им подобает... Ты скажешь: «и мы говорим то же». Нет, вы не то говорите, вы хотите невозможного; вы хотите, чтобы каждый грек день и ночь искусно сочетал в уме своем наружную дружбу с тайною жаждой разрушения. Когда ты, юноша образованный и способный, так говоришь и хочешь возбуждать народную гордость, чего же можно ждать от множества тысяч людей, которые и ума твоего, и воспитания не имеют, и плана такого сложного и глубокого постичь не в силах... Да! и я проповедую примирение с Турцией; но не мы с тобой двое составляем народ. И когда я возьму в расчет веру, предания и самые события, как они слагаются помимо нашей воли, я вижу, что примирение это не в руках Англии, не в руках этого изверга, которого посадили на свой престол безумные французы, а в руках того, за кого говорят и близость положения, и вера, и сила, и предания. Только двуглавый орел, дитя мое, может осенить мирно крылами своими эллинский крест и луну ислама... Султан Махмуд, мое дитя, понимал дела вернее, чем эти нынешние франки, Фуад покойный и другие... Только Россия, друг мой, может поручиться турку за грека и греку за турка... Без ее вмешательства доверия не восстановите... И о каком союзе вы говорите? О военном союзе? Пусть будет по-вашему.

Объявите вместе с Англией и Турцией войну русским. Пусть какой-нибудь министр ваш достигнет этой цели, пусть выйдут в поле Хассан и Яни вместе против Иванов... Но ведь и ты, и министр твой естественных чувств не убьёте в народе; не убьёте в нем веру; он скажет: это грех; и солдат бросит ружье, и офицер, поверь мне, сломает с негодованием свою шпагу...

Не нравились Алкивиаду такие мысли; не нравилось ему многое в Эпире; не нравилось ему то, что митрополит садится на официальных празднествах ниже простого кади и что люди выносят это... Не нравилось, что мало шума в городе; не нравилось, что простые люди слишком почтительны к старшим и богатым; поклоны их, хотя и очень изящные и полные внутреннего достоинства, ему казались низкими. Еще не нравилось ему (и в этом он был, конечно, прав), что купцы, учителя и другие люди с влиянием и весом зовут своих же простых греков – звери дикие и не ценят их качеств...

Нестерпимы были ему иногда все эти вопросы о здоровье и долгие разговоры о погоде; не любил он слишком торговый дух своих соотечественников и часто открыто роптал на него...

Не нравилось кой-что ему и в частной жизни здешних людей, особенно, когда ему самому это было неудобно и невыгодно. Не нравился ему, например, донельзя обычай эпирских вдов – носить столько лет после мужа одни лишь темные цвета, почти не выходить из дома, не посещать даже церквей.

Еще участь молодых вдов, таких, как Аспазия, могла перемениться от нового замужества; но вдовы пожилые были до гроба осуждены общественным мнением носить один черный цвет и не покидать жилища своего ни в каком случае: ни для пира дружеского, ни для свадьбы близкого, ни для молитв, ни для простой прогулки, разве-разве для посещения больного и умирающего.

Женщины эпирских городов и не роптали на это... Мужчины хвалят этот обычай, и когда однажды Алкивиад осуждал этот обычай при старике Парасхо, – Парасхо, выслушав взрыв его негодования, ответил ему сурово:

– Хороший обычай! прекрасный обычай! Обычай хранительный для светской семьи! Каков бы ни был супруг, добрый или злой, супруга знает, что она наслаждаться жизнью может лишь до тех пор, пока существует супруг... Она знает, что с его смертью для нее закрыто все... Да! она знает это, и как бы ни был с ней супруг суров или жесток, она молится о продлении его жизни!..

– Храни, храни народное, – прибавил еще старик, вздыхая и качая головой. – Народное – святыня!..

– Так после этого, – воскликнул Алкивиад, – нам остается один шаг до самосожжения индийских вдов!..

– Нам до этого еще далеко, – ответил старичок.

Алкивиад уговаривал Аспазию, по крайней мере, гулять для здоровья. Доктор, который лечил Ламприди, поддерживал Алкивиада.

У Аспазии был свой апельсинный сад на конце города. Он достался на ее долю после смерти мужа и давал недурной доход. Но Аспазия не видала его ни при жизни мужа, ни вдовой.

Раз в месяц приходил к Аспазии садовник, докладывал ей, как цветет сад, как созревают плоды или как идет их сбыт; приносил букет цветов, узел апельсинов и лимонов или две-три золотых лиры за продажу фруктов... Аспазия осматривала апельсины, разрезывала их, смотрела, не испортились ли они от холодов, считала деньги; давала садовнику небольшую награду, а сама в сад все-таки не шла.

Алкивиад в этом саду был несколько раз, несмотря на зимнее время; имел там гостей у садовника; лежал на рогожке подолгу под тенью прекрасных деревьев, обремененных и в это суровое время года плодами; мечтал о любви, о судьбах отчизны.

Туда несколько раз умолял он пойти Аспазию. Один вечер он был так красноречив, приводил столько хороших примеров, так настращал Аспазию словами доктора, который жалел, что все почти молодые женщины в Эпире бледны и слабы от затворнической жизни, что Аспазия поколебалась. Отец поддержал Алкивиада.

– Для здоровья и церковь разрешает нарушать посты, – сказал он. – А в прогулке что дурного? Это наше местное безумие и больше ничего.

Мало-помалу после разрешения отцовского все стали собираться на прогулку, если завтрашним утром будет хорошая погода. Все, кроме отца, который должен был заседать в меджлисе, и двух младших дочерей, которым обычай дозволял только изредка и по вечерам выходить в гости к близким родным. Мать спросила у мужа: «в котором году бунтовался в Эпире Гиони-Лекка?», и когда муж сказал: «в сорок восьмом году», она сочла года, протекшие с тех пор, и, вздохнув, с улыбкой покачала головой: «Точно вчера это было! С тех пор я и в садах не была. Покойный поп Георгий (да упокоит Господь его душу!) встретился с нами там. Сам он был ведь человек семейный и нашу семью любил. Муж тогда в Константинополь поехал; меня уговорила идти гулять покойная сестра; а поп Георгий и встретился. Любил шутить он и говорит: „Что, – говорит, – кира? Гуляешь с тоски по мужу? И то сказать, след ли человеку жену законную зимой одну оставлять... Зимой теплота нужна всякому рабу Божию". Чуть мы было от смеху не померли все... Вот двадцать один год с тех пор прошло, и не видала я этих садов».

Алкивиад не совсем был доволен, что и тетка собралась идти. Он рассчитывал, что пойдут только Николаки с женой и Аспазия. При Николаки одном было бы свободнее. Николаки считался в Рапезе нововводителем; он позволял себе ходить по улицам с женой под руку, тогда как и не под руку с женами вместе ходить днем по улицам без крайней нужды избегают в Эпире. Хаживал вместе с женой и по утрам не раз с визитами; хотя и это тоже не в обычае. По обычаю, молодая жена должна делать визиты с тещей или с другою пожилою дамой; а если тещи нет, то с «параманой», старушкой нянькой или кухаркой.

Всякий знает: если идет молодая архонтиса в шелковом платье, и платочек новенький, вышитый золотом или шолком, на голове, а рядом старушка в черном бумажном платье и в чорном простом платочке на голове, – всякий тогда видит и знает, что архонтиса молодая идет «сделать посещение в честный дом». И всякий, кто кланяется ей, думает: «Хорошая женщина! Хорошая супруга! Хозяйка женщина, исполненная добродетелей!»

Николаки считался поэтому в таких делах нововводителем и раз даже позволил, по примеру русского консула, посетившего как-то Рапезу, поставить жену в церкви внизу с мужчинами, возле себя, вместо того, чтоб отправить ее на хоры, где за решетчатою перегородкой, как в гареме, стоят все хорошие женщины. Но это он сделал только раз; жена его была красива; она чувствовала взоры паликаров, не могла спокойно молиться и уже с тех пор ни разу не спускалась вниз к мужу...

Рассчитывая на это, Алкивиад уже рисовал себе картину. По городу Николаки пойдет под руку с женой. Аспазия и он сам пойдут около них или вперед особо каждый. Иначе, конечно, Аспазия согласиться не может; но за городом, когда никого не будет видно, он непременно возьмет Аспазию под руку и пустит молодых супругов вперед. Тогда, вдали от всякого надзора, он и руку пожмет покрепче, и. слово иное скажет, быть может, и поцелует, сперва насильно, где-нибудь за поворотом, за скалой, за деревьями. А потом уже и не насильно!..

С этими мыслями он и заснул приятнее, чем когда-либо, не теряя надежды, что старушка еще раздумает и не будет мешать им.

Но эти надежды не сбылись. Рано утром, едва только он проснулся, Алкивиад увидал, что по улице идет к нему в халате и вязаной ермолке Николаки.

Он отворил окно и спросил его:

– Что нового? Идем или не идем?

– Подожди! – ответил ему Николаки задумчиво. И больше ничего с улицы не хотел сказать.

В комнате он тотчас же разразился проклятиями на беспорядки, которым нет конца в Турции, несмотря на то, что новый вали-паша берет, казалось бы, хорошие и строгие меры.

На рассвете, около самого сада Аспазии, нашли тело убитого молодого поселянина. Сначала думали, что он убит не разбойниками, а из личной мести или в ссоре с кем-нибудь из своих же, потому что убит он был, – не застрелен и не зарезан, а задушен и забит до смерти чем-то тупым. Потом поймали между большими камнями осла, на котором было одно лишь деревянное седло. Люди, которые знали молодого человека, сказали, что осел этот его, что он обыкновенно привозил в город дрова, уголья, а иногда и более ценные вещи на трех-четырех ослах. Значит двух или трех ослов увели вместе с навьюченным добром, а этот осел, тоже развьюченный, как-нибудь вырвался и убежал.

Это уж на простую ссору или на месть не похоже.

Николаки, однако, подозревал не разбойников, не Салаяни, не фессалийскую шайку какую-нибудь, которая могла неожиданно пробраться и сюда, не Дэли, который, как слышно, бедных поселян не убивал и даже не грабил. Он подозревал или албанцев-мусульман, из которых постепенно набирались в то время охотники для новой пограничной стражи, или же прежних баши-бузуков, которые недовольны тем, что их распустили и лишили их и казенных «пайков», и всякой возможности вступить с разбойниками в братские соглашения и делить с ними добычу, для вида гоняясь за ними.

Николаки был вне себя от гнева, кричал и проклинал и хидудье, и баши-бузуков, всех турок и даже эллинов, за то, что они еще хуже турок потворствуют разбою на границах Эпира и Акарнании...

– Ваши проклятые чернильщики афинские виноваты больше турок, – говорил он... – Вместо того чтобы с Турцией заключить политические союзы... лучше бы точнее исполняли взаимные обязательства о выдаче разбойников и других злодеев. Не хуже вас и мы эллины, а иной раз с охотой послал бы я вам в наказанье английскую эскадру в Пирей, либо казака с кнутом на ваших адвокатов и газетчиков!.. Смотри, не жалость разве? Что за мальчик хороший был этот деревенский! Честный, смирный был мальчик, бедный! Да успокоит Господь Бог его невинную душу!.. Честным людям и на свете нельзя так жить!..

Алкивиад вместе с Николаки пожалел о мальчике, и когда тот немного успокоился, он спросил его:

– А гулять не пойдем разве?

– Хорошее гулянье! – ответил Николаки. – Поди уговори жену мою и Аспазию к этому месту теперь... Увидишь, что они тебе скажут... Я с тобой пожалуй пойду и место тебе покажу, где человека убили.

Алкивиад еще надеялся уговорить женщин сам, но Аспазия отвечала, что боится и не пойдет за город без вооруженных людей, и прогулка была надолго отложена.

XV

Вскоре Алкивиад узнал, что у него есть соперник. В Рапезе жил молодой архонт по имени Яни Петала. Ему было около 30, и, несмотря на это, отцы семейств и

даже молодые женщины звали его всегда то пэди, то есть дитя, мальчик, потому только, что он был холост. Он был очень богат; жил вдвоем со старухой матерью, которая страдала ногами и почти не сходила с кресла, привставая лишь для самых важных лиц.

Собой, по мнению Алкивиада, он был очень противен. Лицо его было бледное, изнуренное; под глазами синяки; выражение суровое, недоброе, длинные жесткие усы, глаза навыкате; бороду брил он только раза два в неделю; одевался грязно и бедно (конечно, во франкское платье); даже феска его всегда была стара.

– Экономический человек! Хозяин! – говорили про него архонты.

– Да, – подтверждали архонтисы, – Бог в утешение дал матери больной такого сына.

Все считали его дельцом. Он так же, как и кир-Христаки, дружен был со многими турецкими беями и чиновниками. Давал им взаймы деньги и держал их этим в руках. «Кир-Янаки! кир-Янаки!» звали его турки и хвалили его. Через это и он мог иногда делать добро своим. Однажды, гуляя с Алкивиадом, зашли они на горку, под которой стояла непроходимая грязь. Им не хотелось идти через эту грязь; Петала позвал одного ремесленника грека, велел ему разобрать ограду из колючих растений в чьем-то чужом саду, чтобы пройти чрез него, и опять забрать ограду за ними.

– Чужой сад! – сказал Алкивиад.

– Ба! Это ничего, – отвечал Петала. – Я знаю хозяина; он бедный человек, башмачник.

– Разве бедность его дает нам право ломать его ограды? – спросил Алкивиад.

– Дает, потому что и он во мне нуждается. Он знает, что завтра, послезавтра я могу его освободить из тюрьмы или сделать еще что-нибудь для него полезное.

Алкивиад не возражал на это; он и сам был рад спасти от грязи свои афинские ботинки; но все, что бы ни делал, ни говорил этот человек, ему было противно.

Ему было противно, когда он слышал, что Петалу называли пэди и, как ему казалось, искажали значение этого ласкательного слова, называя им грубого и грязного тридцатилетнего архонта. Не нравилось ему также, когда Петалу звали поликаром. Какой же он паликар? На вид неуклюж и грязен, боязлив. С тех пор как разбой стал сильнее около Рапезы, в имение свое не ездит, на охоту за город ходить боится. Такие ли бывают паликары? Сам Алкивиад паликар – другое дело. Скачет верхом каждый день далеко по горным тропинкам, иногда до самой Петы; собой красив, моложав и свеж, как девушка, ловок и умен.

А звать Петалу паликаром и пэди – это не имеет смысла. Иные в городе находят Яни Петалу не только паликаром и пэди, не только дельцом и образованным человеком хорошей фамилии, но еще и очень остроумным человеком.

Алкивиад старался понять, в чем же его остроумие; замечал, чему смеются люди, когда он говорит.

Иногда к Алкивиаду заходили вместе с Яни Петала и другие молодые люди, сыновья докторов, купцов, священников городских и учителей, все люди «хорошие», «лучшего общества»; пели (притворив окна) патриотические песни, шутили и беседовали. Алкивиад прислушивался к остроумию их.

– Молчи, молчи! – говорил Петала приятелю, – я посажу тебя на телеграфную проволоку, и мы тебя будем с двух сторон бить хлыстами, и ты так верхом до Янины доедешь!

Все хохотали.

– Где он находит все это, этот человек! – восклицали собеседники.

Один из источников остроумия Петалы Алкивиад, однако, скоро нашел. Петала и сам не скрывал его.

Это была книжка, которая вышла недавно в Константинополе под заглавием: «Орнито-скализмата», что значит «Куриное скобление», то есть автор роется в житейском прахе и выскабливает всякую мелочь для осмеяния порока.

Книжка эта составлена в виде букваря, по алфавиту, и каждое слово имеет определение ядовитое и тонкое, по мнению многих греков.

Русский (например) значит – человек, который бьет свою жену, своего слугу и своего осла.

Эллины – народ, знаменитый своим согласием.

Женщины – потомки Евы.

Лягушки – соловей озера.

Книги – вещи, распространяющие торговлю бумагой.

Придворный – смотри слово льстец.

Разврат – дитя роскоши и т. п.

Петала не скрывал этой книги, не выдавал ее ум за свой, а напротив того, носил ее с собою всюду и прочитывал из нее отрывки охотно всем.

Алкивиад все-таки был слишком образован, чтобы не возмущаться «куриным скоблением» и не находить с досадой, что и в отношении забавности простодушный Тодори и всякий простой эпирот гораздо лучше своих соотчичей богатого круга, настолько же выше и забавнее беседой, насколько он выше их смелостью и горячим чувством веры и народности.

«Куриным скоблением» Петала еще больше опротивел Алкивиаду. Догадаться, однако, сам, что Петала ему соперник, Алкивиад долго не мог. Самые нравы были таковы, что ничего не могло быть заметного. Петала нередко бывал у Ламприди, но он за Аспазией не ухаживал, почти никогда с ней не говорил, а если говорил, как со всеми, о вещах самых обыкновенных, так что и в голову ничего прийти не могло.

Первое подозрение о том, что Петала ему соперник, подали разговоры самой семьи Ламприди. Однажды, когда Аспазия была в комнате невестки, у очага собрались отец, мать Ламприди, глухой сын, Николаки и Цици.

Алкивиад вошел и застал их за оживленным разговором. Даже глухой принимал в нем участие. Для него нарочно все изменяли голос и шептали, стараясь делать движения губ как можно выразительнее.

Николаки не прекратил разговора при Алкивиаде, и сама старушка обратилась к нему с вопросом:

— Каким ты человеком считаешь Яни Петалу?

— Худым человеком, — сказал Алкивиад.

— Чем же он так худ? — спросила старушка как будто и с досадой.

Алкивиад хотел узнать, отчего говорят о Петале.

— Так, — сказали ему. — Зашел разговор: что он за человек.

— Я говорю, что он хороший паликар! — сказала мать.

— В чем же хороший? — спросил Алкивиад с недобрым чувством.

— Он у нас из первой здесь семьи, — сказала мать. Отец, однако, который был очень горд тем, что еще при Али-паше дом Ламприди был известен, заметил на это, что семья Петала не так-то первая. Отец его был простая деревенщина из-за гор и в Валахии разжился.

— Имеют теперь состояние! — сказала мать. — Я ведь и не равняла их с нашею семьей или с другими большими очагами. Я говорю, что теперь они имеют, и лучшего палакира в нашей стороне не найдешь.

— С этим я соглашаюсь вполне, — сказал старик.

Николаки стал требовать от Алкивиада, чтоб он сказал, какие недостатки у Петалы. Алкивиад об «Орнито-скализмата» умолчал, потому что и Николаки, и отец его оба уважали эту книжку и звали автора ее «демон», но стал говорить, что Петала неопрятен, скуп, лукав и трус.

— Он не скуп, но экономен, — сказал старик, — торговец человек, хозяин. Торговля — это душа народной и государственной жизни.

Николаки перебил отца (он сам не всегда любил застегивать

70

панталоны; любил и по гостям ходить без галстуха и за обедом ел прямо с блюда, разливая соус на скатерть); он вступился за неопрятность Петалы.

– Он человек деловой, занят с утра до вечера. Ему некогда вашими деликатностями заниматься, цилиндр на голове носить и перчатки на руках...

Глухой захотел знать тоже в чем дело. Но когда ему сказали губами, о каких пустяках заботится Алкивиад, он махнул рукой на него и ушел в свою контору.

Неприятнее же всего были возражения отца и сына Ламприди на обвинения в трусости, которые возводил Алкивиад на Петалу.

– Конечно, – сказал Николаки, – он по горам не скачет один и разбойников опасается; но в этом ничего нет худого. Он человек с состоянием и знает, что его Салаяни схватит и возьмет большой выкуп. И какая польза в такой храбрости? Но что умеет быть мужественным, когда нужно, так у нас есть и пример. Недавно в глухой стороне города, за казармой, солдаты турецкие отняли у одной бедной старухи большой кусок сукна, который она несла, бедная, домой. Петала гулял в это время около казармы с другими молодыми людьми. Он услыхал крик старухи, узнал в чем дело, кинулся один в толпу солдат, разогнал их, отнял сукно и грозился сейчас же пойти к каймакаму вместе со старухой... Солдаты просили у него за товарища прощения. Это полезное мужество... Пусть за город никогда не ездит и не ходит, пусть боится разбойников и пусть почаще приносит такую пользу бедным соотечественникам своим, какую он принес этой женщине!

Кир-Христаки согласился с этим и хвалил Петалу.

– Что говорить! – сказал он. – Сказано, он человек каким следует быть...

Алкивиад попробовал, возвратившись вечером домой, узнать мнение Парасхо о Петале, но этот почтенный старец не сказал о нем ни особого худа, ни добра. «И худ, и хорош, смотря по обстоятельствам!» – заметил он только, но потом прибавил: «А слышал ты, что за него хотят отдать Аспазию?.. Невестка Николакина и старуха сама мать много стараются; но мать Петалы – на! Железо-женщина. Хочет кроме сада еще тысячу лир приданого; а семья Ламприди 700 предлагает. Дело и стало на этом несогласии». Как ни был Алкивиад возмущен тою мыслью, что его можно мерить одним аршином с таким хамалом[20] (так звал он иногда Петалу), но что же было делать? Надо бороться и с хамалом, если он соперник...

– Но нет! возможно ли, чтобы милая Аспазия предпочла Петалу?..

Чорные бархатные очи, румяное, нежное, молодое лицо, отвага, ловкость, одежда модная, голос приятный, шелковистая борода, стихи...

_____

[20] Хамал – носильщик, грубый человек.

любезность, патриотизм... Разве возможно, чтобы молодая женщина не видала и не ценила всего этого?..

Какой же Петала соперник? Не надо и унижать себя такими сравнениями.

XVI

Вскоре после этого один случай навел старика Христаки на следы Салаяни. В знаменитом воинскими подвигами во время восстаний селе Вувусе жили вместе двое братьев – капитан Анастасий Сульйо и младший брат его Панайоти, которого чаще звали Пан-Дмитриу, то есть Панайоти, сын Дмитрия.

Они оба были женаты во второй раз. Капитану Сульйо было теперь уже за пятьдесят лет, а младшему брату не было еще и сорока. Старший брат овдовел рано и имел лишь одного сына, – молодца, каких мало. Лет двенадцать тому назад сыну этому вздумалось без всякой обиды от кого-нибудь, без всякой причины позабавиться с разбойниками. Ни зла, казалось, юноша никому не желал, и ему никто не делал зла; но он познакомился с разбойниками, и понравилась ему бродячая эта и лихая жизнь... Приметил это отец и стал его стращать и отговаривать. Молодец не послушался и убежал в горы. Паша тогда был строгий и искусный, «такой паша (говорил с почтением сам старый капитан), что младенцы в утробе матери от взгляда его дрожали!» Разбойников скоро поймали. Из них двое были турки-арнауты, а трое – греки. С ними вместе схватили и сына капитана Сульйо, который не успел и вреда никакого сделать.

Любил паша торжества и парады; любил, чтобы на него народ смотрел и видел бы, как он казнит злодеев. Он выехал сам навстречу разбойникам и въезжал назад в город верхом с войском и барабанным боем, и говорил даже народу, и туркам, и грекам, указывая на связанных преступников: «Видите, люди, как я воров и злодеев ловлю! Смотрите и вы все живите хорошо у меня!»

Вели по городу так и бедного сына капитана Сульйо; судили его и присудили вместе с другими повесить, на страх и пример.

Плакал капитан и деньги большие, по своим силам, предлагал, и пашу самого умолял пощадить единственного сына его.

Паша, слушая капитана, был тронут (все заметили это). Но что ж было делать! Он хотел показать строгий пример, и юношу Сульйо повесили вместе с другими.

Отец тогда отер отцовские слезы и стал опять паликаром, каким и был всегда.

Он пошел смотреть, как казнили сына. Смотрел не отворачиваясь и, уходя с места казни, сказал при друзьях:

– Не посрамил ты хоть имени нашего эллинского, и то хорошо! Вещи свои людям дарил, и оттолкнул ты сам стул ногой, когда надели тебе петлю, дитя мое! И то хорошо!

Он узнал также, что один из престарелых шейхов мусульманских предлагал сыну перейти в мусульманство и обещал ему за это тайно спасти его. Сожалея о его молодости и красоте, он просил и уговаривал его как только мог, и не достиг ничего.

– Нельзя нам христианской веры менять! – отвечал юноша на все его уговоры.

Прошло несколько лет; капитан Сульйо стал привыкать, но все еще тосковал. Пришел он раз по делу к паше, и паша его вспомнил и принял хорошо.

__ Нет у тебя детей вовсе? – спросил он капитана.

И когда капитан ответил, что нет, паша сказал ему:

– Так Богу было угодно, бедный Анастасий. Что делать! Ни я, ни ты в этом суде не виноваты, а судьба наша. А ты бы женился опять, и будут дети. Без детей что за жизнь человеку!

Взялся сам паша искать для Анастасия жену.

– Не ищите ему богатую, а хорошую; деньги у него есть – говорил паша.

И жена паши, зная все это дело от мужа, жалела капитана. И она взялась помогать; разослали по разным домам старух: и турчанок, и христианок, и арабок, отыскали разных невест. Но больше всего понравилась сиротка одна, семнадцати лет, дочь одного умершего бакала, которая жила вдвоем с теткой в маленьком доме в предместье.

Собой была она мила и нравом тихая, и кроме приданого, которое у нее было, паша еще выхлопотал чрез митрополита, чтоб ей из общественных сумм тридцать золотых лир дали.

– Горожанка она! – сказал капитан паше. – Работа у нас в селах тяжелая.

– Я тебе горе сделал, я и радость хочу тебе причинить, слушай меня, капитане! – сказал паша.

Сульйо оделся в хорошее платье, усы подкрутил и пошел смотреть молодую невесту. Кровь у него была не стара еще, и как он увидал ее, когда она вынесла ему на подносе варенье и сперва, опустив глаза, долго стояла пред ним, пока он брал варенье и говорил с теткой, а потом, поклонясь ему, стала отходить задом и взглянула ему прямо в его капитанские глаза глазами девичьими и покраснела, тогда старый Сульйо забыл, что она не привычна к сельской работе.

Уговорились обо всем с теткой; невесту опять позвали; она поцеловала руку жениха, а жених превеселый пошел и у паши полу поцеловал.

Паша любил таких старых капитанов-молодцов и сказал, когда Сульйо ушел, другим туркам:

– Хороший человек! И что за мошенники эти греки, что не хотят ладно с нами жить! А мы бы жили с ними хорошо, когда бы 'е они.

– Московские дела, эффендим, – заметил ему другой турок.

– Грекам и Москва не нужна! Они много хуже Московы, – отвечал паша.

Обвенчался старый капитан с молодою Василики, и стали они жить хорошо. Василикй оделась по-деревенски и стала работать землю под виноградник не хуже других, за домом смотрела еще лучше, потому что в городе привыкла к большой чистоте. Двух мальчиков подряд родила капитану и одну девочку. Сердился капитан, Василикй слушалась и молчала; худо об ней не говорил никто. Не любила она только, когда капитан сначала кричал ей: «Васило!»

– Не говори ты мне так, – просила она его, – не обижай ты меня. Я сирота, и ты меня такою взял.

Капитан жалел и спрашивал:

– Как же тебя, море, звать, скажи ты мне, бедная твоя голова!

– Зови ты меня Василики, а не Васило. Васило, это по-сельски, а я не сельская.

– Это ведь гордость, – возражал капитан, но в угоду ей звал ее так, как она хотела. Иногда при людях близких он нарочно кричал громко и сурово:

– Васило, иди сюда!

Жена молчала в другой комнате и не шла...

– Кира-Василикй, пожалуйте сюда! – говорил капитан тихо и подмигивая гостям.

И Василикй тогда приходила.

Младший брат капитана, Пан-Дмитриу, женился во второй раз недавно, на девушке очень красивой: она гораздо красивее старшей невестки. Звали ее Александра; ростом она была высокая, белая, чернобровая и черноглазая, а волосы были у ней белокурые. В песнях эпирских таких точно девушек и хвалят...

«Она белокурая и черноглазая», хвалит песня, «брови ее как снурки, глаза как оливки, а волосы светлые, длиной в сорок пять аршин». И Пан-Дмитриу женился не просто, а были и с ним сначала всякие приключения.

Ему было тогда не больше тридцати двух лет, и собой он был молодец, но Александре не нравился. Александре нравился другой, мальчик молодой, двадцати лет (а ей самой было тогда семнадцать). Девушки сельские свободнее городских в Эпире. Куда им прятаться, когда надо работать в поле, топливо мелкое рубить, виноградники копать, виноград собирать!.. Говорили все про Александру, что она любила молодого поповского сынка Григорья, и будто, когда встретит его в поле, сама заговорит с ним и скажет ему: «душка моя! очи ты мои! взяла бы я на себя все твое худо!» Либо колпачок новый белый ему обещает сама вышить густо по краю.

Пан-Дмитриу сватался за Александру; но она не хотела, а родители не принуждали ее; и она раз осмелилась так, что сказала ему:

– Молчи ты у меня, несчастный. Я не возьму тебя мужем. Ты изломанный!

– Чем же я изломанный? – спросил Пан-Дмитриу и удивился.

Все видели, что он собой молодец, а так, видно, с досады девушка сказала, чтоб его обидеть.

– Покажу я тебе, какой я изломанный! – сказал Пан-Дмитриу.

Вышел раз за деревню и отыскал Александру в винограднике одну. Поймал ее; рот ей зажал и обрезал ей волоса.

– Чтобы знала ты, какой я изломанный!

Другие крестьяне все вступились за девушку и отвели Пан-Дмитриу в город в тюрьму. В тюрьме продержали его три месяца, и опять же кир-Христаки его оттуда выручил.

Добился, однако, Пан-Дмитриу, что Александра вышла за него замуж. Он был богаче ее родных; у него баранов было больше, и земли они с братом от кир-Хрис-таки держали много (потому что Вувуса была чифтликом у кир-Христаки).

Когда женился Пан-Дмитриу, Александра стала ему жена как жена, и жили они тоже хорошо, хоть ссорились почаще, чем капитан с Василики. И капитан был добрее брата, и Василики была гораздо смирнее Александры. Братья поделились в доме, списки составили, свидетелей и священника призвали. Капитан брату и главный двор уступил, а сам в другую сторону сделал себе выход; а баранов держали они еще вместе и другие торговые и хозяйские дела сообща почти всегда делали.

Около того времени, однако, как приехать Алкивиаду в Эпир, они начали ссориться, и люди посторонние говорили, что виноват Пан-Дмитриу больше, что он старшего брата не уважает.

Что у них было сначала, трудно сказать, только Постом Великим приехал капитан Сульйо к кир-Христаки в Рапезу и стал просить его рассудить их с братом на месте.

– Брат, – говорил он, – тоже согласен, и что ваше благородие скажет, то и будет. Не хотим мы и к митрополиту идти, а уж к кади и не советуйте нам, к кади не пойдем мы. Мы желаем, чтобы вы рассудили нас.

Кир-Христаки отговаривался и делом своим, и тем, что турки будут недовольны, зачем он судит людей.

– А главное, – сказал он наконец, – кто ж хороший человек из города теперь к вам деревенским поедет. Вы пристани держите разбойников и друзья с ними. Мне и жизнь и деньги мои дороги... Не войско же мне турецкое с собой брать?

Капитан божился, что ничего не будет; Алкивиаду хотелось съездить, Николаки тоже был не прочь, и они поддерживали капитана.

Капитан обещался выслать на самую реку сколько угодно вооруженных молодцов и сам готов был выйти с ними господам навстречу с ружьем и ятаганом, как следует, и проводить их от реки, через ущелья и скалы, до самой Вувусы. В город же самый прислать стражу из сельских христиан, и сам кир-Христаки знал, что в глазах турок будет неприлично.

Выйдет это для каймакама оскорбительно, будто турецкое начальство не в силах защищать граждан. Взять же из города жандармов турецких тоже нехорошо, потому что не следует туркам видеть, как кир-Христаки патриархально сам судит. И зачем без крайней нужды турок мешать в дела?

Не ехать – опять нехорошо, зачем лишать себя популярности и влияния, особенно на тех крестьян, которые в его чифтликах[21] живут. Однако ему и шаг за город выехать было страшно без вооруженных людей. Поэтому решили так: взять с собой Тодори пешим без ружья, но с пистолетом и ножом за поясом, и еще своих мальчиков, чтоб около лошадей пешими шли и хоть в обуви ножи имели, и, кроме того, пригласить верхом одного богатого старика, который теперь служит кавассом при одном консульстве, наклоненного разбойника, того самого, которого кир-Христаки хвалил в своем письме Алкивиаду. Теперь он живет процентами и торговлей; дом имеет свой большой и кавассом лишь из чести и из безопасности служит.

Так решили это все; назначено было ехать в следующую пятницу утром, чтобы кир-Христаки свободен был от меджлиса, и капитан Сульйо простился и уехал.

---

[21] Чифтлик – истинное значение этого турецкого слова относится преимущественно к тем большим имениям беев и купцов, на которых живут, не имея своей земли, крестьяне и платят за пользование известный процент владельцу Иногда же так называют всякое загородное имение

XVII

В пятницу утром, как только ясное солнце рассеяло над городом и горами зимний туман, кир-Христаки, Николаки, его сын, Алкивиад и поклоненный разбойник Сотирий выехали из Рапезы верхами. Тодори, веселый-развеселый, шел впереди, показывая, где лучше ехать; а мальчики, тоже довольные, шли около господских лошадей: один около отца Лампри́ди, другой около сына. Все, конечно, ехали шагом. Только один Алкивиад, где было поровнее, пускался вихрем скакать вперед, напевая итальянские бравурные арии и опять вскачь возвращаясь назад.

Переехали реку вброд, и на той стороне встретили господ трое пеших вооруженных крестьян, и оба брата Сульйо на мулах и тоже с оружием.

Увидав около себя целую стражу, Николаки и отец его повеселели и стали шутить и беседовать с крестьянами.

Алкивиад уговаривал Николаки ехать вперед, и тот согласился. Впереди их шел только один молодой крестьянин, перекинув за плечи рукава, и шел так быстро по камням, что Алкивиад с Николаки не обгоняли его, несмотря на то, что ехали самым крупным шагом. Все другие отстали от них. Вувуса, которая из города и с реки была так хорошо видна, а потом скрылась за скалами, опять показалась вблизи, и молодые люди запели вместе клефтскую песню о старых битвах с турками в этих местах.

Пели они дружно и складно; Алкивиад старался сам подделаться, как мог лучше, под турецкий напев, и так доехали они до одного ручья.

На ручье увидали они двух женщин: старуху и молодую... Они мыли белье. Молодая обернулась лицом к всадникам и засмеялась.

– Вы поете песни о том, как мы воевали здесь, – сказала она. – Мы воюем, а вы только песни наши поете! Это хорошо!

– Вот какая смелая! – сказал Алкивиад.

– Отчего же мне смелой не быть? – спросила она.

– Как тебе не быть смелой, – сказал Алкивиад. – Вот Бог тебя какою красавицей сделал. Кто же ты такая, скажи нам?

Николаки тоже смеялся с ней и сказал Алкивиаду, что она и есть Александра, жена Пан-Дмитриу.

– А что, – спросил он, – косы отрасли с тех пор? Красавица опять засмеялась громко и сказала:

– И ты о косах моих знаешь! Вот вы, горожане, какие люди... Заставила бы я вас виноградники копать, как мы копаем целые дни, тогда бы и руки у вас не были бы такие белые, как теперь... Мы воюем с турками, а вы песни о войне поете. Виноградники мы копаем, мы убиваемся, а вы только и знаете, что кушать виноград...

Николаки на эти строгие слова вынул душистый жасмин из петли сюртука своего и любезно подал его крестьянке...

– Это значит, ты мне понравилась! – сказал он.

– Это я тебе так понравилась? А ты понравился мне или нет? Уж как мне тебе на это сказать, и не знаю... Вот этот паликар лучше тебя, я думаю, будет, – отвечала она и указала на Алкивиада.

– У нас говорится пословица, – возразил Николаки, – когда овца брыкается – волку радость. Когда женщина бранит, значит полюбила!..

Скоро приблизились другие всадники и сам муж Александры. Молодые люди оставили ее и поехали дальше.

Алкивиад не мог воздержаться, чтобы не заметить, какая разница между деревенскими и городскими женщинами в Турции. «Насколько деревенские естественнее и свободнее!»

Приехали, наконец, в Вувусу, и, отдохнув немного, кир-Христаки начал судить и мирить двух братьев. Три часа длился этот суд и кончился примирением. Составился целый меджлис, в нем приняли участие два сельских священника. Николаки, Алкивиад и кавасс Сотири помогали тоже сколько могли. Увещания церковные, дружеские советы, законы турецкие и местные обычаи, совесть – ничто не было пренебрежено. Спор был большой. Капитан Сульйо жаловался, что Панайоти отпахивает у него всякий год ту землю, которую ему, старшему брату, завещал отец; Панайоти жаловался, что старший брат не отдал ему подноса, который остался от отца, что во время его отсутствия не кормил его собаку. «А собака такая, пастушья, хорошая и ужасная, пять лир стоит, и турецкий старый закон говорит: кто убьет такую, собаку у другого, тот должен заплатить хозяину столько денег, сколько стоит куча проса в рост собаки. Повесят мертвую собаку так, чтоб она ногами задними до земли касалась, вытянут ее, и сыплют семя, семя все обсыпается; когда сравнится куча с головой собаки? А просо – семя не дешевое! Вот что такое эта собака!» – сказал Пан-Дмитриу. Жаловался еще меньшой брат, что когда делились они, то положил Сульйо заделать дверь и окна свои, которые выходили на двор брата, и" не заделывает, и кира-Василики все подсматривает у них на дворе. Жаловался старший брат опять на запашку, вынимал отцовское завещание и читал: «а ту землю, которая от больших камней на дороге идет до большого дерева, прунари[22] именуемого, отдаю старшему сыну моему Анастасию». Пан-Дмитриу возражал, что старший брат, с тех пор как был в Греции и привез оттуда греческий паспорт – уже не турецкий

---

[22] Прунари – особый род дуба.

подданный; иностранцы же прав на недвижимость в Турции не имеют. Пан-Дмитриу жаловался, что капитан Сульйо его жену Александру худыми словами поносит и всячески грозит ей.

– За худы дела! – возражал старший брат.

Все это нужно распределить по статьям, разобрать и рассудить по совести, и кир-Христаки вел дело очень искусно. То хвалил братьев, что они прибегли к христианскому братскому суду вместо турецкого, то доказывал Пан-Дмитриу, что о собственности и он говорить не может, потому что Вувуса чифтлик, собственность его самого, кир-Христаки Ламприди, а они, селяне, имеют лишь право пользоваться плодами земли, что если говорить о турецком законе, то и сам он, кир-Христаки, может найти сотни причин удалить с земли своей их обоих. Стыдил Пан-Дмитриу за то, что он не чтит брата, который его выняньчил и в люди, как отец, вывел; стыдил и старика за то, что он худыми словами Александру поносит. Ходил смотреть, где окно и где дверь на дворе, смотрел и собаку и велел с ней хорошо обращаться. Поднос отцовский решил отдать Пан-Дмитриу не по праву, а по совести, потому что у Василики, жены капитана, было и без того три своих подноса.

Не легко кончилось дело; оба брата горячились и сердились, кричали и утихали поочередно.

Капитан Сульйо еще был тише; когда кир-Христаки замечал ему: «Как же ты, друг, не понимаешь этого!» Сульйо вздыхал, склонялся и грустно стучал себя по лысой голове пальцем.

– Где ум? Где ум у нас, эффенди мой? Где ум наш, скажи ты мне! Где ум?

– Слушай, капитане, – говорили ему, – не кричи, а слушай.

– Не буду кричать, эффенди мой, не буду! Слушаю, слушаю!.. Как нам не слушать... Где ум? Где наш ум!

Когда Пан-Дмитриу начинал опять доказывать свои права на землю, капитан подмигивал судьям молча или вздыхал, указывая на свою грудь, где за жилетом было спрятано завещание, или шептал: «от камней до большого дерева – прунари именуемого».

Меньшой брат был и упорнее и необузданнее. Правда, старший брат сидел вместе с судьями, а он из почтения судился стоя, но зато он кричал громче, входил в исступление, прыгал то вперед, то назад, клялся, не внимал увещаниям.

Один раз Аампириди закричал на него:

– Если не хочешь слушать меня, к туркам иди! А другой раз кавасс Сотири сказал ему:

– Друг мой, море друг мой, успокоился бы ты немного и говорил бы как человек; что это тебя как черви какие-то гложут? Так судить эффенди не может. Хорошо он сказал: иди к туркам!

И попы в один голос подтвердили:

– Много у тебя злобы, Пан-Дмитриу, а это великий грех!

Тогда лишь он успокоился и ответил, что ему лучше дело свое проиграть на суде у кир-Христаки, чем ходить в мехкеме. Наконец помирили братьев. В хозяйственном деле оправдали старого капитана, только велели ему окно и дверь заделать, поднос отдать и собаку кормить. Посоветовали Александру не обижать и не бесчестить худыми словами.

– Одна семья, один род, – сказал кир-Христаки. – Брату обида, а тебе срам!

– Где ум! Эффенди, где ум? – говорит капитан.

Уж свечерело, когда господа выехали из Вувусы; вооруженные крестьяне опять провожали их до реки сквозь ущелья, кто пешком, а кто и на муле.

Николаки и Алкивиад ехали сзади, и Алкивиад говорил своему спутнику, как это странно и неприятно видеть, что такие эпические герои, как Сульйо и брат его, ссорятся из-за жен, из-за собак и подносов.

Пока они рассуждали об этом, кир-Христаки, Сотири и капитан Сульйо, которые вместе ехали впереди, шопотом совещались о Салаяни. После долгих колебаний капитан Сульйо открыл им, что брат его в дружбе с разбойниками, а жена его еще хуже.

– Любит разбойника! Великую любовь к нему имеет! Деньги, дары, пряжки серебряные от него принимает. За эти-то худые дела я ее и худыми словами звал... За эти дела, эффенди! За эти злодейства.

– А муж знает? – спросил кир-Христаки.

– Этого я не знаю наверное и потому не скажу. Опасаюсь греха! – сказал Сульйо.

Сотири заметил на это, что как мужу не знать. Хитрее деревенских наших кто на свете есть? Злодеи люди! Все знают. Сказано – греки, природную мудрость имеют.

Долго совещались три старика. Совещались и на другой день в городе, куда Сульйо приходил нарочно для этого. Он просил только не обличать, не губить брата, и кир-Христаки поклялся ему, что все будет кончено без вреда и опасности.

Сульйо вернулся, и через несколько дней послали и за Панайоти.

Архонт долго говорил с ним, затворившись, с глазу на глаз, стыдил и уговаривал его, но не стращал ничем.

Он говорил ему о том, что стыдно греку, когда его люди рогачом зовут и смеются над ним.

Панайоти ответил, что злые люди говорят много худых речей и что не он и не жена его в грехе, а злые люди.

Этим разговор их и кончился.

Но кир-Христаки не перестал с того дня размышлять о том, как бы уговорить Панайоти, чтоб он предал своего друга.

XVIII

Через несколько дней после суда в Вувусе Алкивиад решился поехать на север Эпира. Его побуждали к этому два чувства вместе: желание видеть весь край, короче узнать дух своих соплеменников и надежда яснее понять степень своей любви вдали от Аспазии, от ее тихого кокетства, вдали от Петалы и от ревности. Долго странствовал он по Эпиру верхом; Парасхо отпустил с ним Тодори, и само турецкое начальство давало ему в провожатые конного жандарма, везде, где он предъявлял письма от каймакама рапезского и от дяди Ламприди. Конечно, за ним тайно следовали; но ничего особенно предосудительного в его поведении не нашли; тайные агенты турецкого начальства доносили о нем разноречиво: одни говорили, что он там и сям проповедует союз с Турцией, другие, что он поет охотно революционные песни и говорит иногда: «Когда бы здесь у людей было больше энергии, то давно бы и эта прекрасная страна стала Грецией!» Но к таким словам турки до того привыкли, что и не обращают на них внимания.

Алкивиад видел и слышал, и испытал многое за эти Два месяца. Он спал и в ханах, на простой рогожке, с узлом платья под головой. На него лился дождь и падали камешки, когда был сильный ветер; ночевал и в уютных и чистых жилищах разжившихся где-нибудь на чужбине селян, и в богатых архонтских домах в Янине и в Загорах под шелковыми тяжелыми одеялами, и в домах суровых сулиотов, в которых, как в ханах, не было ни очагов хороших, ни потолка, ни стекол на окнах, а только крыша и под крышей нагие жерди, закопченные дымом. Янину он нашел живописной, хотя и несколько унылой. Свободному греку, привыкшему к движению Афин и корфиотской эспланады, показался грустным этот город. Он стоит в долине, между высокими горами, на берегу широкого озера. Улицы Алкивиад нашел очень тихими; по ним очень редко проезжала шагом карета бея или паши; колокола христианские здесь не звонили. Многие дома таинственно крылись за высокими оградами, по которым стелился высоко и густо древовидный плющ... Везде иноверные солдаты в шальварах и фесках и громкий крик ходжей с минаретов. Тихими вечерами, внимая этому величавому крику, Алкивиад думал о нетерпимости и ужасах древнего ислама.

81

Видел он и бедность, и богатство христианских сел, смотря по стране и по нравам жителей. Не длинен горный путь от бедной Сулии до богатых Загор, Но что за поразительный пример! В суровой Сулии еще не вымер эпический быт; там простая пастырская жизнь; там бедность и воинственный дух, не угасший до сих пор; бравые худые лица, строгие усы и великолепная народная одежда. В Загорах мíр иной, другая жизнь: богатые деревни, подобные городам, дома чистые, просторные, архонтские, богатые школы, во всех селах большие церкви и высокие колокольни, колокола на них звонят не только для молитвы, но и для того, чтобы собирать старшин на совещание под тень широкого платана.

Он видел на вершине, казалось бы, неприступной горной площади селение Врадетто, где безрыбное, холодное озеро сохраняет иногда и весной на краях своих лед, видел страшное ущелье Монодендри и глубокую пещеру, куда во время волнений скрывались христианские семейства с запасами и добром; по узкой тропе над пропастью к этой пещере можно было проходить в ряд по одному лишь человеку, местами и эта тропа прерывалась, и небольшой мостик, перекинутый в мирное время, легко было снять в смутные дни. Загорцы все проводят полжизни на чужбине; они женятся рано, покидают родину и возвращаются домой лишь тогда, когда разбогатеют; бесплодные каменные горы, кроме леса, ничего не дают им. Тодори завидовал богатству загорских сел и бранил загорцев; он называл их мошенниками и предателями.

– За что? – спросил его Алкивиад.

– За то, что ни один ружья не достоин. Никогда не бунтуют.

Тодори был в этом прав; но Алкивиад привел ему зато в пример дестяки имен, которые прославились своими щедрыми завещаниями в пользу школ, дорог горных, церквей и богоугодных учреждений.

– Пусть каждый чем умеет служит родине, Тодори, – сказал ему Алкивиад. – Хорош Марко Боцарис-сулиот, хорош и мирный эпирот Зосима, который трудился всю жизнь свою на чужбине и дал миллионы на учреждение школ и на пособие бедным христианам. А таких людей между загорцами много. Что скажешь?

– Пусть будет и так! – отвечал Тодори. – И мы, сулиоты, стали думать об эллинских школах; быть может (все думаем мы) не помогут ли нам из России...

«Опять Россия! Еще Россия!» – подумал Алкивиад и вздохнул.

В самом деле, тень северного исполина незримо преследовала его всюду.

Показывали ему в загорском селе прекрасную, разукрашенную церковь... «Эти хорошие образа пожертвованы из России!» – говорили ему.

Он спрашивал на ночлеге у Тодори:

– Где нажился хозяин, который так ласково принял нас в свой дом?

— Сперва в Валахии, а потом в России, — отвечал Тодори.

В глухом горном и бедном монастыре столетний игумен спрашивал у него: «Что слышно оттуда сверху?»

Приезжавший недавно на родину богатый грек собирался взять жену и детей, покинуть навсегда Турцию и поселиться в Новороссийском крае. «Вот где жизнь!» — говорил он. «Суды прекрасные и скорые; спокойствие, свобода и порядок. Набожен человек — церкви и монастыри найдет не здешние, а неописанно благолепные и богатые; роскоши и увеселения ищешь ты — найдешь ли где еще столько увеселений и роскоши как в России!.. Что за место богатое, что за люди хорошие есть там! Откровенные люди!»

Нет спора, что рядом с этим слышал он и вовсе другое...

Итальянец говорит про греков: «Четыре грека — пять мнений».

И в Эпире Алкивиад видел, что итальянцы не ошиблись...

Не только в Элладе, на семи островах, и в Рапезе, но и по всему Эпиру встречал он людей, и таких, как отец его, и таких, как Астрапидес, и таких, как дядя Ламприди, и таких, как Тодори, и таких нерешительных в деле мнений, как был нерешителен его почтенный афинский зять.

От двух людей в Эпире он даже слышал и такую мысль, которой не слыхал он никогда ни от отца, ни от Парасхо, ни от Тодори; эти люди сказали ему: «Самое бы лучшее, когда бы все это стало одно. Едино стадо и един пастырь! Чего же бы лучше, как один на всех Великий Православный Царь!»

Но один из этих людей был хотя родом и эпирот, но старинный русский подданный; а другой был монах, которого монастырь был, после несправедливой тяжбы, разорен одним турецким беем и доведен до того, что он мощи в серебряном ковчежце принужден был заложить одному купцу.

Их было только двое, и потому Алкивиада их мнения не испугали и не оскорбили. Кроме такого крайнего мнения, были мнения всякого рода.

Один учитель в Загорах с жаром уверял его, что одно спасение для греков — это принять католичество, что тогда Европа спасет их и от турок, и от варваров-славян.

Другой (мелкий торговец) утверждал, что весь м!р трепещет «эллинской премудрости», что француз, немец, англичанин и русский хорошо понимают, до чего они будут ничтожны, когда эллин, расширив свои пределы, обнаружит всю тонкость и возвышенность своего ума! «Русский, например, — прибавил он, — русский только лукав, но грек остроумен, тонок и премудр».

Имя этого патриота было Малафранка; несмотря на хорошие средства к жизни, он ходил везде в истертом сюртуке и в грязной рубашке, без галстуха, даже и с визитами. Алкивиад сначала принял его за бедного слугу, одетого по-европейски, и только тогда увидал, что он ошибся, когда Малафранка заговорил о премудрости.

Один богатый купец торговал спокойно; боялся каждого заптие и каждого турецкого чиновника, боялся разбойников, боялся даже грома, но на все рассуждения Алкивиада отвечал грозно: «Сражайся за веру и отечество!»

Другой торговец, который прежде занимался учительством и писал и говорил очень умно и хорошо, был в основаниях одного мнения с Астрапидесом, но выводил другое заключение.

– Примирение с Турцией невозможно, турки сами не верят нам, – говорил он, – надо попеременно и соображаясь с требованиями текущей политики, с целями непосредственными и практическими, опираться то на Запад Европы, то на Россию и, пользуясь их соперничеством, стремиться к великой идее: так шел Пиемонт к объединению Италии, пользуясь соперничеством двух соседних могучих держав – Франции и Австрийской империи. До поглощения Греции славянами Запад никогда не допустит, и потому мы не должны оскорблять и Россию, от которой (можем ли мы отвергнуть это?) видели много добра! Вам, афинянам, удобно искать целей далеких, при вашей независимости. Поживите под игом, и вы не будете так резки и безусловны!

Иные и вовсе отрицали заслуги России; говорили, что Россия грекам только одно добро и сделала: похоронила с почетом в Одессе тело патриарха Григория, брошенного в 21 году турками в Чорное море. «Это не эллинизм, а православие!» – восклицали они.

Такие люди чаще попадались между учителями, чем между купцами, монахами и священниками; о ремесленниках и селянах мало успел узнать Алкивиад, но те люди, с которыми он еще встречался, единогласно утверждали, что вся толпа за Россию и ждет от нее манны небесной. Одни говорили это с радостию, другие с досадой. Словесники и учителя городские досадовали чаще других.

– Как мудра, как терпелива политика святой России! – говорил один с улыбкой и восторгом.

– Как лукава, как дальновидна политика этой треклятой России! – говорил гневно другой.

Один рассказывал Алкивиаду с удовольствием о том, как в 58-м году в первый раз въезжал русский консул в Эпир. Он ехал из Превезы верхом в сопровождении небольшой свиты. Со всех сторон из дальних и близких сел сбегался народ встречать, и ликующая толпа поселян провожала его целые часы; эту толпу сменила другая, и никакие увещания благоразумного и опытного консула не могли рассеять эти толпы и охладить их радость.

И тут же другой грек говорил:

84

– Возможно ли хвалить Россию! Что имеет она в себе хорошего? Судьи лицеприятные издавна; бедный человек не может никогда дождаться правды; простых людей до сих пор все благородные русские бьют крепко палками; освободили их только для глаз Европы! Россия бедна; Россия должна, газеты все в руках правительства; Россия так бедна и так слаба внутренне, что не в силах помочь нам ни оружием, ни даже дипломатическим весом своим!

Вот Франция – это держава! Это народ... Франция надежда всех угнетенных народов и палладиум свободы.

Что же думали о турках все эти люди: и загорец лукавый, и хвастливый, но воинственный сулиот, и куцо-влах, пастырь на снежных высотах Пинда, и купец, и учитель, и премудрый Малафранка, и бедный сельский поп, и ученый в Царьграде епископ... и меццовский хамал, который ничего не боится и поднимает без труда на плечи 200 ок ноши, и худенький сын архонта, который идет по улице, махая модною тросточкой и боится дотронуться до ружья?..

Что думали они все о турках? Нового вали все хвалили. Еще в селах слыхал проездом Алкивиад, что паша «разумный и справедливый человек». В городах прибавляли: «четыре раза перегнанный человек[23], ума большого, начитанный и деятельный!»

Потом шопотом говорили: оно и понятно – в его роде, как слышно, есть капля греческой крови. Как ему не быть способным?

– Но, увы! – восклицали многие, – одна кукушка еще не весна!

Те, которые охотно соглашались, что прежних ужасов нетерпимости и своеволия нет почти следа, думали, однако, что более человеческих отношений между турками и христианами можно было бы достичь, не нарушая везде местных особенностей и прав. Загоры и соседние места были как бы небольшие республики, подчиненные султану. Теперь они простые уезды, без всяких привилегий. Прежде было опаснее, жизнь была под вечным мечом Дамокла. Жизнь теперь безопаснее; порядка больше; но люди живут не одним порядком; люди хотят и свободы. А свободны теперь меньше прежнего; прежде раз переждав грозу, человек в своих правах, в своем личном влиянии, в помощи друзей, которых умел приобрести, находил простор; под двойным влиянием большей опасности и большей свободы вырастали люди сильные, умы изворотливые и глубокие для житейской борьбы. И дела, и ответственность, и влияние доставались сами собою в руки таким мужам: был ли то пастух Стерио Флокка, который спас от смерти великого визиря и за это приобрел своей

---

[23] Четыре раза перегнанный – употребляется у греков в смысле лихой, прошедший через огонь и воду.

общине неслыханные права; был ли богатый ходжа-баши[24], подобный ходжи-Манту-загорцу, джелепу[25] султанскому, который жил в Царьграде и построил в селе Негадес прекрасную церковь (на задней стене ее, у входа, Алкивиад видел его портрет в шубе и высокой меховой шапке). Таких людей боялись самые свирепые арнауты; и песня есть албанская о том, как загорцы наговаривают на нас в Царьграде султану, – лукавые люди! Был ли то, наконец, горец, христианский капитан, с которым считался и которого ласкал сам кровопийца эпирский Али-паша.

– Где эти великие мужи? – восклицали люди, – нет у нас теперь великих мужей. И не может быть, когда за каждым словом христианина, за всяким шагом его следит уже не прежняя свирепая, положим, но зато более лукавая, более терпеливая, более подозрительная власть, готовая на всякое средство, чтобы внести раздор между самими греками и ослабить их... пользуясь искусно их же пороками.

Так говорили образованные люди. Другие же (и таких было множество) выражались проще, как докторша, знакомая Алкивиаду; они на все отвечали: Турция! что будешь делать!

Когда приходилось хвалить что-нибудь, Алкивиад видел, что хвалили угрюмо, кратко и неохотно; когда приходила очередь хулы (и когда только она не приходила – и по поводу грабежа в судах, которые, к несчастию, вздумали сделать независимыми от пашей, и по поводу дорог, и по поводу колоколов, которых до сих пор нельзя вешать в Янине, и по поводу обманчивого способа выборов в советы и суды, и по поводу слишком свободного ввоза иностранных товаров, и по поводу того, что недавно турки избили и изранили одного игумена и он до сих пор не может дождаться удовлетворения (чиновники, должно быть, обманывают честного вали!), и по поводу стеснительного порядка, и по поводу беспорядков и разбоя)... когда доходила очередь до хулы, лица оживлялись, глаза блистали, речь становилась красноречивее... Алкивиад увлекался сам, слушая такие речи, и естественное народное чувство хотя бы и на миг, но брало верх и в его душе над дальними и широкими линиями политических мечтаний!.. Больше же всего его поразили слова одного молодого турка, с которым он познакомился и подружился на пути.

Турок этот был родом эпирот, обучался в военной школе в Стамбуле и служил офицером султанской гвардии. Он приезжал в Эпир повидаться с родными. Алкивиад познакомился с ним в доме одного христианина-

---

[24] Ходжа-баши – турецкое название архонта; сильный человек, богатый из христиан, представитель христианский

[25] Джелеп (по-турецки) либо сборщик податей со стад, либо поставщик баранов.

архонта, куда офицер изредка хаживал, потому что этот архонт был личным другом его отца...

Офицер этот по имени Вехби-бей понравился Алкивиаду, и Алкивиад понравился офицеру. Вехби-бей не только не был груб или горд, но скорее уклончив и льстив. Приемы его были очень благородны, выражение лица приятно, разговор довольно умен. Он, как эпирот, по-гречески говорил свободно и по-французски недурно.

Алкивиад, возвращаясь в Рапезу, предложил ему ехать вместе.

Вехби-бей согласился с радостью, и они провели двое суток с глазу на глаз, не переставая приятельски беседовать и на коне, и на ночлегах и привалах. Вехби-бей был все время до чрезвычайности внимателен к Алкивиаду; уступал ему в ханах лучшее место у очага, говоря, что военный человек должен больше терпеть; угощал его своею провизией, не давал платить за кофе и вино на привалах; приказывал слуге своему подстилать Алкивиаду самый лучший и мягкий свой коврик и просто пленил афинянина своею вежливостию и благодушием. Сначала они беседовали о константинопольских и афинских увеселениях; о праздниках и об олимпийских играх, которые хотят возобновить в Греции; о прекрасных банях царьградских и о развалинах Акрополя; о некоторых обычаях народных в Эпире и Акарнании... Не забыли, конечно, и о женщинах. Вехби-бей сказал ему о гаремах одну вещь, которая доказывала его ум даже и тому, кто бы не был согласен с ним.

– Поверьте мне, – сказал Вехби, – наши женщины очень свободны. Покрывало скрывает ее от вас, но вас от нее не скрывает. По закону она имеет во многом у нас равные с мужчиной права; в семье ее влияние велико; редкий муж приступит к важному домашнему делу не спросясь жены. У молодых наших женщин кокетства много, и они очень милы. Наконец (прибавил, улыбаясь, Вехби-бей), если мы спросим и о той свободе, которая в моде у франков и которая нам холостым так выгодна... о любви, я хочу сказать... то и в этом случае я прошу вас ответить мне на такой вопрос: когда европейская женщина чувствует себя свободнее, под маской или без маски?.. Я думаю, если бы христианские женщины ходили по улицам в масках, они легче могли бы и преступления сладкие совершать.

Алкивиад, смеясь, соглашался и хвалил тонкость Вехби-бея.

Вехби-бей прикладывал руку к сердцу и скромно благодарил за похвалы.

Наконец Алкивиад заговорил о союзе Турции и Эллады, о братстве и равенстве всех племен на Востоке, об общем враге, о северном исполине.

– Прекрасная вещь мир и согласие всех народов одного девлета. Но это очень трудно, – отвечал бей. Он несколько времени колебался, улыбался про себя, взглянул раза три внимательно и подозрительно на своего спутника и наконец сказал такую речь:

– Я воин-человек, эффенди мой, и политику дурно знаю. Но позвольте мне повторить вам одно слово моего покойного отца. Покойный отец мой был долго пашой в различных областях Турции, был и в Фессалии, и на островах, и в болгарских землях. Умер он недавно, и имя его было Сулейман-паша. Однажды друг один при мне спросил его, кого он больше из христианских народов любит: болгар или греков? Отец мой сказал ему: «Я бы их всех любил, если б они нас любили; но они ненавидят нас. С греком я скорей подружусь, чем с болгарином: грек смелее, и я могу проводить с ним лучше время; я знаю, он умеет и забыть, что я паша. С болгарином подружиться невозможно; он все будет запахиваться и застегиваться предо мной, и будет смотреть подозрительно, и будет думать: „Зачем он мне это сказал? Нет ли тут какого вреда!" Это для дружбы. Управлять же болгарами лучше чем греками. Если ты будешь справедлив и не дашь обижать болгар низшим помощникам твоим, дашь им и права большие, он поблагодарит тебя и будет смирно пастись у Дуная, как добрый вол. Смотри только, чтоб у волов этих не заводились под кожей мухи ядовитые, которые прилетают с Дуная. Тогда вол мечется и опасен. Грека же удовлетворить нельзя. На всякое улучшение и благодеяние твое, на всякую справедливость он будет кричать одно слово: „Народность эллинская!" Теперь же, если ты спросишь, друг мой, меня, где я спал, в вилайетах болгарских или в греческих, я скажу тебе, что спал я слаще в греческих вилайетах, и вот почему. За два месяца до всякого опасного дела я замечу, что у грека и плечи и усы поднялись кверху. Но, если болгарская голова задумала что худое – берегись! Ты увидишь еще больше почтения и покорности, еще чаще услышишь: аман, аман, эффенди, мы несчастные и покорные слуги ваши! И полу твою брать в руки будут, и с полой вместе и мясо от тела твоего оторвут. И все от почтения». Вот, эффенди мой, что говорил своему другу мой бедный отец.

Алкивиад тщетно старался улыбнуться в ответ на эту умную речь.

До возвращения в Рапезу ему случилось еще перенести и оскорбление, которое он долго после того забыть не мог.

В том самом городе на севере Эпира, где расстались они дружески с Вехби-беем, Тодори поссорился с четырьмя арнаутами.

Они по одежде ли его, по лицу ли, по чему-либо другому догадались, что он христианин, подумали, верно, что он греческий подданный и сильно толкнули его плечом на улице. Тодори вынул ятаган и погнался за ними. Его схватила полиция и отвела к мутесарифу. Мутесариф был сам простой арнаут, греков ненавидел и был гораздо вспыльчивее, чем тот Изет-паша, которому представлялся Алкивиад по приезде в Эпир. Не прошло еще и часу, как Алкивиад и Тодори приехали в этот город;

мутесариф не знал их. Он не стал расспрашивать Тодори, отложил дело до другого часа и велел запереть его в тюрьму. Алкивиад отдыхал с дороги у одного купца, которому его рекомендовали. Самого купца не было в эту минуту дома, и некому было охладить пылкость афинского студента, когда ему пришли сказать люди, что Тодори в тюрьме. Надеясь на свое красноречие, на свои связи, смелость и выгодную наружность, он поспешил в конак и потребовал, чтоб его сейчас же допустили к паше. Его отважный вид и смелый тон открывали ему двери. Паша, однако, взглянул на него сурово и спросил его, кто он, не приглашая сесть. Алкивиад сел сам. Лицо паши исказилось от удивления и гнева. Алкивиад спросил его тогда: «За что заперли Тодори?» Паша, еще сдерживая негодование свое (увы! отчасти и справедливое, ибо кто же вынесет раздражительную наглость, с которой ведут себя часто молодые демагоги!), опять спросил его:

— А кто же ты такой?

— Я греческий подданный; зовут меня Алкивиад Аспреас, и я могу поручиться за моего слугу, что он честный и хороший человек! – отвечал Алкивиад.

Паша позвонил и велел схватить самого Алкивиада. В уважение к его архонтской наружности, хорошей одежде и перчаткам, он не вверг его сразу в тюрьму, а приказал держать его в своем конаке, в хорошей пустой комнате, до тех пор, пока узнают, кто он сам и что сделал его слуга.

Выходя из приемной с жандармами, он слышал, как паша гневно воскликнул ему вслед: «Какой же ты поручитель за других людей! Ты калдырим-чилибей[26], побродяга, нам нужны хозяева люди в поручители, а не такие как ты!»

Алкивиад, усталый и голодный, просидел больше трех часов в этой комнате, едва не рыдая от гнева и бессилия; наконец он вспомнил о Вехби-бее, вспомнил о том, что у него есть в этом городе богатые родственники-беи; дал солдату денег и уговорил его отыскать Вехби-бея.

Вехби-бей был в отчаянии, что случилась такая неприятность, взял с собой старика дядю, отыскали и того купца, у которого остановился Алкивиад, пришли все вместе и отстояли Алкивиада и Тодори.

Отрезвившись, Алкивиад понял, что он был не совсем прав и что могло бы случиться худшее, так как по небрежности или из молодечества Тодори не взял из Рапезы даже тескере на право носить в дороге то оружие, с которым он кинулся за четырьмя арнаутами и обратил их в бегство.

---

[26] Калдырим-чилибей – слово в слово: уличный барин, гранитель мостовой, побродяга.

Но осталось у него в памяти неизгладимо, что паша не посадил его, и еще больше то, что он назвал его побродягой и калдырим-чилибеем.

Он благодарил Вехби-бея и его дядю, который обласкал его, как умел, увел к себе в дом, заставил у себя обедать и продержал до поздней ночи. И старик бей и Вехби осыпали его вниманием до утомления, но разговор старика был очень занимателен и простодушен. Алкивиад замечал в нем любопытное сочетание аристократической гордости и беззаботного сознания своей необразованности.

«Мы люди простые, дикие!» – говорил он. «Ваших обычаев не знаем!» Но говорил он это не только с достоинством, но даже с гордостью и почти с презрением к людям не диким и не простым. Он был очень жив и разговорчив, хвалил христианскую веру и Алкивиада, заметил, что на стене в его гостиной висят два изображения: араба и верблюда, навьюченного гробом Али, Магометпова зятя.

Алкивиаду рассказывали о тайной вере арнаутов, о их уклонениях от православного мусульманства. Они знали предания об Али, Магометовом зяте. Когда Али скончался, дети его хотели похоронить его и положили гроб его, по степному обычаю, на верблюда и вывезли за город. На пути им встретился чорный араб; он вызвался вести верблюда. Дети Али отдали ему повод, но он вел верблюда недолго. Скоро и араб, и верблюд, и гроб пророка исчезли от взоров людских... Али вознесся на небо...

Слыхал Алкивиад и большее, слыхал, будто эти арнауты-бекташи верят, что Али не только пророк и святой зять Магомета, но что Али святыня великая, что Али – все... И Моисей был Али, и Христос был Али, и сам Магомет был не кто иной, как тот же Али!..

О таких-то именно албанцах и говорил ему еще Астра-пидес, советуя обратить на них внимание как на друзей христианства... Любезность Вехби-бея и гостеприимство старика расположили его еще больше к этой мысли. Он провел у них вечер очень приятно, и старик бей, чтобы почтить и успокоить молодого гостя, дал ему собственную лошадь и трех слуг-проводников, когда пришло время возвратиться к купцу на ночлег. Город был построен широко, весь в садах и пустырях; надо было спускаться по узким тропинкам; переезжать стремительную речку вброд или по высокому и разрушенному мосту без перил. Один слуга светил впереди фонарем; двое других берегли Алкивиада: не отходили от его узды и стремени и через мост перевели его под руки и пешком. Двое из них были мусульмане, один христианин. Алкивиад разговаривал с ними всю дорогу; они все хвалили бея и сказали:

– Я Имер, он Хамид, а он Николай, и все мы бея любим, как отца, и он нам всем как отец... И все равно ему, что Николай, что Имер, что Хамид...

– А вы любите ли христиан? – спросил Алкивиад Имера и Хамида.

– Любите вы нас, а мы вас любим! – отвечали Имер и Хамид.

Алкивиад был душевно тронут их доброю речью и вниманием и дал им сколько мог больше награды. Он был в восторге от старого бея, и от Вехби, и от всего этого албанского гостеприимного и древнего дома. Купец-хозяин тоже хвалил бея и говорил, что он добрый старик и ничуть не фанатик...

На другой день Алкивиад пошел проститься с беем и благодарил его много и искренно.

– Я люблю таких хороших молодых людей и благородных, как вы, – сказал ему старик. – По всему видно, что вы из хорошей и благородной семьи. Не все и ваши такие, как вы, извините старика простого и древнего за его откровенность. Иные эллины такие негодяи и свиньи, что с ними один разговор – нож и ружье! Знал я одного доктора из ваших, из свободных эллинов, пришел, осел, в 67 году ко мне в гости и рассказывает: «Вот скоро и вы все греческими подданными станете; в газетах пишут, что султан видит, что критян одолеть не может, и хочет отдать нам не только Крит, но и Эпир весь и Фессалию»... Счастье его было, что он у моего очага сидел! А не осел ли?.. Рассердился я, друг мой, на осла этого сильно и сказал ему: «Да кто тебе открыл, господин мой, что мы-то захотим стать вашими подданными?.. И султану я не позволю дарить меня кому он хочет. Пусть силой возьмут дом мой... Я запрусь здесь с сыновьями и верными слугами-турками... И разве мертвого отдадут меня в подданство вашей Элладе». Скажите мне вы сами, друг мой, не осел ли и негодяй был этот проклятый доктор?..

Алкивиад видел, как блистали глаза старого бея, как краснело лицо его при этом воспоминании, и, выходя из дома этого, вспоминал Астрапидеса и себя самого в Афинах...

«О, Астрапидес!– воскликнул он, оставшись один. – Где ж этот союз? Где ж это примирение? Я вижу лишь одно: страх и взаимное недоверие...»

Вспомнил он и дядю Ламприди и его убеждения, что умиротворение страстей в этих странах, доверие и равенство может принести лишь то спокойное и могучее дыхание арктического ветра, которого плоды все видели и вкушали до тех пор, пока здесь не воцарилось лукавое влияние иноверного и алчного Запада!

XIX

По возвращении своем в Рапезу Алкивиад узнал, что город почти в осадном положении. И богатые и бедные запирались в домах своих еще до захождения солнца. Каймакам требовал усиления войск. Христианские обыватели не доверяли новому пограничному войску худудие, набранному из албанцев-мусульман, точно так же, как и прежде баши-бузуки. Они говорили, что солдаты-худудие только лишь одеты как регулярное войско, в чорные шальвары и куртки вместо фустанеллы, но что они душой все те же грабители баши-бузуки. И они и разбойники-греки одинаково знают страну; и они и разбойники одинаково знают по-гречески и по-албански и будут входить в уговоры друг с другом так же, как входили на их месте прежние баши-бузуки. Некоторые из архонтов и в особенности старик Ламприди убеждал каймакама, что следует в Азии или в крайней Болгарии набрать волонтеров из настоящих ос-манлисов; они, правда, не знают страны, как знают ее албанцы, но они привыкнут; а главная польза в том, что они честнее албанцев и не знают ни по-албански, ни по-гречески, и с разбойниками в соглашенье входить не сумеют. Турецкие начальники возражали на это; отзывались дороговизной, затруднялись, ручались, что все пойдет хорошо; но сам молодой каймакам ночей не спал от страха в своем гареме. Турки не верили христианам. На этот раз христиане были искренни. Они боялись Салаяни не меньше турок; но турки им не верили, и когда низамский полковник, по уходе кир-Ламприди из конака, стал повторять его слова с одобрением, чиновники-турки сказали ему: «Хороший ты человек Абди-бей, и веришь этим лукавым людям! Не верь им никогда. У них все политика, чтобы девлету нашему повредить. Не верь ты им, что они так боятся разбойников. Они знают, что ни Салаяни, ни Дэли в самый город не придут; они нарочно запираются и такой страх обнаруживают, чтобы в греческих газетах писали: «вот какая жизнь в Турции; и в Элладе есть разбой, но в городах не боятся», понимаешь, чтоб Европа слушала и жалела их. И анатолийских турок они хотят сюда привести – для чего? Чтоб еще больше разбоя было, анатолийцы не знают края и не сумеют охранять его; а им это и нужно только, чтобы в крае беспорядок был. Поверь ты, Абди-бей, что самый боязливый грек хоть и будет дрожать от страха, а все не забудет, как бы своему народу добро, а нашему зло сделать!»

– Злой народ! – заметил пристыженный воин. – Злой народ! Когда бы мне 100 000 низамов, показал бы я им нашу силу! Ни одного бы не осталось.

Однако угрозы Салаяни скоро сбылись: в дом Лампри-ди он не проник, но люди его проникли в предместье, ночью, дня за два до возвращения Алкивиада: они ворвались в дом одного бакала, похитили у него сына заложником, и когда соседи сбежались на крик и пистолетные выстрелы, разбойники убили одного из этих соседей за то, что он отбивал ребенка. Раздалась тревога и барабанный бой в крепости, прибежали солдаты; но уже было поздно; разбойники ушли и унесли ребенка. Весь город был в ужасе.

– Где наш апельсинный сад? – спрашивала Аспа-зия, улыбаясь, у Алкивиада.

– Разве есть собственность и жизнь в этом вертепе варварства? – восклицали иные греки купцы, доктора, учителя и тому подобные люди, которые, впрочем, недурно обделывали свои дела в этом вертепе, пока не было какой-нибудь бури.

Плохая молодежь богатого круга боялась еще больше отцов своих; один только Алкивиад был весел, смеялся над всеми. Его занимало это смятение, и поэзия опасности, которая ему казалась вовсе не большой, ему нравилась.

Тодори тоже был весел и еще больше прежнего прыгал и рассказывал ему всякие россказни.

– Ты герой! – говорил ему Алкивиад. – Не то, что здешние архонты.

– Что архонты! – восклицал Тодори. – Разве у них сердце есть в груди?

Старик Парасхо тоже не был особенно испуган. Он по-прежнему улыбался загадочно и грустно качал головой.

– Турция! Турция! – говорил он и вздыхал, и глаза закрывались, и опять улыбался, и опять вздыхал и взглядывал молча, то грозно, то лукаво; и опять твердил: – Турция! Турция!

– Что же смотрит, однако, эта анафемская Европа! – восклицали испуганные люди.

– На то она Европа, на то она Запад, чтоб ей ненавидеть нас за то, что мы православные! – отвечал Парасхо и долго гордился своим ответом и бросал украдкой на всех лукавые взоры.

– Однако, цивилизация! – возразили ему. Парасхо, не отвечая, долго хохотал тихонько всякий раз при этом слове и еще переспрашивал.

– А? цивилизация? Остро! остро! Цивилизация!.. Я люблю остроумие. Запад поддерживает цивилизацию на Востоке! Остро! остро!

Однажды под вечер приехал в Рапезу старый игумен отец Козьма, знакомый Алкивиаду. Он остановился прямо у ворот Лампри-ди, растерянный и бледный. По седой бороде его текла кровь. Все бросились к нему с расспросами и участием, и он рассказал, что сам Салаяни с тремя молодцами встретил его при выезде из монастыря.

– Ты куда, старче? – спросил его Салаяни.

Отец Козьма сказал, что едет в Рапезу. Салаяни тогда подал ему записку к самому каймакаму незапечатанную и велел прочесть.

Игумен стал читать. Она была недлинна.

«Бей-эффенди мой! Прежде всего спрашиваю о здоровье славы вашей и кланяюсь вам. И вы потрудились бы выслать с каким-нибудь человеком к монастырю Св. Па-ригорицы 15 000 пиастров для наших нужд. И мы

93

придем и возьмем их. И если же вы не вышлете к субботе, то мы тебя в самом конаке твоем осадим.

Это я, Павел Салаяни, вашей славе, бей-эффенди мой, пишу».

Игумен со слезами умолял разбойника не давать ему этой записки.

— Ведь турки погубят меня; они обвинят меня в сообществе с тобою! Пожалей же и ты, несчастный, свою душу; не бери ты еще греха смертного на нее.

— Салаяни, — рассказывал игумен, — задумался и не сказал ничего. Я ободрился и стал еще увещевать его. «А ты не забыл ту ночь?» — спросил он потом. «За тобой еще десять лир золотых?» Я сказал: вот тебе пять со мной есть. На провизию в город вез. Подержал Салаяни пять лир на руке; усы покрутил. Дал по лире своим молодцам, а две назад отдал и сказал: «Теперь пост и все морское дешево, довольно с тебя и двух лир. А записку отдай каймакаму». Я опять просить стал. Тогда он велел схватить меня за руки, стащили меня с мула, поставили перед ним и за руки крепко держали. Я сказал: «дай, душегубец, крест мне, попу, на себя положить пред смертью». «Я тебя не убиваю! — сказал он. — А вот тебе что», ударил меня и вышиб мне два зуба. Вот оно, — говорил старик и показывал всем выбитые зубы.

— Вот покажи ты их каймакаму и скажи ему: это мне Салаяни выбил, чтобы вы видели, что я с ним не в уговоре.

— Посадили меня молодцы его на мула, ударив еще его сзади, чтобы скорее бежал, и ушли. А я вот приехал.

Утомленный путем, страхом и болью, старик плакал, рассказывая это.

Вся семья Ламприди была в ужасе. Цйция заплакала и ушла; старуха и Аспазия утирали слезы. Алкивиад тоже был поражен жалостью и ужасом при виде страданий доброго отца Козьмы. Николаки заметил это, подошел к нему и сказал как бы добродушно:

— А что, кир-Алкивиад, и это поэзия?.. Раздосадованный и потрясенный Алкивиад не нашел ничего лучшего ему в ответ, как сказать, что эту жестокость и эту энергию зла, которая так сильна в диком горном народе, можно бы направить на «врага», если б архонты были люди, а не торгаши!

— Да кто же враг-то? — спросил Николаки, улыбаясь. — Ведь с турками мы вместе на славян пойдем, так что и от России одни щепки останутся?..

Алкивиад вышел бледный от бешенства; здравый смысл ржавых людей торжествовал над афинскими мечтами. Старик Ламприди сам повел игумена к каймакаму.

XX

Сестра Алкивиада испугалась наконец его писем из Рапезы; имя Аспазии повторялось в них слишком часто. Она любила младшего брата как мать. Хотя она не была никогда в Турции, но по слухам имела о тамошних родных своих не высокое понятие. Воображая Аспазию в чорном платочке, с дурными, церемонными манерами, может быть, крикливую и неопрятную, она утешала лишь себя тою мыслью, что есть же у Алкивиада вкус и что не решится же он, несмотря на пыл своей молодости, жениться вдруг на необразованной и невоспитанной женщине и привезти ее в Афины! «Такой ли брак может ожидать в будущем моего красавца и феникса!» – думала любящая сестра.

Она недолго тревожилась; обдумала дело и написала два письма – одно Алкивиаду, другое старику Ламприди.

Брату она писала так: «Если ты, наконец, caro mio, до такой высочайшей степени влюблен, то что же делать? Шаловливый маленький тиран Эрос – неумолим. Решения этого милого изверга безапелляционны. Он пронзает своими ядовитыми стрелами сердца более испытанные жизненными бурями, чем твое. Да будет так. Но милый брат мой, если в твоей душе остались воспоминания (для меня они священны!) о той детской колыбели, у которой я проводила ночи, стараясь, чтобы нежная жизнь твоя не угасла, сделай для меня то, о чем я буду тебя просить! Спеши медлительно. Поверь моему доброжелательству и моему опыту. Пусть Аспазия твоя приедет гостить ко мне в Афины. Я постараюсь изучить ее, исправить в ней, что необходимо для новой жизни, которая будет ей предстоять, для того высшего общества, в которое она, будучи твоею женой, вступит. Пусть Аспреас не краснеет за ту, которой он даст свое имя!..»

«Любезнейший и дражайший дядя (писала она кир-Христаки). Не знаю, как выражу я вам то удовольствие, которое я чувствую, читая письма моего Алкивиада. Я надеюсь, что это путешествие нашего юноши и пребывание его в Эпире скрепят новыми узами наши родственные семьи, которые издавна разделены земным пространством, но не идеальными чувствами. Я заочно, благодаря письмам Алкивиада, присутствую ежеминутно при мирной, нравственной, патриархальной жизни вашего почтенного дома и должна лишь изумляться стойкости и энергии эллинского народного характера, который помог несчастной нации этой сохранить свой быт и свою нравственную чистоту в стране, удаленной от всякого луча просвещения и под варварским игом лютых зверей во образе человека.

Можно ли отчаиваться в великой, славной на всех поприщах будущности такого народа? Не знаю, как выразить почтенной тетушке благодарность отца нашего и всех нас за истинно родственное гостеприимство, оказываемое ею и всем семейством вашим Алкивиаду. Да возблагодарит и да благословит вас Сам Всемогущий Творец!

Расстояние, почтеннейший дядюшка, на котором жили так долго семьи наши, связанные кровными узами, лишало нас долго удовольствия сноситься с вами и знать все подробности вашей семейной жизни. Теперь я знаю, благодаря путешествию брата, имена, возраст и отчасти и характер всех членов вашей превосходной семьи. Брат от нее в восторге, и, зная ум его, я уверена, что он не ошибается ни на одну йоту. Я знаю коротко милых Цици и Чево; знаю доброго Николаки и дорогую супругу его; сокрушаюсь над несчастием, постигшим бедного Алексея, и утешаю себя лишь тем, что, по словам брата, глухота его не помешала ему развивать свой ум и свою деятельность. Изо всего вашего семейства меня особенно, впрочем, трогает судьба вашей старшей дочери Аспазии! Какая ужасная, трагическая судьба – лишиться в столь нежном возрасте любимого молодого мужа! Конечно, милая Аспазия должна благодарить судьбу, что она сохранила ей примерных родителей и дозволила ей под отеческим кровом оплакивать свою горькую утрату. Ал-кивиад прислал мне ее карточку, и, несмотря на всю невыгодную для женской красоты слабость искусства местного фотографа, я вижу, что брат мой прав: она в высшей степени привлекательна. Оттенок болезненности еще более красит ее. Да живет она вам на радость! Брат мой пишет, что она страдает лихорадкой и что доктора советовали ей перемену места. Это известие подало мне мысль предложить вам, дорогой дядя, привезти Аспазию на полгода к нам в Афины. Что может быть лучше? Она развлечется, выздоровеет и, наконец,– кто знает,– быть может, здесь лучше нежели где-нибудь оценят ее высокие качества и она составит здесь свою дальнейшую судьбу...»

Вся семья Лампириди (кроме младших дочерей) собралась слушать письмо... Глухой присутствовал также; он с любопытством следил за каждым движением родных и спрашивал «что такое?», и когда ему шептали, губами делали знаки, он подавал свое мнение.

Все скоро догадались, в чем дело. Николаки, улыбаясь, грыз ногти в углу и долго не хотел сказать свое мнение; а глухой закричал во все горло, смеясь:

– Алкивиад ее любит! Любит он ее, любит! Это его дела! Все засмеялись... Мать потрепала глухого по щеке и

спросила:

– Так ты как скажешь?.. Посылать Аспазию? Глухой кричал:

– Не посылать! Опять все смеялись.

– Отчего не посылать?

Глухой говорил прямо все то, о чем другие думали.

– Обманут ее.

– Зачем? Как обманут?

– Как обманывают женщин. Сделают ее любовницей; этого не скроешь, а потом скажут: «ты развратная»...

– Просто, очень просто ты говоришь! – сказала невестка.

– Устами младенцев говорит иногда сам Бог! – сказала старуха.

Все были довольны глухим. Мать толкнула его в плечо и спросила:

– Да ведь сестра честная женщина. Разве поддастся на обман?

– Женщина! – закричал глухой так решительно и забавно, что отец и брат ударили в ладоши и воскликнули браво!..

Мать, которая более других в семье была расположена к Алкивиаду, заметила еще глухому:

– Бедный Алкивиад, однако ж, такой хороший молодчик – добрый, красивый!

– Когда бы был не добрый, не хороший и собой дурной, и я бы сказал: аида[27], Аспазия, в Афины марш!

Опять смех. Все были согласны и все были рады.

Старик, однако, возразил, что хотя шутить можно, но семья Алкивиада и все родство его люди благородные и честные, и худа того, о котором говорит Алексей, не будет, конечно. Это все вздор. Но что нет крайности посылать Аспазию в Афины, если она сама этого не ищет, и лишать ее таким образом возможности составить в Рапезе хорошую партию.

– Надо спросить ее самоё, чего желает ее сердце; она не девушка и сама имеет право распоряжаться своею судьбой! – сказал отец.

Пошла невестка позвать Аспазию. И она, краснея, выслушала письмо.

– Много комплиментов, – сказала она. Родные заметили, однако, ее волнение.

Отец спросил ее мнения, ехать или нет в Афины. Аспазия отвечала: «Как хотите вы. Ведь не одна же я поеду, а с вами»...

Из этого ответа все родные поняли, что ехать ей в Афины хотелось бы. Об Алкивиаде не заговаривали; но вечером мать и невестка пошли с визитом к матери Петала. Самого Петала в это время не было, он уехал по делам в Корфу на короткое время.

Обе старухи и невестка соблюли все предписания вежливости; не начинали очень долго говорить о том, зачем именно пришли.

Спросили и переспросили о здоровье. Хозяйка отвечала как водится: очень хорошо, а потом жаловалась на боль в ногах и слабость. «Очень мне это досадно!» – воскликнула г-жа Лампреди. Невестка спросила то же и получила тот же ответ. «Очень мне досадно!» – воскликнула и она. Потом

---

[27] Аида – поди, марш.

долго говорили о погоде, о разбоях; жаловались на дождливую весну и холодную зиму.

Наконец, с улыбкой и как бы шутя, старушка Лампри́ди сказала:

— А мы Аспазию, может быть, с отцом в Афины пошлем. Ее зовет гостить надолго старшая сестра Алкивиада. Знаете, родные!

Невестка помогла свекрови.

— Какая превосходная женщина! Что за ум, что за воспитание! Что за добрая душа. Письмо ее у вас, матушка?

Прочли громко письмо.

В тех местах, где похвалы были очень сильны, старушка Лампри́ди как бы просила пощады у старушки Петала, качая головой и приговаривая: «Доброта, от большой доброты она это пишет!» Старушка Петала слушала все это с достоинством и холодно.

— Придворная дама — одно слово! — замечала она значительно.

Кончили письмо.

— Сколько ума! — воскликнула невестка. — Видно сейчас, что не в Турции воспиталась женщина!..

— Что вы хотите! — подтверждала старушка Петала. — Где Турция и где Афины! Европейское воспитание!.. Посылайте, посылайте Аспазию, это дело хорошее.

Старушку Лампри́ди напугало такое равнодушие, и она стала уверять, что сообщено хозяйке лишь по старой дружбе, а что посылать Аспазию в Афины еще вовсе не решено.

— Это больше от нее самой зависит, — сказала невестка. — Вы знаете, не девушка она, а вдова. Свой ум есть — сама свои интересы понять может.

— Что ж интерес! — ответила старушка Петала. — Интересу ей больше в Афинах. Развлечения, общество хорошее. Скажем и то, что вдове, я думаю, там легче и замуж выйти, чем у нас. У нас не так-то любят вдов брать. Да и хорошо делают. Иное дело вдова, иное дело девушка.

— Кто полюбит, и вдову возьмет, особенно из старого очага, — отвечала старушка Лампри́ди. Она улыбалась очень ласково и лукаво; но противница ее была непреклонна.

— Нынче и старые очаги обеднели! — сказала она.

— Всякий по силам своим, — продолжала г-жа Лампри́ди. — У Аспазии свой апельсинный сад и виноградник есть. Э! С Божьею помощью и отец пожалеет ее и братья.

— Апельсинные сады не большая вещь. Вот прошлого года от холода попадали все, — возразила старушка Петала.

Так дело ничем и не кончилось. Обе гостьи встали и начали прощаться.

— Будете писать вашему сыну в Корфу, — сказали они,— то и от нас много поклонов.

— Не преминý, — сказала г-жа Петала.

— А скоро он возвратится? — спросили гостьи. Хозяйка дома отвечала:

— Как позволят дела, — и гостьи ушли недовольные. Однако г-жа Петала с первым случаем написала сыну о том, что Аспазию хотят везти в Афины к сестре Алкивиада. Письмо она не писала сама, а пригласила старика Парасхо, которому, благодаря за труд, сказала: «Скажи старику Ламприди, либо г-же его, что я поклон сыну от них всех написала. Летом в Корфу встретятся они с сыном, если Аспазия поедет в Афины».

Так узнали в семье Ламприди, что мать Петала от брака все-таки не прочь, а все думает лишь о том, как бы побольше взять в приданое.

XXI

На следующий день, в сумерки, случилось наконец Алкивиаду остаться на полчаса с Аспазией вдвоем. Когда последняя помеха, Цици, вышла из дверей, Алкивиад воскликнул:

— Слава Богу, мы одни!

Аспазия раскладывала карты и в ответ на это указала ему на пикового туза...

— Это тебе удар, — сказала она с улыбкой и краснея.

Алкивиад приблизился к ней и хотел взять ее руку. Аспазия молча покачала головой и отняла руку.

— Ты знаешь, что Петала за меня сватается?

— Знаю, — отвечал Алкивиад с волнением и досадой, — только это мне не удар; оттого, что ты за него не пойдешь. Ты поедешь к сестре моей в Афины.

— Разве поеду? — спросила Аспазия.

— Что же ты за женщина, если не поедешь...

— Если не поедет со мной отец, не поеду же я одна? Уж не с тобой же мне ехать. Не муж же ты мне и не брат.

— Это зависит от обстоятельств, Аспазия, может случиться, что я и буду тебе мужем.

Аспазия наклонилась к картам и отвечала:

— Если бы ты был мне мужем, тогда что за разговор об отце. На что отец, когда есть муж. Но ты говоришь: может быть, и не наверное.

На этом их прервали, но и этого было довольно. Аспазия рассказала все матери и невестке. И поздно вечером, когда Алкивиад ушел, начались опять семейные состязания.

Старик сказал свое мнение так:

– Хороший малый, образованный, честный, но состояния теперь у отца мало, есть другие сыновья, еще дети; он привык к роскоши и свободе, годами сам почти дитя, должности еще не имеет; ремесла никакого; политическая карьера в Элладе путь неверный. С падением министра выгоняются чиновники. Быть может, сделает дорогу, а быть может, и нет. Если он сжег ей сердце, пусть делит его бедность и его ненадежную судьбу. Я не запрещаю; она не девушка.

Аспазия отвечала с досадой:

– Никто и не говорит, что он мне сердце сжег!

Все дело было решено тем, что надо подождать до тех пор, пока Петала не возвратится из Корфу.

– Со старухой не кончишь без этого; она камень была, камнем и будет, – говорили все родные.

А Николаки, который Алкивиада не любил, сказал после Аспазии особо:

– Петала хочет за тобой тысячу двести турецких лир взять. У тебя своего на пятьсот лир есть. Где же ты возьмешь еще пятьсот? А лучше бы за Петалу выйти. Осталась бы с нами и прожила бы век свой спокойно и честно здесь.

Глухой, когда узнал, на чем остановилось дело, стал заступаться за Алкивиада.

– Теперь уже он сватается. Значит, что же тут худого?

– Бедность худа! – сказал Николаки.

Братья долго спорили, совещались вдвоем и решили так: Петала – партия лучше, чем Алкивиад. Только Пе-тала просит много денег; тысячу лир ему не дадут; а надо дать семьсот. Где ж достать двести лир добавочных? Хорошо бы сделать сестре добро; только нельзя же, чтобы Николаки и своих детей разорил; да и Цици и Чево надо сбыть с рук. Аспазия вдова; выйдет или не выйдет, худо только для нее; а Цици и Чево не выйдут долго замуж, бесчестие родне и вечная забота отцу и матери. Что ж Петала хитрит? Можно, если так, и его обмануть. А как обманешь? Дадим своих денег, а с Аспазии возьмем вексель на ее сад и другую собственность.

– Алкивиад и без прибавки возьмет, – заметил глухой.

– Без прибавки; да лучше за Петалу. Грех нам об сестре не позаботиться. Сам же ты ее любишь! – ответил Николаки.

– Очень люблю, – воскликнул глухой и объявил, что если так, то он на свою долю даст ей прибавку и без расписки, а просто в дар.

Семья решилась ждать возвращения Петалы; послали поскорее письмо в Корфу, чтоб он торопился, если не хочет, чтоб Аспазия вышла за Алкивиада.

XXII

На другой день по городу разнесся слух, что Салаяни захватил в плен игумена монастыря Паригорицы и требует 20 000 пиастров выкупа. Племянник игумена, молодой монах, живший при нем, проливая слезы, ходил по домам, уверяя, что денег в монастыре нет и что он не знает, как спасти отца Козьму. Салаяни грозился убить игумена, если к субботе не принесут деньги на место, которое зовется Три Колодца, около того обрыва, что в скалах за монастырем.

Взяли разбойники старца в монастырском хану.

У монастыря был свой хан на проезжей дороге, который давал кой-какой доход. Под вечер игумен возвращался домой на муле с пешим мальчиком; вышел Салаяни сам из-за камней на дорогу; взял мула за повод и повернул на горную тропинку. Мальчик прибежал в монастырь. Разбойники ругали его издали и звали назад: «Не бойся, дитя! – кричали они, – иди сюда, дело есть!» Но мальчик как птица летел от страха домой. Должно быть, о выкупе хотел Салаяни мальчику приказать.

Слышал только мальчик, что отец Козьма сказал разбойнику:

– Или ты, человек, и утробы не имеешь как другие люди! Что я тебе сделал?

– Аида! Аида! – сказал разбойник.

Привели отца Козьму в его же хан. Уж было темно. Зажгли лампадочку, Салаяни достал из-за пояса чернильницу и написал в монастырь записку о выкупе. Ханджи[28] в это время убежал сам из хана и спрятался. Разбойники достали себе сами вина и выпили, а больше никакого грабежа не сделали, а стали искать кого отправить. Схватили маленькую дочь ханджи, посадили ее на осла, дали ей записку и послали с угрозами в монастырь.

Монастырь был и близко, но девочка была мала, всего десяти лет, и чорной ночи, и собак больших, которые из овчарен кругом лаяли, боялась больше, чем разбойников. Она не доехала и вернулась в хан. «Боюсь», – сказала разбойникам. Засмеялись разбойники и сказали: «Бедная!»

– Бедная, это хорошо! – сказал один, – а что нам делать?.. Ханджи, рогач проклятый, где теперь, кто его сыщет?

– Сыщем пастуха и дадим ему записку.

Ханджи сам все это слышал из убежища своего и думал: «Выйду я или не выйду? Жаль отца игумена; только больше томят они его этим. Но как бы турки пристанодержателем не сочли? Или уж от допроса не избавиться

---

[28] Ханджи – хозяин хана, постоялого двора.

101

мне? Не станут же на слова одной девочки моей полагаться. Будут и у меня спрашивать. Дело не скроешь».

И вышел. Дали ему записку, и понес он в монастырь.

– Скажи племяннику моему, чтобы большое русское Евангелие и все, что может, снес в город и заложил бы.

Но сбирать деньги для игумена было не так-то легко.

Иные не давали вовсе, говоря: «чтоб у монахов да не было денег!» Другие сокрушались о судьбе игумена, восклицали: «Грех! великий грех!», а денег дать не хотели. Аспазия первая, не разговаривая, тихо встала, сходила в свой вдовий сундук и достала из него все, что у нее было наличного – 70 чистых новых турецких золотых. «Вот что я имею!» – сказала она, подавая их монаху, покраснела и мельком взглянула на Алкивиада.

– Эти золотые чисты и прекрасны, как душа твоя! – воскликнул Алкивиад.

– Христос с тобой, Христос с тобой и Божия Матерь Всесвятая! – проливая слезы, подтверждал молодой инок.

За Аспазией дал Алкивиад что мог (всего десять лир, денег у него было очень мало с собой, и в тот же вечер он занял у Тодори три лиры на табак и другие мелкие расходы).

Старики Лампри́ди и сыновья дали под расписку и под залог двух Евангелий, двух кадильниц, нескольких еще мелких серебряных предметов и большого серебряного же ковчежца 100 лир, и надо сказать, к чести их, очень невыгодно, потому что ценность вещей далеко не доходила до этой цены. Старик Парасхо дал под простую расписку 50 слишком лир, восклицая тихо и задумчиво: «Слышали, слышали! На игумена посягнуть! Слышишь, изверги? Слышишь?» Остальные дал митрополит. Старуха Петала и тут осталась как камень: «я не могу без сына», – восклицала она.

Когда деньги были собраны, стали совещаться о том, кого послать с ними. Молодой монах жалел дядю и плакал о нем, но идти сам боялся не только к разбойникам на Три Колодца, но из города даже не решался выходить. Вспомнили в семье Лампри́ди о Тодори. Тодори с радостью согласился, и Парасхо беспрекословно отпустил его. Надо было видеть, как был рад Тодори такому поручению!

Напрасно обещал ему молодой монах награду за этот труд, он говорил:

– Поминайте меня в молитвах ваших. И пусть Бог наградит меня. Что я за собака такая, что я торговать буду, когда нужно святого игумена освободить? Собака разве я?

Кажется, все было кончено; но узнали турки о том, что деньги собрали и что Тодори идет. Им это не понравилось. Им хотелось поймать разбойников, убить их, а не выкупать игумена. Зачем же посылать выкуп, когда есть власть законная, султанская, когда есть конные заптие и новое пограничное войско нарочно для поимки злодеев?

Позвали в конак старика Ламприди и Тодори. Продержали их до вечера в бесполезных прениях. Кой-кто из местных турок шепнул каймакаму, что этот молодец Тодори – человек подозрительный, сулиот (а сулиоты – известно, какие люди – все бандиты, ножеизвлекатели, как говорится по-гречески). «Поучить бы его палкой; не знает ли он чего о разбойниках; не в согласии ли он с ними!»

Он еще недавно на площади одного правоверного убить хотел?.. Да и больше его люди, пожалуй, в заговоре. От грека, от христианина всего жди... Как бы нам вред сделать. Это его намаз!

Долго спорили. Тодори ни в чем не казался виновен. Напрасно турки строго глядели ему в глаза; Тодори и не понимал, казалось, их угроз и намеков. Он был почтителен, но смел.

Турки остались также очень недовольны на этот раз самоуверенными, самобытными приемами старика Ламп-риди и особенно тем, что он сказал:

– Я лучше знаю страну.

Однако делать было нечего, многие из турецких офицеров согласились с тем, что надо прежде спасти игумена и что послать войско сейчас, значит обречь бедного старика на верную смерть. Тодори отпустили, и он еще до рассвета отправился в путь. К несчастию, поздно ночью пришел запрос от вали по телеграфу: «Что же сделано для поимки Салаяни?» Каймакам трепетал пред начальством, все благоразумие его тотчас же пропало.

– Вали хочет голову Салаяни. Неси мне голову его! – воскликнул он.

В получасе ходьбы от города Тодори нагнали пешие и конные турки с двумя офицерами.

Тодори вздыхал, уговаривал их вернуться и подождать.

– Убьет он игумена, а мы его не убьем! – воскликнул он с отчаянием.

– Иди, иди! Показывай дорогу нам. Или ты ума лишился? Кто больше, каймакам-бей или ты, осел?

Тодори пошел. Несколько из албанцев, которые знали дорогу еще лучше его, спросили: зачем же им чрез Вувусу идти, когда можно ближе и прямее, чрез горные тропинки!

– Как бы деревенские не дали знать Салаяни?

– Да нельзя ж и не дать знать, – сказал офицер. – Надо, чтоб он знал, что этот человек ему выкуп несет. А мы скроемся.

Турки остались за горой, а Тодори пошел в Вувусу. Албанцы-худудие говорили без него офицерам, что он непременно даст знать Салаяни и что он выкуп отложит до другого дня, и что разбойник уйдет.

– Зачем ему это сделать? – спросил офицер.

— Из злости, — сказали албанцы.

Тогда один конный заптие и один из офицеров сели на лошадей и поспешили нагнать Тодори у самой Вувусы.

Что было делать Тодори? Сказать им: «напрасно вы это делаете; как бы деревенские ему не дали знать». Это было обвинять своих в преступном пристанодержательст-ве. Тодори, однако, уж не слишком тревожился; он был уверен, что Салаяни игумена не убьет, а подождет до вечера; потом опять уйдет в горы со старцем, дожидаясь выкупа. Наложить руку на духовное лицо – такой смертный грех, который и разбойнику не прощается. Стали посылать кого-нибудь из деревенских к Трем Колодцам. Никто не шел. Кто боялся, кто просил помилования; офицеры угрожали. Крестьяне клялись, что так будет хуже, что лучше всего Тодори идти одному с деньгами.

Прошел час. Пока совещались, пока офицеру изжарили курицу и сварили кофе, пока он выкурил несколько сигар, – прошел другой час.

Салаяни между тем долго уж ждал, скрывшись за Тремя Колодцами с десятью молодцами. Игумен не связанный ни веревкой и ничем другим сидел тоже пригорюнившись на земле за кустом и перебирал четки, припоминая все молитвы, которые знал. Прождали долго: проголодались (день был постный, и разбойники и сам игумен с утра кроме хлеба и маслин ничего не ели); вино, которое они выпили натощак, мутило им голову. Все были сердиты и почти не говорили между собой. День стоял сырой и невеселый.

— Анафема отцу его! Собачий сын! – сказал про Тодори Салаяни и послал одного из молодцов повысмот-реть осторожно, не идет ли Тодори. Молодец вернулся чрез полчаса и воскликнул бледный: «Пропали головы наши, человече! Тодори нет; а два десятка худудие и ни-замов под Вувусой собралось».

— Не врешь? – спросил Салаяни.

— Вот тебе хлеб мой![29] Вот тебе вера моя! – воскликнул молодой разбойник.

Игумен был утомлен голодом, ожиданием, ходьбой и страхом; схватившись руками за колена, он уже стал дремать и не слышал этого разговора.

— Не лжешь? – переспросил еще Салаяни с беспокойством и грозно.

— Верь ты мне! Верь ты мне, господин Салаяни! Верь ты мне, хороший мой! – умолял его юноша.

Салаяни сбросил бурку и вынул пистолет.

Другие разбойники не успели выговорить слова, как он подошел сзади к игумену и выстрелил ему в затылок. -

---

[29] Вот тебе хлеб мой! – обыкновенная у иных греков божба.

Когда старичок упал и утих навеки после мгновенных содроганий, все разбойники онемели. Иные перекрестились; другие плюнули и сказали с ужасом на бледных лицах:

— Это дело худое! Христос и Панагия, такого худого дела мы еще не видали, не слыхали мы, чтобы христианину да игумена бы убить.

Молодые разбойники были особенно перепуганы; они пророчили себе беду и молча спешили по камням и кустам за своим предводителем, который опять завернулся в бурку и прыгал с камня на камень, удаляясь поспешно с места своего ужасного преступления.

Когда он и вся шайка его были уже вне опасности, он обернулся и сказал:

— Турки, я думаю, слышали выстрел мой?.. Никто не отвечал, и Салаяни не разговаривал больше. Через полчаса после бегства разбойников от Трех Колодцев подступили к ним ближе турки.

Конные спешились еще гораздо раньше, чтобы подковы не стучали по камням. Пешие худудие врассыпную залегли за камнями и кустами.

План был такой: Тодори пойдет один открыто, отдаст деньги, освободит игумена и отведет его подальше на дорогу. Как только игумен отойдет прочь, так немедленно должны начаться преследование и перестрелка.

Тодори спустился к Трем Колодцам. Сначала дорогой ему думалось, как бы не убили его разбойники за измену, за то, что привел с собой турок. Потом, рассчитывая на оплошность турок и на зоркость разбойников, он стал думать, что они давно ушли и увели с собой игумена.

Так размышляя, Тодори оглядывался и не видел ничего вокруг. Три высохших колодца были уже позади его; он взошел на ровную площадку за высокою скалой; еще раз осмотрелся; кроме травы высокой и камней нет ничего... Еще сделал шаг, увидал, что трава стоптана кой-где; увидал окурок сигары; увидал, наконец, корку хлеба и нашел около нее несколько обглоданных косточек из маслин; завернул еще за один камень и увидал труп игумена. Старик лежал лицом вниз; на седой бороде его была видна кровавая пена; одна из рук, опрокинутая вверх ладонью, была вся в земле и в зелени. Умирая, он, видно, впился пальцами в землю и вырвал клок травы.

Тодори закричал, и турки все сбежались на его крик.

Долго стояли они и долго жалели и удивлялись жестокости Салаяни.

— Не собака разве этот человек! — сказал пожилой турецкий офицер. — Много я видел худа на свете, а не видал, чтобы человек своего ходжу, своего учителя так убил.

Оставили при трупе игумена Тодори с десятком низа-мов, ушли в село и послали оттуда старшин христианских и народ весь взять тело и принести в село.

Какое в селе было негодование, кто расскажет!

Пан-Дмитриу ругал и клял Салаяни, и жена его плакала, глядя на труп игумена.

Капитан Сульйо сказал:

– Надо убить этого злодея! – И потом еще прибавил: – Оно так и будет. Еще старые наши люди говорили: когда разбойник руку на попа либо монаха поднял и убил его, то и ему пропасть вскорости.

И низамы турецкие соглашались и говорили:

– Что за слово! Говорят, ходжа, учитель ваш!

Когда Тодори уходил, Пан-Дмитриу сказал ему тихо: – Ты скажи кир-Христаки, что я на днях приду к нему по хорошему делу. Пусть будет покоен!

XXIII

И в городе скоро узнали, что Салаяни убил игумена. Негодованию не было меры; и турки, и христиане были одинаково поражены. Каймакам телеграфировал генерал-губернатору, и через три дня в Рапезу приехал по особому поручению мутесариф, не превезский, а другого города.

Христиане говорили друг другу, что этот мутесариф лихой и что он, может быть, одолеет разбой.

Все радовались и рассказывали друг другу историю этого паши. Он был родом из дальней Азии; бунтовал там против турок; был схвачен и сослан на долгое житье в Европейскую Турцию. Один паша узнал на Дунае, говорили люди, этого изгнанника; полюбил его и выхлопотал ему не только прощение, но даже должность мутесарифа.

Говорили люди, что его любят посылать везде, где нужна строгость и старинная простота, что в этом есть глубокая политика: «да не падет прямое обвинение излишней строгости или грубого обращения на высшее начальство».

Рассказывали также, что мутесариф фанатик и христи-аноборец страстный, что у него все по-старому, четыре жены, что он совершал бы охотно ужасные дела, если бы смел; но в руках просвещенной власти он стал лишь полезным орудием строгости.

Все находили, что для трудного положения, в котором находился край, такой человек может быть очень пригоден.

Мутесариф точно созвал на совет всех тех людей, которые могли знать дело.

Разослал по деревням печатное объявление, которое приглашало всех селян способствовать поимке Салаяни. Грозили ссылкой в Виддин всем тем, которые будут уличены в пристанодержательстве. Сам ездил в некоторые деревни, уговаривал, грозил и обещал награды.

Один день все было поверили, что разбойникам пришел конец. С эллинской границы дали знать на ближайший военный турецкий пост, что шайка Салаяни перешла границу и преследуется греческими войсками. Греческий офицер предлагал турецкому захватить шайку в лесу с двух сторон. Турки вступили в лес; офицер турецкий шел впереди и высматривал; разбойники выстрелили и убили его и одного солдата. Воодушевленные гневом, турки ринулись в кусты; разбойники отступили, отстреливаясь; турки все шли вперед, надеясь на поддержку греческого войска, которое должно было быть в тылу у разбойников. Лес кончился, разбойники пропали; греческого войска не было и следа.

Так жаловались турки. Греки свободного королевства, напротив того, жаловались на турок, уверяя, что они искали только прогнать Салаяни в Элладу, а не схватить его.

Пока мутесариф старался и принимал всевозможные меры, и все было напрасно – судьба Салаяни была уже помимо его решена людьми деревенскими, которых возмутило последнее его преступление.

Пан-Дмитриу пришел сперва на дом к Парасхо; долго говорил с Тодори, и они вместе пошли к кир-Христаки и совещались с ним.

– Пора бы давно тебе! – сказал кир-Христаки. – Мало тебе и того, что тебя рогачом люди зовут.

На что Пан-Дмитриу ответил опять то же:

– Худые слова, эффенди, от худых людей идут, а я смотрю на то, что этот человек великое злодейство совершил! Слыхали ли люди – игумена-старца убить!

Кир-Христаки ответил ему на это:

– Когда так, Панайоти, я поведу тебя к мутесарифу.

– Веди, эффенди! – сказал Пан-Дмитриу.

На другой же день шестьдесят человек турецких солдат ушли в Вувусу, и к вечеру разнеслась в городе весть, что Салаяни убит вместе с несколькими товарищами.

В самом деле, в город скоро возвратились вместе с турками несколько вооруженных селян, и Пан-Дмитриу с почтительным поклоном вынул из мешков головы разбойников и положил их у ног мутесарифа.

Радость паши была неописанная: но, приписывая все своим распоряжениям, не подозревал, что не согласись Пан-Дмитриу выдать своего друга, он бы ничего не сделал.

107

И Алкивиад подумал: «Не оскорби Салаяни религиозного чувства Пан-Дмитриу и других сельских греков – не увидал бы мутесариф пред собою бледной и окровавленной головы Салаяни».

Мутесариф телеграфировал генерал-губернатору, генерал-губернатор благодарил его и приказал снять с мертвых голов фотографии, если в Рапезе есть фотограф.

Фотограф, хотя и не слишком хороший, был в это время в Рапезе, и через несколько дней на базаре вывесили портреты убитых разбойников.

Алкивиад пошел тотчас же смотреть (их) и купил себе одну карточку.

На самом верху, в средине висела голова самого Салаяни. Он был убит пулей в грудь, и лицо его не было обезображено. Усы еще были подкручены кверху, глаза полуоткрытые, как будто хранили еще выражение хитрости и самодовольства, которое заметил в них Алкивиад при первом свидании.

Другие лица были более изувечены сабельными ударами, а внизу висели головы двух очень молодых разбойников, еще безбородых; у одного из них лицо имело жалобное, детское выражение; казалось, он кричал и просил пощады. Голова другого была так разбита пулей, что фотограф долго не знал, как повесить ее и, наконец, прибил ее гвоздем к сукну на стене за клочок кожи на полу отбитой кости лба.

– Геройские греческие души! – сказал Алкивиад. – На что истратилась ваша неукротимая энергия! – и глубоко вздохнул.

Некоторые турки шутили с христианами: «Вот вы, эллины, все говорите, что мы, турки, вперед нейдем! В старину мы резали головы и фотографий не снимали, а теперь тоже режем головы и снимаем фотографии».

Греки отвечали на это: «Кто же, эффендим, говорит, что Османли-Девлет нейдет вперед. Это говорят люди безумные, а благоразумные люди не говорят этого».

Один только архонт, посмелее других, ответил тоже шутя:

– Не турки изловили Салаяни, а греки деревенские; не турок и фотографию делал, а грек же!

– Много ты разных слов знаешь, человече! – с досадой заметили ему на это турки.

Архонты, после смерти Салаяни, вздохнули свободнее.

Кир-Христаки в меджлисе от имени христианского общества благодарил мутесарифа за его старания, и митрополит тоже поддержал его слова.

Алкивиад спросил у Аспазии, пойдет ли она теперь гулять в свой сад?

– Теперь пойду! – отвечала Аспазия и на другой же день с утра собралась на прогулку.

XXIV

Петала еще не возвращался из Корфу, и мать написала ему второе письмо, в котором уговаривала возвратиться скорее. «Не было бы после поздно, ты сам знаешь», – писала она.

Жена Николаки была недавно у старухи и спрашивала, как здоров кир-Петала и что пишет. «Здоров, – отвечала мать, – и кланяется вам». Больше ничего невестка Аспазии от нее не узнала.

Николаки рассердился на старуху за это и с досады на нее уговорил даже Аспазию идти под руку с Алкивиадом на прогулку в сад.

– Оставь эти ржавые вещи, эти предрассудки, – кричал он Аспазии. – Вот теперь и город скоро кончится. Кого ты боишься?.

Но Аспазия решилась подать руку Алкивиаду только тогда, когда последний городской дом скрылся за садами. Ей и самой это было «чуть-чуть» приятно, но она сначала беспрестанно оглядывалась и краснела.

Николаки с женой шли сзади их и смеялись.

– Нет! – воскликнула Аспазия, – я не могу больше. Вы надо мной смеетесь.

– От радости, душка моя, от радости смеемся, – сказала невестка.

А Николаки предложил жене уйти вперед, чтобы сестра не стыдилась.

Так прогуляли часа два слишком. Пили кофе и ели апельсины в саду Аспазии; пели песни все вместе; заходили в гости к игумену одного монастыря, под самым городом, на камнях на горе сидели, смотрели, как учились на лужайке турецкие солдаты. Офицер турецкий, приятель Николаки, подсел тоже к ним и хвалил христиан, а Николаки и Алкивиад хвалили турок. Так все было мирно и весело, и весна была на дворе, и солнце грело, и лимоны уже расцветали, и птицы громко чиликали.

Аспазия возвратилась домой румяная и веселая.

Она и дорогой все хвалила и радовалась. То говорила: «Какой воздух хороший!», то: «как пахнет хорошо от лимонов!», то показывала на реку и говорила: «Вот как бежит вода по камням, все бежит и бежит!» Алкивиад был рад еще больше ее. И как ему было не радоваться; он несколько раз успел поцеловать ее дорогой, и она не очень противилась; только говорила: «Скорей, скорей! чтобы не увидали».

В монастыре им пришлось даже и довольно долго обниматься и целоваться, потому что Николаки вышел с игуменом, а жена его заговорилась надолго в другой комнате с параманой монастырской.

Аспазия тут уже и сама обнимала его, краснея и целуя его прямо в губы, опять шептала:

– Вот увидишь, поймают нас люди! Скорее, море, оставь меня скорее.

109

А сама не оставляла его.

На другой день опять пошли гулять, на третий тоже, в другое место. Бледное лицо Аспазии становилось все моложе и свежее; глаза блистали иначе, не так, как блистали прежде, но гораздо веселее.

Алкивиад целый день пел итальянские арии и греческие песни.

В последнее воскресенье на Пасхе, перед Фоминой неделей – только не пошли гулять, потому что в пятницу приезжал капитан Сульйо звать кир-Христаки со всею семьей в Вувусу – поесть барашка молодого, изжаренного на большом деревянном вертеле и с разными душистыми травами.

Женщины отказались ехать верхом так далеко; но Алкивиад, кир-Христаки, Николаки и еще кой-кто из молодых людей согласились с удовольствием. Теперь Салаяни уже не было, и старик Ламприди не боялся; однако все-таки для порядка пригласили с собой и старого кавасса Сотири.

Алкивиаду все улыбалось, все было весело. Он с радостью ехал и в Вувусу, и что была за выгода оставаться дома? Если Николаки уедет, с кем пойдет гулять Аспа-зия? А теперь, после трех прогулок и стольких поцелуев, сидеть с ней при матери и при сестрах или играть в карты – уж казалось скучнее прежнего.

Он всю дорогу до Вувусы опять мучил свою лошадь, скакал вперед и возвращался, обдумывая, обручиться или не обручиться с Аспазией... За согласие своего отца он ручался.

В Вувусе провели время прекрасно. Братья Сульйо помирились, и обе невестки были веселы; Василики пожеманнее и поскромнее; Александра – посмелее и погрубее.

Архонты смотрели на нее, как она шутила с ними, и думали все: «была ли она в самом деле любовницей Салаяни? И если была, как же она так веселится... Или только корысть одна руководила ею?»

Она поднесла всём мужчинам букеты, и Николаки сказал ей:

– Цветок от цветка, кира-Александра, я теперь принимаю...

– Так ты говоришь мне? – ответила красавица. – Уж слишком большую честь, господство твое, деревенской такой, как я, делаешь!..

Муж казался доволен.

Пошли потом все мужчины на гору, отнесли туда барашка, сыр хороший и вино, постелили красные меццов-ские ковры для господ. Ели, пили, захотели петь песни... И капитан Сульйо сказал брату:

– Позови мальчика того, который про Салаяни новую песню поет хорошо.

Тогда узнали, что про смерть Салаяни уже сложили небольшую песню. Пришел мальчик с деревни, лет двенадцати, здоровый и смелый. Его угостили, и он запел песню о разбойнике Салаяни:

Как в том году, в семидесятом, Клялись они Евангельем, Клялись и соглашались: Убить его со всею шайкою. Поднялись и отправились К паше мутесарифу. «Обида нам, Мехмед-паша! Беда от Салаяни!»

«Скажите мне, райя мои И ты, мой Пан-Дмитриу, Что надо вам и что хотите?»

«Дай войска мне отборного, Числом давайте со сто... Ты дай еще двух христиан, Зовут же их: – Сотирий Дума Да Тодорй, поповский сын. Отдам я вам разбойников. А нет – так свою голову!»

Дают низамов шестьдесят
И с ними двух крещеных.
Пошли они и заперли
Его у Айтанаси.
Когда утром проснулися
Они вокруг привала,
То нападенье сделали
Крещеные и турки.
На Салаяни бросились
Со всею вместе шайкой.
Тогда своим товарищам
Так Салаяни молвил:
«Нас съел собака дикая,
Нас съел тот Пан-Дмитриу!»
Они тут взяли семь голов,
(Пораненых же двое).
Они их в хюкумат вели,
Вели к мутесарифу.

«Не говорил я бре! – Мехмед-паша, И вы все бре[30] – меджлисы. Что Салаяни мы побьем, Побьем со всею шайкой?» И молвил им Мехмед-паша, И молвил им меджлис весь: «Ну, христиане, браво вам! Тебе хвала, наш Пан-Дмитриу!»

Все хвалили песню; Алкивиад бил в ладоши и кричал браво. Заставили мальчика повторить еще раз. И сам старик Ламприди подтягивал и веселился.

– Очень люблю я наши эти сельские песни! – восклицал он. – Умираю за них.

– Вот, дядя, – сказал ему на это, смеясь, Алкивиад, – не было бы разбойника, не было бы и песни.

Спросили, кто же сочинил эту песню, и узнали, что сочинил ее сам

---

[30] Бре! – вроде море, только грубее.

Пан-Дмитриу. Брат указал на него и сказал: «Сам убил, сам и хвалится!» А Панайоти приложил руку к сердцу и скромно улыбнулся, благодаря гостей за похвалы.

Алкивиад хотел записать эту песню, и Пан-Дмитриу, вынув тотчас же медную чернильницу из-за пояса своего, записал ее на бумаге и подал с поклоном Алкивиаду. Веселились до самого вечера. С горы вернулись в деревню, где начали уже сельские люди плясать. Старый Сотири отличался больше всех; он был одет щеголем в этот день, в золотой куртке, в широкой фустанелле, и приятно было видеть, как усатый старик танцовал легко и нежно, выступая и прыгая, как барышня или птичка. Вмешались в танец и все молодые архонты. Капитан Сульйо был неутомим, он сгонял всех женщин и молодых и старых, чтоб и они плясали; привел и Александру, и свою жену; плясал и сам, иначе, чем Сотири, не так нежно, но зато отчаяннее.

– Давай по-зицски, как в селе Зиуе пляшут! – кричал он.

Уже и музыканты-цыгане были утомлены; а Сульйо все пел, все командовал, все кричал, все плясал, наконец уже вприсядку, почти не вставая с земли.

> Красная яблонъка моя писаная, –

кричал он припевая, и хор подхватывал еще громче за ним:

> Красная яблонька моя писаная.

И господа все, и Алкивиад, и Николаки, и старик Ламприди были навеселе и пели громко с селянами.

Наконец поднялся и сам кир-Христаки, сбросил пальто, взял Василики, жену капитана Сульйо, и прошел с нею таким молодцом, что молодые ему позавидовали. Никто из них не умел так плясать. Кира-Василики тоже была очень мила. Нагнув головку набок и опустив глаза, она очень нежно держала платок, который соединял ее со старым архонтом; и люди не знали, на кого смотреть – на капи-таншу молодую, или на седого хвата и красавца капуджа-баши султанского!

Выехали из Вувусы архонты, когда уже солнце садилось. Музыка провожала их долго, больше получаса. Множество селян больших и детей шли за ними почти до реки, а капитан Сульйо и брат его поэт – до самого города.

Алкивиад возвратился хотя и довольный, но очень усталый и поехал прямо в дом Парасхо, не заходя к Ламп-риди.

Он просил Тодори постелить скорее постель и едва слышал сквозь дремоту, что Парасхо сказал ему:

112

— Сегодня Яни Петала из Корфу вернулся.

— На здоровье! — ответил ему на это Алкивиад и лег спать.

XXV

Через два дня Аспазию обручили с Яни Петалой.

Не был ли Алкивиад огорчен через меру? Не было ли растерзано его сердце?

Нет! Он был еще очень молод, и любовь его еще не стала привязанностью... Она была тем чувством, которое греки называют по-язычески эрос, а не тем, что по-христиански зовется агапи!..

Нет милой жены, но зато есть свобода отыскать другую, еще более милую.

Он отыщет, конечно, без труда такую, которая лучше Аспазии оценит и чорные очи его и приемы его, облагороженные воздухом корфиотским, более барственным, чем воздух Эпира и Афин; и высокие гражданские чувства его более живые, чем чувство Петала, и (казалось ему!) более солидные и глубокие, чем чувства приятных и благовоспитанных, но легкомысленных корфиотов, одним словом, афинские чувства... Он думал лишь о чувствах теперь, о бесконечной преданности своей эллинизму... Мысли же его, он сам это видел после поездки в Акарнанию и Эпир, поколебались и смутились.

Доживая последние дни в Рапезе, перед отъездом домой, он страдал больше всего от самолюбия, от подозрения, что иные смеются над ним, как над несчастным соперником Петалы, а другие унизительно жалеют его. Вот что было ему больно. Однако из гордости же остался он нарочно еще две недели. Присутствовал при обручении, танцовал, пил вино и пел песни на ужинах и вечерах, которые под цыганскую музыку давали архонты в честь Аспазии и Яни Петала.

Аспазия сняла свои темные вдовьи платья и являлась уже в платочках, вышитых золотом, в разноцветных шол-ковых платьях, один раз в розовом с лиловыми и белыми цветами; другой раз в голубом с голубыми же цветами; третий раз в лиловом; румянец у нее стал сильнее, глаза выразительнее от радости; и новая шубка на хорошем меху, крытая золотистым атласом, особенно ее красила.

Она сначала все улыбалась и даже краснела, когда в комнату входил Алкивиад, и родные не раз тоже переглядывались, улыбаясь. Но скоро и Аспазия привыкла, и достоинство, с которым Алкивиад вел себя, внушило

113

всем уважение... Он с ней шутил по-прежнему, трогал даже ее волосы и обещал ей при самом Петале прислать им на свадьбу стихи из Афин. Он хотел сочинить их по образцу эпических песен эпирских горцев.

Мучимая ли его равнодушием или, напротив того, довольная его веселостью, Аспазия наградила его за день до отъезда так, как он этого и не ожидал...

Жена Николаки, которая была очень дружна с Аспа-зией, пригласила его посидеть на минуту на свою половину. Там была и вдова-невеста.

— Ты хочешь на свадьбу мою написать стихи, ты бы лучше песню на разлуку нашу написал! — сказала ему Аспазия, когда невестка вышла зачем-то и оставила их одних. Потом она встала, осмотрелась, покраснела вся и начала целовать Алкивиада крепче и страстнее, чем целовала его в саду...

Занавеска на дверях, однако, скоро колыхнулась, Аспазия отошла от него, приподняла занавеску и сказала невестке:

— Что ж ты так долго нейдешь?.. Алкивиад ждет тебя.

После этого самолюбие уже вовсе перестало мучить Алкивиада. Он видел, что Аспазия будет женой Петалы, потому что родные хотят этого и потому, что он богаче, но что сердце ее принадлежит ему, это он оживил Галатею.

Выезжать ему пришлось из Рапезы таким же прекрасным днем, каким пришлось и въезжать в нее в день Бай-рама. Но тогда был зимний ясный день; а теперь была весна: ярче зимнего зеленели долины между скал; синее зимнего был Амвракийский залив; апельсинные сады благоухали несказанно, тихо роняя на землю цвет... Веселее зимнего бряцали козы и овцы по холмам колокольчиками, и чище белела в полях родная фустанелла хлебопашца.

Еще раз прощаясь с этим краем и тихим и бурным, Алкивиад подумал о том, кто же поможет развитию его жителей, и вспомнил отца.

— Греко-Российской церкви мы поклоняемся, челове-че...

О союзе Эллады с Турцией против славян он уже и не думал: он не верил в него. Естественное чувство грека проснулось в нем; он уже не судил Турцию, как умел судить прежде; теперь всякий суд его кончался осуждением.

Он за все теперь готов был винить не столько турок, сколько государство турецкое...

И за разбой в самой Элладе, ибо в ее теперешних границах нет простора эллинской энергии, и за то, что христиане-архонты в Рапезе и других городах слишком сухи, и за то, что сыновья их робки, и за то, что скатерть в доме дяди не чиста, и за то, что дочери архонтов так холодны и безгласны в деле любви.

Он уже не презирал своих добрых гостеприимных родных за то, что они предпочли ему хамала – Петалу; он жалел их!

Врожденной во всяком греке ненависти к туркам он уже не противопоставлял теперь мечтательное и бесконечное будущее; он стал смотреть проще и, если хвалил он что особенно в родных и знакомых своих, то это здравое чувство, которое обращало их взоры на Север... Он вспоминал часто дорогой и притчу отца Парфения о земледельце неразумном, который не пашет широкого поля восточного, а смотрит все на гору каменистую, где живут бедные родственники богатого бея.

Проезжая через Превезу, Алкивиад опять остановился у доктора и сказал жене его:

– Вы были правы, кирия, Турция, все Турция виновата! Нет спора – те времена прошли давно, когда христианка боялась выйти на улицу, когда всякий мог оскорбить ее. Нет спора, никакой турок не мешает теперь христианским женщинам гулять, танцевать, развивать свой ум и сердце; турку нужно одно, чтобы не бушевали. Но, клянусь вам, кирия, вы все-таки правы. Эта тяжелая, угрюмая, вялая жизнь, которую ведут здесь наши женщины богатого круга, это отсутствие фантазии и изящного кокетства... Отчего все это? Вы правы, кирия, – это Турция. Источники этого кроются в дальнем прошедшем, в истории этого края. Один год свободы политической жизни и движения подействует глубже на самый быт и нравы, чем столетия того постепенного и медленного хода, который возможен теперь. Школы? Что такое школы без жизни и свободы нравов; я говорю о свободе нравов, проникнутой, однако, тою высокою нравственностью, которая сопровождает христианский идеал, которая так тесно связана с ним.

Докторша все это время стояла перед ним, почтительно внимая, и когда он кончил, сказала приятно:

– Садитесь, прошу вас. Как ваше здоровье? Алкивиад опять рассердился на нее и, быть может, ответил бы ей не совсем вежливо, если бы, к счастию, сам доктор не вошел в эту минуту.

Алкивиад с глазу на глаз излил ему всю свою досаду на общество архонтов в Турции и особенно на женщин.

– Турки лучше их! Я прежде о турках думал гораздо хуже: но о Турции думал несколько лучше, – сказал он искренно. – И едва ли вам покажется парадоксом, если я скажу вам, что чем лучше турки, как люди, сравнительно с нашими архонтами, тем, значит, хуже Турция, как держава, ибо христианину городскому и грамотному предоставлен в ней один лишь путь к влиянию – деньги и торговля. А одна торговля и торговля всегда понижает ум и дух!..

Доктор согласился с ним и прибавил, понижая голос (чтобы жена не слыхала его из другой комнаты):

— Грубость и холодность, друг мой, большая! По ремеслу моему, мне нередко доступны и турецкие гаремы. Я жил и в Константинополе. И что же? С досадой, со стыдом, с ужасом я должен сознаться, что турчанки милее, в них больше грации и жизни, чем в наших хозяйках! Властительное положение мусульман в государстве, открытый им военный путь, их прежнее богатство и роскошь оставили до сих пор следы. Турок умеет иногда быть великодушен, наш архонт никогда; турчанка умеет быть иногда гурией, балованным ребенком, цветком, украшающим жизнь... Жена бедного грека, вышедшего из ничтожества лишь трудом и скупостью, должна была стать лишь честною и скучною хозяйкой!.. Это явно!

— Послушайте, друг мой, — продолжал доктор, еще больше понижая голос и вздыхая. — Вы видели супругу мою? Она честная женщина: послушайте меня, и вы увидите ясно и поймете все, что я перенес. Супруга моя, по желанию отца ее, была обучена хорошо. Она знакома коротко с языком Гомера, Эврипида и Софокла. И что ж? Пусть этот разговор будет моей исповедью. Года два тому назад у нее сделались ужасные нервные припадки. Припадки эти доходили до безумия. Я повез ее в Константинополь. Там ее лечили. Во время приступов болезни она говорила целые отрывки из великих поэтов наших, декламировала, пела, говорила изящным языком. Из неприступных недр души поднялись забытые познания, фантазия парила, ум блистал. И вот ей стало опять лучше, и слова мои будут излишни, вы видели и поняли ее! Я помню, друг мой, как тогда, измученный заботами о болезни ее, испуганный мыслью, что мне суждено провести всю жизнь с умалишенною женщиной, я отвечал на вопросы моих товарищей по ремеслу. Господа! — сказал я им с отчаянием, — она на себя не похожа! Она вдруг стала умна и занимательна... Она говорит вещи, на которые я и во сне не считал ее способною! А теперь вы видите ее? Судите сами и радуйтесь, что вы не женились!

Алкивиад возвратился к отцу и долго не решался обнаружить новую перемену, которая произошла в его взглядах после поездки в Эпир. Он больше рассказывал, чем рассуждал.

Иногда чуть заметно слышалось в нем против воли доброе чувство к единоверной державе...

Лукавый старик Аспреас видел это и не трогал его.

Прошло еще около месяца, вдруг разнеслась весть об ужасном для всей Греции событии при Марафонском поле. Все были поражены. Англия грозила... Со всех сторон греки слышали насмешки, клеветы и проклятия своей конституции, своим государственным людям, которых хотели сделать ответственными за всех Астрапидесов, быть может, живущих на западные же деньги...

116

Алкивиад, в первую минуту, с испугом спрашивал себя: что может ожидать от Европы несчастная Эллада?..

Отец его был спокоен и улыбался все тою же улыбкой веры и веселости. «Не одна Англия на свете!» – говорил он.

И Алкивиад в эту минуту почувствовал, как сходила и на него горячая отцовская вера...

С тех пор и он часто повторяет про себя его слова: «Греко-Российской церкви мы поклоняемся, человече!..»

И ему опять стала (как и в детстве, но с большею ясностью и силой) представляться прежняя картина европейского Востока... Опять он стал думать, что как бы ни были сложны вопросы, как бы ни было пышно дерево исторического развития этого европейского Востока, куда бы ни крылись его корни, куда бы ни простирались его ветви – и корни эти, и ветви, все скрыто в одном этом слове: «Греко-Российской церкви мы поклоняемся, человече!»

Алкивиад и теперь говорит нередко: «Бедный отец!», как говорил тогда, когда мыслил умом сестры и Астрапи-деса. Но тогда бедный отец! у него значило иное... А теперь оно значит: Бедный отец! как ты был прав, и как я ошибался!..

Разница между ним и отцом теперь только та, что он умереннее старика. Старик в турках даже и человеческих чувств не хотел признавать; Алкивиад же турок, как людей, часто хвалит; он говорит только, что гражданское примирение христиан с Турцией или военный союз Эллады с империей Ислама возможны лишь под влиянием России... Но и то на время!..

ДИТЯ ДУШИ[31]

Старинная восточная повесть

I

Жил муж с женой.

Был у них домик, был один осел, одна корова, куры были, собака, кошка и больше ничего. Не было у них и детей.

Муж по чужим домам в работу нанимался; рыбу ловил, людям помогал; уголь в город привозил продавать на осле. Жена рубашки ему ткала, дом прибирала, пищу варила, коровой занималась, цыплят выводила.

Пока была у них сила, они терпели и не плакали и даже песни пели веселые и одни и при людях. Муж никогда не пьянствовал, но, когда были лишние деньги, он заходил в кофейню и выпивал одну маленькую чашечку кофею и стакан холодной воды, с людьми беседовал благочестиво и весело, и тихо, и в ссоры никогда не вступал, а напротив того, других примирять старался. Звали его Хрйсто. Жену его звали Христина и она тоже была женщина хорошая, как муж. С соседками хоть и ссорилась, потому что была женщина, но все-таки ссорилась редко, и соседки ее любили...

Все звали ее кира-Христина, хоть и знали, что она была бедна.

– Кира-Христина! Как здоровье твое? Что поделываешь? Бедная ты моя!

И Христо люди звали и на базаре и везде:

– Добрый ты человече!.. Как время свое проводишь? Как живешь? Здоров ли ты? Жена твоя здорова ли?..

Однажды порубил Христо топором ногу и долго лежал; а Христина простудилась и в лихорадке лежала. Жаркое было время; мухи их в бедной хате тревожили. Муж лежит и жену жалеет, а жена мужа. Муж не может за лекарем сходить, чтобы жену полечил; жена раз в день едва до угла дойдет воды принести. Хлеба им соседи давали.

Долго болели они. Слышит Христо однажды ночью, что жена не спит,

---

[31] Дитя души – на Востоке значит приемыш, воспитанник, дитя, не телом рожденное, а душой принятое, по душе признанное, а не по плоти, по-гречески – психо пэди. Рассказ этот основан на действительных греческих или греко-молдавских преданиях, сообщенных мне одним придунайским жителем.

а молится. Стал он слушать, о чем она молится. И слышит, что она говорит Богу: «Господи Боже мой! Не послал Ты нам богатства, мы работали и песни пели, не плакали; послал Ты нам болезни, мы на Тебя не роптали; пошли Ты нам дитя, чтоб оно кормило и поило нас, когда мы постареем и изувечимся».

Тогда Христо стал смеяться над ней и сказал:

– Мне сорок лет, жена, а тебе тридцать пять; двадцать лет у нас детей не было, а теперь будут?

Христина рассердилась и сказала: – Для Бога все возможно!

Пришел к ним старый поп, – посетить и утешить их, испросил у него бедный Христо: кто правее, он или жена? А поп ему:

– Жена правее. Для Бога все возможно; только не всякий чудес достоин! Вот наша беда!

Поп ушел. А Христо стал после этого скоро поправляться и начал ходить на работу. Нога его зажила. Лихорадка тоже у Христины прошла, и она стала в доме работать по-прежнему. Только прежде она и за пряжей сидя, и пред печкой одна стоя все пела что-нибудь веселое; а теперь, как одна останется, так молиться начнет: «Недостойна я, Боже мой, чтоб утроба моя разверзлась и чтобы бесплодие мое прекратилось; ибо я исполнена всякия скверны и греха; но как Ты знаешь, так и устрой мое дело!»

Так ее священник научил.

Вот однажды слышит она вечером, что стучится муж, и она пошла отворить ему.

– Божий дар! – сказал он, улыбаясь, и раскрыл одежду; а там дитя уснувшее – мальчик.

– Не тебе, а мне Бог послал его, – сказал ей Хрис-то шутя; вошел в дом и положил дитя у очага на коврике, а сам достал из-за пазухи четыре прекрасных цветка: один красный, один белый и два жолтых и положил их на стол. Жена на них и не поглядела.

Дитя спит, а Христина плачет.

– О чем же ты плачешь, глупая, когда Бог нам послал то, о чем ты молилась?

Но она, хотя и занялась тотчас же младенцем, долго еще слезы утирала украдкой. Муж ей говорил:

– Милая ты моя, ты верно от радости плачешь? А она ему:

– Да, кир-Христо ты мой, я от радости плачу. Понимала она, что это-то и было исполнение ее молитв

и что роптать ей не следует теперь; но все-таки ей было немного обидно, что это дитя не ее дитя родное, не ею рожденное, не в ее утробе выношенное с тяжкою болью. Женщина!

Ей бы нужно тотчас пред иконой стать и благодарить Бога; а она и не молится, и на ребенка не смотрит. Пошла за дверь и села на камне у порога; не хочет ничего видеть. И мужу стало обидно, что он напрасно радовался и бежал почти к ней с младенцем; и он забыл помолиться; надел башмаки опять и ушел из дома на весь вечер и дверью хлопнул.

Так Христина, по глупости своей, Божий дар нехорошо приняла и мужа смутила и расстроила.

Сидела она на камне у ворот, однако, недолго. Ночь была хотя и лунная, но осенняя, скучная... и очень холодная; ветер сильный был, и листья шумели, и деревья качались пред ней, и начала думать она, и сказала себе наконец: «Эти деревья качают главами своими мне в укор и насмешку: вот, говорят они, эта дура Христина, которой Бог послал сына, и она оскорбляется и на дитя невинное и безродное смотреть, как псица злая, не хочет. Это так шепчут деревья эти страшные и так они укоряют меня!..»

Возвратилась она в комнату, зажгла огонь, и младенец проснулся на коврике у горящего очага.

Присела Христина на землю и стала на него смотреть пристально.

Мальчик не плачет и ничего не говорит. На вид ему года два.

Глаза веселые, большие-большие, синие, такие синие, как небо в самый зной бывает, или как бирюзовый камень дорогой у богатых людей на запястьях и перстнях, или еще как цветок редкий. Посмотрела Христина после глаз на волосики мальчика; они как шолк темные или как соболиный мех на шубе царской, и курчавые, как у агнца молоденького. И лицо у мальчика здоровое и румяное, брови у него как снурки темные, ресницы как чорные острые стрелочки. Стала она уже любоваться на красоту младенца и развеселилась, и засмеялась, и стала сама себе шутя говорить:

«Вот Господь Бог-то знает, что посылает... Я ведь так и молилась: как Ты знаешь, так и устрой мое дело... а не так, как я хочу. Нам с бедным Христо моим не родить бы такого красавца! И мы некрасивы, и дитя, от нас рожденное, в кого ж бы вышло такое? Муж мой и смолоду, как сушеная рыбка, худой был и глазами косит немного; а я хоть получше его всегда была, а все не из первых. Может, выйдет такой красоты молодец у нас, такая картина и сокровище, что царские дочери об нем убиваться станут...

И женится он на богатой, если не на царевне самой... И будет наша старость с бедным Христо богатая, богатая, веселая и спокойная!..»

И задумалась она теперь уже совсем иначе. Стали ее мысли все веселые. Стала она ребенка молоком и хлебом кормить; воды нагрела, мыть его стала и радуется, что и дитя тихое и покорное, все глазками на нее глядит и не плачет; в чистое белье его одела и на ковре опять спать положила.

Муж утром вернулся и увидал, что жена уснула у очага и младенец около нее тихо спит. Он обрадовался и сам лег. И все-таки Бога не подумал поблагодарить; вечером так же, как и жена, с досады забыл, а теперь от радости.

На другой день Христина вспомнила, когда муж ушел на работу, что она и не спросила у него, откуда он взял ребенка. Стала она об этом тревожиться и сокрушаться и насилу-насилу мужа дождалась. Как только он пришел, она приступила к нему:

– А я и не спросила тебя, где ты этого младенца нашел.

Христо говорит ей:

– Не спрашивай у меня об этом никогда. Я должен открыть тебе это тогда, когда от вчерашнего дня пройдет восемнадцать лет и один день. А до тех пор на мне лежит великая клятва. И я умру, если скажу об этом кому-нибудь...

Христина оскорбилась, и любопытство, как червь, начало точить ее сердце.

– Чем же я хуже тебя пред Богом и пред людьми, что мне нельзя того знать, что ты знаешь? Не хуже я. Жена без мужа не бывает, да и муж без жены что такое... Ты муж, а я жена.

– Не хуже ты меня, моя дорогая, пред людьми. А пред Господом Богом, может быть, и несравненно меня ты честнее. Но верь ты мне, моя жемчужина драгоценная, что если я тебе скажу это прежде восемнадцати лет и одного дня, то я сейчас же умру лютою смертью грешника, который клятву великую нарушил.

Так отвечал ей Христо, как муж разумный и добрый. А она все свое:

– Не знаю, отчего ты мне этого открыть не хочешь! И почему ты не веришь мне? Не знаю!

– Хочу, но смерти боюсь, – отвечал ей, вздыхая, муж.

И правда, зарок на нем был великий и страшный. Но не верила ему жена и знать не хотела о страхе его. Допустила она в сердце свое злого духа, и начал он, вселившись в нее, искушать ее всячески. То думала она, что ребенок этот от какой-нибудь блудной и дурной женщины мужем прижит от нее тайно, и начинала она его вдруг ненавидеть; то думала, что хоть и не от мужа он в грехе прижит, то по крайней мере от худой какой-нибудь ветви происходит, и вот потому-то в дом их раздор с ним вместе пришел. А иногда мерещилось ей, что дитя совсем даже не простое дитя, а страшное, не человеческое.

Плачет дитя, есть и пить просит; она пожалеет, даст ему есть и пить, а сама качает головой и думает: «сердитое дитя будет, беспокойное... Не от злой ли матери оно рождено на мое несчастье!..»

Тихо дитя, долго не плачет и все смеется, и на нее все глядит; станет ей страшно вдруг, и она подумает, «что дитя это не по-детски смотрит. Не

121

человеческое дитя. И плачет редко. Нет ли тут чего-нибудь дурного?» И раскрывала волоски ему надо лбом, смотрела, не растут ли у него рожки. А когда ей опять этот вздор приходит на ум, что это мужа ее незаконный ребенок, то входила она в такую ярость, что невинную душу иногда погубить хотела. Либо задушить, либо утопить ребенка желала, либо думала: «Погоди ты, дитя анафемское, я тебя не буду кормить, и умрешь ты с голоду, и муж не догадается; подумает, что ты от болезни умер».

Так допустила в душу свою злого духа добрая Христина. И мужу ее все это время было дома очень тяжело жить.

С горя он в первый раз в жизни пить вина много стал, и хотя слишком пьян не напивался, а все-таки денег трудовых своих тяжких стал больше на пустое тратить. Так и он подчинился греху больше против прежнего.

А с женой все кроток был. И когда она его укоряла этим ребенком и распутным человеком его звала, и побродягой, и дураком, Христо молчал и уходил из дома в кофейню или кабак.

Испортилась вовсе их благочестивая жизнь, и соседи корить их начали и смеялись над ними.

Придумала наконец Христина новую хитрость, чтобы мужа заставить себе тайну открыть и успокоиться.

Легла в постель, не прядет и пищи не готовит, и за водой не ходит на фонтан, и при муже и ребенка не кормит, а потихоньку встанет без мужа и кормит дитя, все-таки жалеет его.

Муж лекарей приводил и с соседками советовался, и ходжу в чалме белой приглашал, и ходжу в чалме зеленой, и оба они над Христиной читали из Корана, и еще хуже ей стало. Не пьет, не ест и ни слова не говорит, и все стонет и стонет так жалобно, что Христо и слышать не мог без слез.

Наконец промолвила она слово:

– Скажи мне свою тайну; а если не скажешь, я завтра умру.

Пришли опять ходжи: и тот, который в белой чалме был, и тот, который был в зеленой, и оба сказали: «умрет, потому что без веры наши молитвы слушала».

Священник сказал:

– Умрет, пожалуй, потому что от ходжей приняла заклинания. За мной не послала во время подобное!

Убивается Христо.

Последние медные деньги, какие были, понес в церковь, подошел к образам, по три раза поклонился и по малой свечке поставил, сколько было сил. И опять по три раза поклонившись, из церкви домой вернулся. И открылись у него глаза и уши, и ум просветлел.

«Глупый я: из хитрости она притворилась, а я убиваюсь, плачу, а ее не побью. Палка, которая неразумных наказывает и усмиряет, из райского сада, сказано, вышла. Только надо бить не в сердцах, а в спокойствии и с рассудком...»

Обрадовался Христо; взял палку и со скорбью, без гнева, но крепко прибил ею Христину, чтобы встала и не притворялась.

Начала плакать Христина как малое дитя пред ним и просить его:

— Христо, мой золотой, душенька моя, никогда ты руки на меня не накладывал, прости ты меня и не бей больше.

И приказал он ей в церковь пойти помолиться. Христина взяла мальчика и пошла с ним в церковь, и поставила его пред образом чудотворным и сказала:

— Вот я умею пестрые прекрасные чулочки вязать зимние из разноцветной и нелинючей шерсти пестрыми звездочками и цветочками. Буду я вязать теперь такие чулочки и продавать их буду и каждый год три раза ставить свечи в рост этого младенца, которого мне Бог послал. Теперь младенец еще мал и свеча в его рост небольшая; а я потом каждый год прибавлять буду по росту его до тех пор, пока он перестанет расти. Пусть только Бог пошлет глазам моим силу и рукам проворство, чтоб я могла вязать всегда эти прекрасные чулочки из нелинючих шерстей разноцветными звездочками и цветками пестрыми.

Так молилась Христина и целый золотой к образу положила. Золотой этот ею давно спрятан был, и много нужды терпела она за все это время, а золотого не тратила, на случай своих желаемых родов берегла. Теперь же отдала его и о своем собственном ребенке перестала думать и успокоилась.

С этого дня отошел от нее злой дух и опять возвратились к ним в дом и молитва усердная, и здоровье, и смех безгрешный, и радость, и согласие, и любовь... А бедны они были по-прежнему и трудились. Мальчик же стал расти благополучно и с каждым годом все становился умнее и красивее.

II

Выросло наконец дитя души у Христо и Христины. Было ему уже около 20 лет, и перестала Христина вязать пестрые чулочки, и перестала ставить свечи во весь рост его.

Вырос Петро большой и сильный; вырос он белый и румяный, синеокий и чернобровый, вырос добрый и умный.

Скажет ему Христо:

— Петро! сын мой! поди сюда! Петро отвечает:

– Прикажи, батюшка.

И когда Христо прикажет ему вместо себя поработать пойти или зимой за угольями сходить с ослом, навьючить его и отвести в город, Петро поклонится и руку к сердцу приложит и скажет:

– Сейчас, батюшка мой!

И головой так приятно кивнет: «понимаю», значит, «и все с радостью сделаю!» Скажет ему Христина:

– Петро! сын мой, поди сюда!

Петро отвечает:

– Прикажи, матушка!

И когда Христина прикажет ему вместо себя очаг растопить или за водой сходить, или корову загнать домой, Петро поклонится ей и руку к сердцу приложит и скажет:

– Сейчас, матушка! – И головой так же, как и отцу, и ей в ответ так мило и внимательно склонится, чтобы показать ей радость свою и готовность, что Христина уж ему и слов ласковых не находит, а только вздохнет и перекрестится и подумает:

«Прости Ты меня, Господи, грешную, что я так худо думала прежде о младенце этом, который есть Твой дар и Твоя милость к нам, несчастным и бедным!»

И всякое благословенье было на делах рук прекрасного Петро. Очаг ли он топил, приклонившись к земле, у материнских ног, пылал огонь быстро и треск стоял по всей хатке, и дымом не дымило в глаза, и пламень к небу рвался... Рыбу ли он вместо отца с рыбаками ловил, рыбаки боялись, чтобы сеть не порвалась от множества рыбы, и шептали друг другу:

– Недаром этого мальчика назвали Петро; он, как Петр апостол, рыбу ловить счастлив!

За угольями ли поедет, уголь все крупный и чистый у него в мешках; за водой ли поедет, вода у него в руках и холоднее, и чище, и слаще станет.

Другие молодцы любили его за то, что силен был и ласков, и песни пел хорошо, и плясал красиво по праздникам, и смел был, и борец он был страшный; никто с ним бороться не мог.

Как увидят его товарищи, все смеются от радости и говорят:

– Вот и Петро идет к нам!

Любили его старцы и старицы за уважение и смирение пред ними. Увидит старца – поклонится и к руке подойдет. Заговорит с ним пожилой человек, он покраснеет и глаза опустит, и руки спереди сложит; а сам ничуть не боится и не теряется и все слышит, и все понимает, и все исполняет, что ему старшие говорят. И когда отойдет Петро от них, все старики и старухи про него так отзываются:

— Если краснеет юноша пред старшими, знай, что это хорошо. Это значит – он чувствует все!

Соседки молодые кланялись ему и заговаривали с ним, когда он проходил мимо; все они любили ему сказать: «Здравствуй, Петро!», а самые молодые девушки взглянуть на него прямо не смели, а из калиточек смотрели или из-за окон; а одна из них, богатой матери дочь, как увидит, что он идет, тихонько от матери выбегает или приподнимется на что-нибудь, встанет, чтобы через стенку взглянуть, или нагнется куда-нибудь, бежит, прячется, чтоб из-за угла или в щель на него порадоваться. А Петро идет, не смотрит; а сам все видит и про себя улыбается, и молчит, никому не признается, что он все понимает.

Бедна одежда на нем – шальвары простой абы, темной, из овчины простой безрукавник, ветхий, отцовский; но и в убогой одежде этой высится он между другими юношами кипарисом прямым и душистым между другими деревьями; а из-под белого валяного колпачка, как гроздья винограда полные и как лозы гибкие, и как шолк мягчайший, и как соболиный темный мех зимою на шубе царской, ниспадают кудри его молодые, длинные, на широкие плечи. И руки его сильны и ловки, и поступь как у королевского сына, и ноги в простых кожаных сандалиях, по колена нагие, красивы как столбы мраморные и как железо крепки, и быстры как стрела, которую мечет искусный генуэзский стрелок или житель критских снежных вершин – сфакиот белокурый.

Духовенство тоже восхваляло молодого Петро. Он был благочестив, в церковь часто ходил и от трудов своих уделял на храм и свечи к иконам. Когда видел на дороге попа или монаха, не медля подходил и целовал десницу его, говоря: «благослови, отче!»

И попы и монахи говорили с ним любезно, подавая десницу, и звали его всегда: «благословенный наш Петро». И радовались на благочестие Петро Христо и Христина.

Христина восклицала:

— Воистину от Бога нам это дитя! А муж отвечал ей:

— Я тебе говорил, что от Бога, а ты сердилась!

Христина иногда опять просила, чтобы Христо рассказал ей, как и где послал ему Бог этого мальчика; но Христо отвечал ей:

— Глупая! помни, что не прошло еще сполна восемнадцать лет.

И Христина перестала просить, но ждала этого срока с нетерпением.

Пришел наконец этот срок.

Однажды Петро шел по улице и увидал, что две соседки говорят между собою у ворот. Когда он проходил мимо них, одна из них сказала другой:

— Вот идет этот Петро-приемыш, которого Христо, сосед наш, неизвестно откуда принес, восемнадцать лет тому назад.

Петро огорчился, слыша такие слова; он до той минуты все думал, что Христо и Христина ему настоящие отец и мать. И никто никогда не говорил ему, что он приемыш.

Он огорчился и, возвратившись домой, стал просить Христо и Христину сказать ему правду: сын ли он их или нет?

Христо ужаснулся и, сочтя годы и месяцы и дни в уме своем, понял, что прошли те восемнадцать лет, о которых была столько раз речь у него с женою и что в этот самый день приходилась годовщина тому дню, когда он принес с собою маленького Петро.

Он велел жене и приемышу сесть и, сев сам против них, стал рассказывать:

— В этот самый день, восемнадцать лет тому назад, возвращался я поздно вечером домой. Уставши я был от работы, и хотелось мне домой и не хотелось; знал я, что застану жену опять печальную и что денег не было ни пиастра. Стемнело, когда проходил я по лесу мимо пустынной церкви Св. Николая; я остановился и помолился еще раз, чтобы Бог послал нам сына на помощь в старые годы, и как стал я спускаться с ослом моим после этого под гору, так увидал я, что сидит в стороне на камне старушка в изодранной одежде и держит на руках ребенка и плачет над ним. Так как место это было очень дикое и от всякого села далекое и время было вечернее, то я очень испугался и принял ее за видение; осел мой тоже остановился и не хотел идти. Я сказал тогда старушке этой: «Добрая моя старуха, если ты человек живой, то скажи мне слово какое-нибудь, а если ты не человек, то именем Господним заклинаю тебя, исчезни и дай мне пройти домой по этой узкой дорожке». На это старушка отвечала мне человеческим голосом: «Я, господин Христо, человек такой же, как и ты, и вышла я сюда нарочно тебя ожидать». Я ужаснулся, слыша свое имя, еще больше потому, что старухи этой никогда не видал и не мог понять, почему она знает мое имя; так ужаснулся, что ноги и руки у меня задрожали. Тогда старушка сказала мне: «Не бойся и выслушай меня. Была у меня шестнадцатилетняя внучка, прекрасная и скромная Севастица. Честнее и смиреннее моей Севастицы во всем соседстве не было. Солнечный свет не видал ее, никогда она не гуляла, все дома трудилась и шила. Выдала я ее замуж за хорошего молодца, и родила она мне через год вот этого сиротку, которого ты видишь, и мы жили прекрасно. Однако пришла буря и погибель моя, пришел чорный день, и остались мы с маленьким Петро оба сиротами. Поссорился ее муж молодой с другими людьми в городе, и убили его, а внучка моя была в тягости, и от испуга и жалости сама тотчас же скончалась. Вот уж тому год, как живу я так и стала в тягость всем людям, и не знаю, чем прокормить младенца этого. Ему уж два года. Много я плакала, много людей просила, но не жалели меня люди; вздумала я помолиться Богу, и было мне во сне видение, и

126

сказано мне: „Поди, старуха, и сядь под горку, с которой узкая дорожка вниз идет от пустынной церкви Св. Николая в лесу, и когда увидишь ты человека с ослом, навьюченным хворостом, и будет он спускаться с этой горы, то ты сядь и заплачь и отдай ему ребенка, он и возьмет. Зовут его Христо. А твои дни сочтены, старуха, и ты после этого тотчас умрешь". И я очень рада разрешиться от бремени жизни, ибо мне и хлеб надоело есть в одиночестве, и жила я лишь для этого маленького Петро, а когда ты возьмешь его, то умру я в ту же ночь. Так возьми же его, господин мой. Это дитя тебе от Бога и принесет тебе великое счастие». Тогда я взял тебя, Петро, от твоей бедной бабушки и, как ты спал, то и не заметил этого и не испугался. Она поклонилась мне в ноги; имени же своего сказать мне не хотела. И так я ушел и унес тебя на руках. А что все это была правда и что она была человек живой, то это я знаю вот почему. Через несколько дней рассказали мне люди из ближнего к этому лесу села, что на том повороте тропинки, о котором я говорил, они нашли умершую какую-то чужую старушку, и отнесли к себе в село и по-христиански погребли ее.

Христо кончил. И Христина и Петро плакали, слушая его рассказ. И Христина сказала:

– А потом что было? Куда ж ты потом пошел? Христо начал было так:

– Оттуда я пошел, и ночь стала совсем темная. Как вдруг... как вдруг увидал я...

– Что ж ты увидал? – спросила жена с любопытством.

Христо смутился, а потом засмеялся и сказал:

– Тебя увидал, домой пришел и его тебе отдал. Вот и все.

Христина тоже стала смеяться и радоваться, глядя на Петро, и удивлялась про себя молча, как она могла прежде думать, что ее прекрасный воспитанник какое-нибудь не человеческое, а худое дитя, что и назвать страшно. Звала она себя дурой и радовалась тому, что Петро был настоящее дитя души, дитя милосердия; и что им, людям бедным, пришлось оказать милосердие другим, еще более на-счастным, чем они сами.

Христина радовалась, но муж ее и Петро были оба печальные и задумчивы.

Петро, как узнал, что они не родные ему отец и мать, а по милосердию столько лет кормили и растили его, так сейчас и решился на другой день от них уйти, чтобы заработать им, в свою очередь, под старость хорошее пропитание.

А Христо был печален, потому что знал, что Петро на другой день уйдет, хотя Петро ему этого и не говорил.

Петро, на другой день встав, поклонился в ноги своим воспитателям и сказал им:

– Не для того вы взяли меня и растили, чтобы в старости я вас бедными видел. Благословите меня на дальнюю чужбину. Там я либо погибну, либо богатыми вас сделаю.

Христина стала плакать и сказала ему:

– Зачем нам богатство? Живи с нами, Петро; и когда мы очень постареем, ты нас здесь простым хлебом прокормишь и простым вином напоишь.

Но муж сказал ей:

– Не удерживай его, Христина. Ему так написано – на чужбину уйти.

Тогда они приготовили ему пищу для дороги и Петро, взяв пищу и посох, ушел на чужбину.

III

Когда Петро ушел на чужбину и остались одни Христо и Христина, они много плакали и старались друг друга утешить.

И Христо сказал ей:

– Пойдем, моя добрая жена, сядем у очага, и теперь-то я тебе открою ту великую тайну, которую ты так желала знать и о которой теперь совсем и забыла. Пока дитя души наше было здесь, я при нем не мог этого сказать. Не должен он этого знать. И оттого и тебе я не мог прежде его ухода открыть эту тайну, чтобы ты не сказала ему по материнской любви. Когда покинул я с великим сожалением и страхом бедную бабушку Петро на узкой тропинке, стало в лесу уже совсем темно. И осел наш не знал, куда идти, и я сам шел с великим страхом по дороге, боясь оступиться и ушибить младенца, которого послал нам Господь. Ты знаешь, жена, какие в том лесу большие и широкие каштаны; шум и ветер от них все усиливался, а ночь все чернела. Наконец показался мне вдали небольшой огонек. Однако огонек этот был не похож на такой, какой виден ночью из человеческого жилья, а был он какой-то слишком красный, так что я идти к нему не желал. Но смотри ты, какое дело. Осел мой привел меня к нему: по другой дороге он не захотел идти. Как стал я подходить ближе – огонь этот все выростал, и наконец увидал я пред собою прекрасную дверь, как бы из кристалла, багряного цвета. Сквозь нее, я видел, блистали несметные огни. Что было делать? Тут слышу я изнутри голос... голос самый приятный и нежный, который говорит мне ласково: «Взойди, Христо, не бойся». Коснулся я только двери, так она сейчас отворилась, и увидал я пред собой, жена, большую храмину, такую богатую, изукрашенную и прекрасную, что я никогда такой не видал, да и верно никогда не увижу. Скажу я тебе только, что она была многоцветнее и изук-рашеннее самых дорогих иконостасов в больших городских церквах. И столбы меня окружали со всех сторон из разноцветного мрамора, и не знал я, куда мне между ними идти. Однако пошел прямо и прошел я несколько таких покоев, один прекраснее другого, и опять увидал другую дверь пред собою, но эта была белая, как бриллиант, и вся она сияла в граненых украшениях, но сквозь нее ничего не было видно, и опять раздался ласковый голос: «Не бойся, Христо, взойди». И опять едва я коснулся рукой этой двери, как она отворилась, и я взошел. И тут что увидал я, жена, то мне рассказать тебе еще труднее, ибо первая храмина и другие покои были подобны, хотя бы и царскому, но все-таки человеческому жилищу. Здесь же было нечто вовсе иное, ни на жилище, ни на храм не похожее. Сказать тебе – похоже это было как бы на большой купол, опущенный над самою землей и не слишком обширно, но непостижимо и чудно. Как бывает в тех пещерах, ты знаешь, в которых сверху просачивается вода и натекает известь сосцами, и ты, стоя в той пещере, ничего не слышишь, только слышишь, как падают сверху капли. Так с этого чудного купола над бедною головой моей висели и сияли, и сияли, и светились все сплошь драгоценные камни, изумруды, яхонты алые и синие, и зеленые смарагды, и алмазы чудного блеска разной величины и всякого вида. Одни из них спускались длинные, как острые, длинные льдинки, которые в морозные дни в холодных землях на краях крыш натекают; другие были круглые, подобные женским сосцам; а иные походили больше на вымя тучной коровы с четырьмя сосцами. Благоухание в пещере той было необъяснимое, и по чем я ступал босыми ногами моими, я долго не мог понять. Мягко оно было, как самый нежный ковер, и свежо и пестро, как цветы, и все в узорах, все в узорах, но сыро оно как цветы не было, и, нагнувшись, увидал я, что это все были самые нежные и разноцветные перышки и пух разных птичек, таких, каких мы с тобой и не видали. И все узоры были в порядке, как на ковре; где быть траве, там перышки были зеленые, а где цветам – там разноцветные. И ни одной лампады или другой светильни, верь мне, жена моя, не было, однако все сияло, как будто было много свечей. И вот чему удивишься ты, когда я скажу тебе, что смарагды и яхонты алые, и алмазы таяли беспрестанно, капая сверху, и как только отделялась капля от застывшего камня, так становилась она яркою звездочкой, и огонь был такого же самого цвета, какого был сам камень. Так что вся пещера была наполнена как бы огненным многоцветным дождем; и падая вниз на ковер, обращались эти звездочки, опять застывая, в маленькие капли драгоценной росы. Посредине пещеры стояло что-то, как золотой столик, и на столике этом увидал я три кристальные сосуда. В одном из них были большие цветы пурпуровые – налево. В среднем сосуде цветы были как червонцы золотые, жолтые, а в третьем, направо, были белые и чистые как крин. Голос опять сказал: «Подойди!» Я сначала не знал, как идти мне под этим огненным дождем; держал крепко Петро руками (а он все спал у меня под одеждой) и закрывал ему лицо, чтоб его не обожгла какая-нибудь из этих звездочек. Однако, вспомнил я тот ласковый голос, который говорил мне: «взойди и не бойся», и подошел к столу. И опять услыхал я тот же голос, и он сказал мне вот что:

– Христо, добрый человек! Судьба младенца этого, Петро, которого тебе Бог послал, теперь в твоих руках. Счастье людям бывает разное и разные бывают у них грехи и пороки. Уйти ты отсюда не можешь, не взяв цветов из одного из этих сосудов. Если ты возьмешь цветы пурпуровые, которые похожи на молодую кровь, твоего Петро будут любить все женщины: и жены молодые, и девушки, все красавицы, и бедные, и богатые, и простые, и из хороших домов, и такие, что хлеб свой трудом зарабатывают, и царские дочери, что на золоте и серебре едят. Честные за него честь свою захотят потерять, а развратные разврат оставить, чтобы его любви удостоиться. Такое ему будет счастье, если ты возьмешь пурпурный цвет. Если ты возьмешь из среднего сосуда жолтый цветок, подобный червонцам – богатство будет этому Петро рекою литься без большого труда, и будут люди завидовать ему, но даже и ненавидящие его за глаза – в глаза будут льстить ему, ожидая от него помощи и даров. И будут и не любя исполнять, в угоду ему, все его желания. Но бойся, чтобы не стал он сребролюбив и скуп и безжалостен к чужой бедности. Если ты возьмешь из среднего сосуда белый цветок, подобный крину, белый и чистый, не будет Петро ни на женщин счастлив, ни богат; будет далек от всякого плотского греха, будет тверд как адамант и свободен от сребролюбия, чревоугодия, властолюбия; будет святым человеком в этой жизни. Но бойся – и здесь для него скрыт яд, непонятный твоей простоте. Яд этот незримый зовется духовная гордость. Он может счесть себя выше ангелов, людей других будет судить беспощадно и душу свою не спасет на том свете; ибо этот грех есть отец всех грехов и чрез него в мiр вошли другие грехи.

Перестал тогда говорить голос, а я подумал: «Если я возьму красных цветов – будет Петро буян и женолюбец, либо забудет нас, либо его какой-нибудь ревнивый и гневный муж убьет, застав его с женой; а если я возьму только жолтых – будет он богат и скуп и нам помогать не будет, и будут его ненавидеть все люди; а если я возьму только белых, которые как душистый крин чисты, – тогда он будет скучать мiрскою жизнью, уйдет далеко от нас на Афонскую гору, либо в Иерусалим или на пустынный Синай». И так как я тогда уже ободрился, то и взял, поразмыслив, один красный цветок, один белый, а из среднего сосуда два жолтых вынул. И думал так: «Пусть его любят все красивые жены и девушки; выйдет одна из них и богатая, что принесет ему за собой деньги большие». Чтоб их было побольше, я взял два жолтых цветка. А белый я взял, чтоб он был воздержен, чтобы Бога и нас помнил, чтобы блудной жизни не вел, но чтобы в честном браке с богатою и красивою девушкой жизнь бы свою благочестиво прожил. И как взял я эти цветы – так опять услышал я голос: «Теперь ты можешь идти». И еще сказал голос: «Что ты видел здесь и слышал, ты младенцу этого никогда открывать не должен; а жене можешь сказать от сегодняшнего дня чрез восемнадцать лет и один день; иначе погибнешь ты лютою смертью». И растворилась предо мной сперва белая, алмазная дверь, а потом, когда я прошел все другие разукрашенные покои и храмины, растворилась и красная дверь, и вышел я опять в лес на холодный воздух. И скажу я тебе, жена, что когда я, вышедши из той пещеры, проходил по большим покоям, заметил я, что все рубище мое было покрыто многоценными камнями от тех звездочек, что, падая вниз, застывали яхонтами и смарагдами. Вспомнил я о тебе, жена, и смеялся и думал: вот я ей за один раз и сына и богатство несу; сын под рубищем скрыт, а рубище под алмазами и смарагдами. А все-таки, скажу тебе, как вышел я на холодный воздух в лес, так мне стало легче. Вижу я – месяц светит, дорога к нашему дому видна, осел наш травку щиплет, а каштаны кругом хоть и велики и шумят они сильно, только вовсе не страшно, а как всегда они шумят. Я перекрестился, а потом оглянулся назад на красную дверь, из которой вышел, и вижу: нет ничего – ни красной двери, ни пещеры, ни света из нее. Поглядел я на месячном свете на одежду мою и провел по ней рукою, и осталась у меня на руке простая роса. Но я, скажу тебе, жена, не опечалился, а вздохнув, все-таки благодарил Бога и раскрыл лицо младенца, чтобы поглядеть на него; а он открыл глаза и улыбнулся мне. Тогда я опять запахнул его и пошел по дороге домой с ослом и мальчиком. Вот какая это была великая тайна, а остальное ты знаешь сама. Ему же говорить этого не следовало.

Христо кончил, а Христина обрадовалась и сказала:

– Слава Господу Богу! А это ты, Христо, хорошо сделал, что два жолтых цветка взял, А не один. Все, может быть, невеста побогаче будет.

Больше они об этом не говорили.

IV

Много ли, мало ли дней шел Петро дорогой, только пришел он наконец в большой город.

131

Домов было много – и высоких, и небольших, и богатых, и бедных, и новых, и старых; сады и церкви были; в лавках купцы торговали. На базаре толпа толпилась. Петро увидал в толпе старика усатого в чорной чалме и одежде, хотя и из домашнего и толстого сукна, из такой же абы, какую носили и Христо и он сам, однако гораздо новее и цветом темнее и лучше. Пред стариком стояли два молодца, оба оборванные, и нанимались ему в работники.

– Много ты, юнак, денег желаешь, – говорил старик одному молодцу.

– Нельзя меньше, господин Брайко, – отвечал ему молодец оборванный. – Работа у вас трудна.

Старик сказал другому оборванцу:

– А ты, Стоян, что желаешь?

Сказал Стоян ему свою цену, и ее нашел старый Брайко не малою.

– Вы дорого просите, – сказал он и отвернулся от них.

Тогда Петро подошел к старику и сказал ему, низко кланяясь:

– Возьми меня, чорбаджи, я не желаю многого. У меня нет ни отца родного, ни матери; добрые люди, муж и жена, меня воспитали, но они стареют уже, и я хочу теперь их кормить. А цену ты сам назначь, по твоей совести и правде. Потому что я вижу, что ты человек опытный и справедливый.

Понравился Петро старому и скупому чорбаджи; понравился его низкий поклон и лицо молодое, как у девушки чистое, и плечи широкие, и руки большие рабочие, и ноги могучие, и речь его умная. А больше всего понравилось старику то, что он и справедливым его зовет, и цены не назначает.

Он сказал Петро:

– Пойдем со мной!

И отвел его с собою за город в село свое.

Село было богатое, и чорбаджи Брайко был самый богатый в этом селе.

И Петро начал работать у него и пасти его овец, и тотчас же овцы в стаде стали плодиться; за это хозяин полюбил его больше своих сыновей и стал думать, как за него дочь свою Раду замуж отдать.

Рада была собою красива; годов ей было всего шестнадцать, и она была у отца уже всему дому хозяйка, так как ее мать умерла давно. Трудилась она, работала целый день, целый день отцу с братьями помогала. А в праздничные дни, когда на ней был новый красный передник, на руках серебряные запястья и серебряное ожерелье на шее, пряжки на поясе богатые, из-под белого платочка на висках розы или гвоздичка висели... Не мог человек сказать, что лучше: гвоздичка та или роза, или пряжки богатые, или сама девушка.

Хозяин сшил для Петро новое платье, и Петро в праздник стал в коло[32] с девушками и молодцами плясать. Стали они с Радой рядом не тотчас, – оба стыдились, – а потом как-то переменили места и, не глядя друг на друга, положили друг другу на плечи руки по обычаю круговой этой пляски. И как почувствовала только Рада у себя на плече тяжелую руку Петро, сердце в ней затрепетало все, и сказала она себе: «Вот это муж мне!»

И долго они плясали рядом и не смотрели друг на друга.

Старик же Брайко радовался на них и думал о том, что у Петро овцы плодятся.

И Петро тогда думал: «Вот эта Рада жена мне, видно, будет. И овцы все будут мои... Пусть они плодятся...»

Но ошиблись Петро и Рада. Не была им судьба стать мужем и женой.

Напустил дьявол волков на овчарню хозяйскую; а Петро и собаки спали, и съели волки много овец.

Рассердился Брайко, ударил Петро за то, что спал и овец не уберег, и прогнал его со стыдом. Когда же Петро сказал ему о деньгах, Брайко отвечал ему:

– Глупый ты! Ты сам сказал, что я человек справедливый; много овец ты мне погубил в один месяц, какие же я тебе деньги дам?

Ушел Петро со слезами; жалко и стыдно ему было, что не успел он ничего для Христо и Христины заработать.

Шел он два дня, на третий устал и сел на дороге хлеб есть у фонтана...

Видит – едет поп простой, сельский, на муле. Подъехал к фонтану и стал мула поить.

Петро помог попу напоить мула и поцеловал его десницу. Поп спросил у него:

– Откуда ты, дитя, куда идешь и отчего ты печален? Петро рассказал ему, как он служил у чорбаджи Брайко и как чорбаджи обидел и прогнал его. Поп пожалел его и сказал ему:

– Пойдем со мной; я возьму тебя при церкви крахтом-кандильанафтом служить; будешь свечи и кадилы зажигать; будешь до света людей к утрени и литургии будить, стуча в двери скобкою железной с фонарем. И благословит Бог все твои начинания. А от меня за то будешь ты долю от треб получать. И когда я пойду первого числа каждого месяца по домам святить со святою водой и миртовою связкой кропить буду все стены у христиан, ты понесешь за мной чашу с освященною водой, и со всего, что опустят в эту воду христиане, я буду тебе десятую долю давать: с десяти пиастров один пиастр и с пяти пиастров половина пиастра, и с одного пиастра десятую его часть, четыре пары. А имя мне поп Георгий.

Петро пошел к попу Георгию и стал служить у него при церкви.

---

[32] Коло – круговой славянский танец.

133

Прослужил Петро крахтом-кандильанафтом месяц у попа. Не проспал ни разу времени; вставал до свету и с фонарем в руке и по дождю и по снегу зимою, темною ночью, обходил улицы и будил христиан, стуча скобкой в дверь и восклицая приятным голосом:

— Пожалуйте в церковь.

И христиане вставали и говорили друг другу:

— Хорошего крахта-кандильанафта отыскал поп нам. И зовет он людей приятным голосом.

В церкви Петро, потупив очи, возжигал лампады и свечи и снова гасил их, обходя иконы поочереди и ни на кого не глядя. Свечу пред Св. Дарами (когда священник выносил их, выходя из северных дверей и вступая в царские) Петро нес хорошо, пятясь бережно задом все время, и кадил Дарам, и всегда осторожно обходил больных детей, которых матери клали на дороге священнику, чтоб он перешагнул через них со Св. Дарами. Люди сельские, даже и такие, которые в городах бывали и службу епископскую видели, часто хвалили Петро.

И женский пол из-за решеток с хор высоких смотрел невидимо на Петро и говорил про него одобрительно.

Были и тут Петро соблазны.

Пришла к нему однажды худая женщина и сказала ему:

— Петро, прекрасный Петро! Ждет тебя этим вечером и этою ночью тебя ожидает Мариго, молодая жена кафеджи[33] нашего. Кафеджи по делу в дальний город уехал, и надела она, чтобы принять тебя, шолковую голубую юбку с золотою бахромой вокруг и на головку безумную повязала платочек розовый, искусными шелковыми цветочками обшитый, цареградской работы. Такие платочки фанариотские госпожи и купчихи богатейшие носят.

А Петро ответил на это ей грозно:

— Иди ты прочь от меня, худая ты женщина! Не нужна мне ни кафеджидина, не нужна мне и юбка ее голубая, ни платочек цареградский, ни красота мне ее не нужна. Я не гляжу на девиц и женщин; я крахт и кандильанафт целомудренный, при Божьем храме служу и обхожу ночью все улицы с фонарем в руке, чтобы христиан звать в церковь, стуча скобкою железной в дверь и восклицая приятным голосом: «Пожалуйте в церковь!» И думаю лишь о том, как после первого числа месяца мы с попом пойдем по домам святить со святою водой и как я получу десятую часть со всего, что положат христиане в чашечку, которую я буду в руке держать, пока поп Георгий будет миртовою веточкой стены жилищ христианских кропить. И ото всего прибытка

---

[33] Кафеджи – содержатель кофейни.

моего я буду посылать воспитателю моему Христо и жене его Христине ровно половину.

Женщина ушла и больше его не беспокоила и не искушала.

И посчастливилось Петро в первое число наставшего месяца.

Пошли они по домам святить с попом Георгием.

Пришли к одному – две пары дали; к другому – два пиастра; к третьему и богатому – и этот большой белый талер со звоном и с гордостью бросил им в чашу. Пришли, наконец, к скупому человеку. Кропил поп и подал ему крест и десницу для поцелуя. Скупой человек поцеловал крест и десницу попа, поклонился и сказал им: «Добрый час вам, идите по добру. А денег я тебе, поп Георгий, не дам сегодня, потому что ты не любишь меня и не так, как у других людей, кропишь. У других все мокро по стенам, а у нас ты едва брызнул от ненависти твоей ко мне, чтобы не было мне здоровья и прибыли».

Поп Георгий стал спорить.

А скупой хозяин, взяв толстую палку, сказал ему:

– Я тебя, если ты не замолчишь, по голове этою палкой ударю так, что ты и жив едва будешь!

Петро же, поставя бережно чашу со святою водой на землю, взял за руку оскорбителя и палку ему сломил и, повалив его на землю, сказал:

– Сейчас дай две лиры золотых, злой человек, священнику за труды, иначе я тебя убью как собаку.

Испугался скупой хозяин и дал две лиры. Так посчастливилось Петро в первый же месяц. Отдал ему поп Георгий десятую часть со всего, с двух пар, и с двух пиастров, и с серебряного талера, и с двух золотых лир. А Петро сейчас же половину всего отправил Христо и Христине с верным человеком, по обещанью.

Все люди хвалили Петро за то, что старца своего защитил и оскорбителя наказал, и поп Георгий полюбил Петро сильно и сказал ему: «Я тебе теперь пятую часть, а не десятую, буду со всего отдавать и желаю, чтобы ты вместо сына был при мне, пока я жизнь кончу. Я стар и вдов и детей не имею, и дом мой, и мула моего, и овец, и посуду всю, и одежду я тебе завещаю; ты тогда продашь все это и возвратишься к своим».

Но не была судьба Петро и у попа долго жить.

Пришел однажды в село янычар ужасный. Колпак на нем был красный с хвостом красным же сзади; и руки обнажены выше локтя, и взор страшный, и усы длинные, и за поясом золотым у него был нож дамасский драгоценный, и за плечами два страшных крыла как у дракона.

Стал он над христианами издеваться; и в церковь взошел и воскликнул: «О, идолопоклонники вы неверные! Вы иконам поклоняетесь писаным».

Подошел он к иконам и стал концом ятагана своего глаза святым выкалывать, чтоб они на людей не глядели, чтобы хоть как-нибудь христианскую святыню оскорбить и унизить.

Не стерпел поругания Петро и ударил его прежде по руке так сильно и неожиданно, что дамасский острый ятаган, золотом испещренный, вылетел из злодейской руки и далеко упал, звеня, на каменный пол. А потом (когда страшный янычар к нему, угрожая, лицом обернулся) вытянул он вдруг руку свою ладонью вверх и прямо под сердце, в живот поверх пояса угодил янычару так, что рука его вся по локоть в живот янычару вошла, и упал янычар с воплем предсмертным навзничь и затылком ударился о камень. А Петро из растерзанной груди его вынул окровавленную руку и лизнул немного крови врага, чтоб ободриться и не потерять головы от страха[34].

V

Когда люди увидали, что янычар упал мертвый, они все испугались, разбежались из церкви и позапирались в домах своих. Мужчины вздыхали и говорили: «Боже! Боже! Что теперь будет!» Иные сидели молча, иные даже попрятались, в очаги влезли и, на руках и ногах там держась, долго висели, другие в пустые цистерны скрылись, ожидая, что придут агаряне и сожгут село их и церковь с землею сравняют, и молодых дочерей и жен в плен уведут, детей их возьмут в рабы, чтобы потом янычарами свирепыми воспитать, а их самих на кольях всех, вокруг села воткнутых, в лютых мучениях уморят. Женщины плакали и причитали и выли, ломая руки и падая на землю, рвали на себе волосы, одежды и лица себе с отчаяния ногтями до крови раздирали.

Только Петро, лизнув крови врага, головы не потерял и хотел выйти из церкви и уйти из села, и скрыться заблаговременно в горы и лес.

Подошел он к дверям церковным; но они были уже заперты снаружи. Их запер, уходя, поп Георгий, и когда Петро увидал его из окна и стал просить старца, чтобы выпустил его, поп Георгий сказал ему: «Ты очень хорошо сделал, мой сын, что убил злого врага нашей веры, но если я тебя не выдам агарянам за это, то меня, старика несчастного, они удавят позорно и тело мое поруганию предадут. Поэтому я тебя выдам начальству».

---

[34] Это иные делают на Востоке по существующему поверью, чтобы не потеряться после такого события.

Заплакал Петро, но делать было нечего; на окнах были решетки толстые и уйти ему было нельзя.

Пошел тогда старик кликать клич по селу и созвал людей, и ободрил их и сказал им громко: «Люди-христиане, отчего вы все так напуганы? Не бойтесь, я говорю вам. Пойдемте, свяжем прекрасного Петро, нашего крахта-кан-дильанафта, и предадим его начальству неверному, чтоб его удавили, а не меня. Ибо я за него поручителем».

Образумились люди, отворили двери, связали Петро и отвели его в город.

В городе сарацыны судили Петро за убиение янычара и присудили повесить его в пятницу на большой площади, на ветви большого платана.

Было это пред самою Пасхой, и благочестивые христиане по тюрьмам к празднику, для спасения души своей, посылали хлеб, елей, рис и баранов для раздачи пленённым, заключенным людям.

В то время сидел и Петро в особой темной и тесной комнатке на сырой земле, в тяжких цепях скованный, молясь угоднику Николаю и апостолу Петру и проливая слезы над чорною судьбою своей.

Пришел в тюрьму тогда один великий купец христианский, чтобы при себе велеть раздать милостыню заключенным; имя ему было Хаджи-Дмитрий.

Был он в городе великий богач и дружбу большую имел с самим князем того города, и много денег князю давал, когда тому было нужно. Он носил каждый день длинную шолковую одежду из дорогого сирийского шолку и шубу многоценную, всю из куницы и соболя, и колпак на голове его высокий также из куницы и соболя был.

Хаджи-Дмитрий сказал стражам:

— Покажите мне этого разбойника, крахта-кандиль-анафта, прекрасного Петро, который благородного агу нашего умертвить осмелился. Покажите мне его, чтоб я мог ему в очи плюнуть за это и наругаться над ним.

Стражи с радостью впустили Хаджи-Дмитрия к Петро. Хаджи-Дмитрий поднес к лицу его фонарь, и когда Петро приподнял на него прекрасные очи и сказал ему:

— Эффенди, спаси меня!

Хаджи-Дмитрий плюнул ему три раза в очи и воскликнул:

— Пусть Св. Николай и апостол Петр спасают; а я тебе не спаситель, ибо ты нашего благородного агу умертвил!

И громко ругая его, закричал слугам своим, которые за ним корзины с пищей носили:

— Этому негодяю крахту-кандильанафту прекрасному не давать ни крохи от хлеба нашего, ни косточки от мяса нашего и ни капли елея!

И вышел из тюрьмы хитрый купец.

Тотчас же пошел он к князю, поцеловал край его одежды и сел у ног его на ковре.

А князь был гневен в тот день и молчал.

И Хаджи-Дмитрий долго не молвил слова ему, чтобы свою душу не погубить.

Наконец грозный князь сказал ему:

— Что ты молчишь? Разве ты не знаешь моей к тебе милости? Чего бояться тебе?

— Государь мой и владыко мой! — воскликнул Хаджи. — Бесславности твоей разве не известно, что нищий смелее богатого человека?

— Что эти слова твои означают? — спросил князь благосклонно.

Хаджи-Дмитрий объяснил:

— А то они означают, что если б я не богат был твоими милостями, то я бы и не трепетал так утратить их. И трава полевая к солнцу блестящему цветком обращается и без теплоты его жить не может. И курица, когда пьет воду из лужицы малой, к небу после всякого глотка голову свою куриную поднимает, чтобы Бога за утоление жажды благодарить; а у меня разве куриная голова, что я забуду, как я твоею добротой живу и в городе всеми почтен.

Князь велел ему сесть поодаль на диван и чубук приказал ему дать и спросил, что нового.

— Мало нового, владыко мой! все старое, — сказал Хаджи. — Одно только есть новое: привезли трех девушек из черкесских дальних гор. Одной 16 лет, другой 15, а третьей 14. У одной волосы чорные, как сталь блестят, у другой как лен, а у третьей красные, как огонь. У черноволосой глаза голубые, а у белокурой глаза чорные, а у третьей, рыжей, такие зеленые, как смарагд. Я таких и не видывал. Имя первой Гюзель, то есть красивая, вторую зовут Назик — нежная, а третью Тюрлю-Тюрлю — разная-разная, потому что она очень любопытная и разные вещи знает, чтобы веселить и смешить человека.

Повернулся к нему князь и велел ему еще поближе к себе сесть и другой чубук приказал ему подать, золотом весь оплетенный, с большим янтарем, который был жемчугом окружен снизу.

А Хаджи продолжал:

— И ножки у них у всех трех малы и вогнуты в ступне хорошо. Я водой ноги им мочил и мокрыми ногами на пол их ставил и увидал, что ножки их в подъеме высоки и не плоски. И ночью спят они не храпят и покорны сердцем. Гюзель из них на тамбуре играет, Назик песни поет, а Тюрлю-Тюрлю пляшет искусно, бряцая серебряными звонками.

Князь опять задумался и сказал Хаджи:

— Которую выбрать?

— Не выбирай, господин мой милостивый... Зачем тебе выбирать?

138

Выберешь ты ту, которая пляшет, без песни и без тамбуры как она будет плясать? Выберешь одну тамбуру без песни и пляски, – один звон пустой без слов для души и без очей услаждения будешь слышать. Выберешь песельницу одну, – надоест тебе и она. Не выбирай, они все для тебя приготовлены... Прими от раба твоего смиренный дар и не гневайся...

– Приму, – сказал князь.

Послали тотчас за девушками, и когда подняли на дверях больших занавес, то вошли они разом все три в эти двери, – одна чорная, с голубыми очами, другая белокурая, с чорными, и третья рыжая, огненная, лучше всех, с очами, смарагду подобными; одна в пурпуровой одежде с золотом, другая в голубой с серебром, а третья в светло-зеленой с серебром и золотом вместе. Гюзель тотчас же села на ковер и играть на тамбуре стала; Назик песню запела:

Скажи, о скажи мне, прекрасная птичка... Скажи, соловей мой вечерний... Есть ли на свете всем князь молодой Храбрее льва разъяренного, и змея мудрее, И голубя кротче, и розы душистей, И крепче железа, и звезд пресветлее?.. – Я его вижу! – сказал соловей.

А Тюрлю-Тюрлю, приподняв руки с серебряными звонками и загнув назад голову, топнула слегка ногой и еще не успела плясать начать, как князь уже обратился с радостью и любовью к Хаджи-Дмитрию и сказал ему:

– Друже мой, проси ты у меня, чего хочет сердце твое, я все исполню, но проси разумного и возможного, дабы я и вперед тебе верил... Ты не человек, а как бы сад прекрасный, так с тобой весело мне всегда!

Хаджи-Дмитрий поклонился ему низко и сказал:

– Я, господин мой, неразумного просить у тебя не буду. А прости ты, ради меня, слуги твоего, Петро, крах-та-кандильанафта, который агу нашего храброго умертвил. Он по глупости и по юности так поступил. Он мне нужен для дела в доме моем; поэтому не для него, а для меня пощади его жизнь.

Князь охотно согласился и, тотчас же достав печать свою, помазал ее малым пальцем с чернилами и, приложив ее к чистому листу бумаги, отдал ему этот лист и сказал:

– Иди! видишь, как я верю тебе. Прикажи написать на этом листе прощение Петро. Иди скорее, пока его не повесили; а я один тут посмотрю, как они играют, поют и пляшут. Иди, спаси душу, – это дело доброе!

А Петро между тем уже привели на площадь и поставили на деревянную скамью, под ветвью большого платана, и шею его продели уже в петлю и стали кричать народу, что он за человек и за что его вешают.

Петро уже в темнице осушил слезы, и хотя ему было очень жалко

139

умирать, однако он, помолившись усердно, хотел не посрамить себя пред людьми и сбирался уже сам оттолкнуть ногой скамью и повиснуть, как вдруг раздалась команда громкая: «Расступись, толпа!» И расступилась толпа, и выехал Хаджи-Дмитрий на белой княжеской лошади, вся в кистях, и окруженный слугами княжескими и арапами. В руках его был фирман прощения.

Он издали махал им, и люди, шедшие с ним, кричали:

– Стойте! стойте! Наш благоутробный князь приказал простить прекрасного Петро, того молодого кандиль-анафта, который агу убил. Вот как милосерд наш князь! А вы, собаки, смотрите, – не всякий раз вам такое прощение будет!

Так спасся Петро. С него сняли петлю, и Хаджи-Дмитрий возвратился в дом свой, ведя Петро за руку чрез весь многолюдный город.

VI

Стал жить Петро у Хаджи-Дмитрия, купца богатейшего. Дела его купеческие делал; счеты ему сводить помогал; на одну пару его не обманывал. Гневен и бурен дома был Хаджи-Дмитрий и на руку слишком был скор. Многих слуг он изгонял в гневе от себя понапрасну. Но Петро был умен. Когда Хаджи-Дмитрий в гневе обзывал его ругательными словами, Петро молчал, потупив очи и сложив на груди крестом руки, и утихал купец, отходя от него прочь. Бил он его и рукою своей, и жезлом драгоценным. Петро наклонял голову пред ним и говорил:

– Бей меня, бей, господин наш честный; если я виноват – это мне наказание; а если я прав – это мне на будущее урок, а тебе услада и утоление!

И снова отходил от него в смущении Хаджи-Дмитрий. И полюбил Петро купец всею душой. Стал он звать его «сын мой!» и сказал ему:

– Теперь весною у нас здесь обычай шелковых червей разводить. Я тебе отдам под начальство весь беджеклык мой, величайший в городе нашем, и всех слуг и рабов, и рабынь моих, чтоб они под командою твоей шелковичные ветви для червей резали по росту их, для маленьких – самые маленькие, для средних червей – средние, а для крупных – самые большие ветви резали бы. И да исправит Господь дело рук твоих. А когда выведутся черви все без болезни и мора на них и совьют коконы и когда выйдут из них бабочки икру разводить благополучно, и дам тебе пятьдесят червонцев за труд, и со всего моего прибытка, когда нагружу я многие большие корабли шолком, отдам тебе десятину.

Поклонился Петро в ноги Хаджи-Дмитрию, купцу богатейшему; а Хаджи-Дмитрий велел ему снять те темные и простые одежды, в которых Петро у попа Георгия ходил по ночам будить христиан, стуча скобкою железной в двери и восклицая приятным голосом: «Пожалуйте в церковь!», до тех пор пока старец не предал его, и вместо этой простой одежды Хаджи-Дмитрий одел его в одежды яркие и широкие, какие сам носил, и шубку господскую на него с откидными рукавами и колпак надел на него, не большой, но хорошего меха.

И вывел его пред всеми домашними своими, пред женою молодой (всего год тому назад повенчанною) и пред слугами и всеми рабами своими и сказал им всем:

— Вот помощник мне и начальник грозный всем вам. Кто ему покорен будет, тому и я друг; а кто против него пойдет, тот и мне враг будет. Я сказал, а вы помните это!

Еще прекраснее стал молодой Петро в господской яркой и широкой одежде. Принял он вид иной, властительный и строгий, и стал за всем домом купца и беджеклыком его смотреть.

Труд его .благословен был, и черви кишмя кишели по шелковичным веткам, дотла объедая их в беджеклыке Хаджи-Дмитрия, богатейшем в городе. Коконов и жолтых и белых было множество.

Вывелись бабочки и повязались попарно на полотне и икры дали видимо-невидимо, самого лучшего качества.

Не было на червей в этот год ни болезни, ни мора.

Радовались оба, и Хаджи-Дмитрий и Петро, на них. И Петро день и ночь рассчитывал, сколько он может послать своим воспитателям, когда Хаджи-Дмитрий нагрузит шолком дорогим корабли большие и продаст его в чужих городах за белым морем.

Однако враг рода человеческого не хотел дать отдыха сироте и внушил молодой и честной супруге Хаджи-Дмитрия к молодому Петро греховное чувство.

В тот самый день, как Хаджи-Дмитрий вывел его в господской одежде яркой и широкой пред всеми домашними и сказал: «Вот помощник мне и начальник всем вам», так запала эта искра ей в сердце, и она сказала себе в сердце своем: «Люблю я этого юношу, и пусть жестокая смерть постигнет меня, а я совращу его!»

И начала молодая купчиха призывать его беспрестанно по всякому ненужному делу, отрывая его от нужной работы. Она говорила ему тогда:

— Прикрепи завесу эту над моим окном, добрый Петро, чтоб я радовалась на глаза твои. Я других слуг не могу видеть. Стоян ростом очень велик и обширен, и всю комнату наполняет; у Ставри глаз кривой; а у Яни лицо разбойничье – так что ночью он мне снится и я боюсь и кричу на ложе моем супружеском, и господина нашего, Хаджи-Дмитрия, беспокою. Я желаю, чтобы ты у меня работал.

И хотя у Петро были в доме и в беджеклыке дела гораздо важнее этого, но не смел он противоречить госпоже своей и повиновался, прибивая ей завесу над окном.

А она, пока он работал, все ходила вокруг него и сама гвозди ему подавала, краснея.

А Петро не замечал сначала, что она краснеет.

Потом сказала ему однажды госпожа:

– Красив ты был, Петро, и в бедной одежде, а в этой ты много лучше даже мужа моего Хаджи-Дмитрия.

– Это лишь доброта твоя ко мне, а не правда, госпожа моя! – сказал ей смиренно Петро и пошел от нее по делам своим.

Обезумела от страсти жена Хаджи-Дмитрия и с утра и до утра думала о нем. Мысли ее кипели и бились, как морская волна. Во сне она его видела и кричала громко во сне. Просыпался и Хаджи-Дмитрий и спрашивал ее:

– О чем ты кричишь, моя милая, чего испугалась ты?

– Ах! я видела во сне, мой друг, что тебя злые враги умертвить хотят...

– Спи спокойно, – говорил ей купец, – это значит, мне долго жить.

И сам засыпал спокойно, думая: «Вот как она меня любит!»

А она думала о Петро.

Потом она вставать по ночам стала и, открыв окно, сидела и в сад, вздыхая, смотрела.

– Ты не спишь? – говорил ей муж.

– От жара, прости мне, не сплю, – говорила она. Наконец, однажды позвав Петро к себе, она сказала ему:

– Слезам моим нет меры, Петро; я бы желала в горы во мраморные уйти и лежала бы я там все ничком и рыдала бы до тех пор, пока стал бы там от слез моих ключ холодный и озеро чистое. И пришел бы ты той воды испить, и приехал бы ты в синем озере искупаться... А я бы издали закричала тебе: «Не хочу веселиться, да и жить не хочу, пока не скажешь ты мне... что я для тебя лучше серебра и золота, лучше матери родной, лучше сладкой жизни самой...»

Ужаснулся прекрасный Петро и ответил ей так:

– Не годится тебе говорить, госпожа моя, такие слова. Я мальчик простой, сирота, а муж твой великий купец и мой благодетель, и тебе законный супруг. Твои слова – грех ужасный, и ты, я вижу, дьявола в сердце свое без борьбы допустила. Поэтому я убегу от тебя и все открою твоему мужу, ибо он спаситель жизни моей и я оскорбления имени его не потерплю.

Но она, притворив дверь, не пустила его, достала из сундука

кипарисного все свои драгоценности: ожерелье, запястья и серьги, и кольца, рубины, алмазы, бирюзу и кораллы, пала к ногам Петро и сказала ему:

— Жестокий, возьми все эти сокровища мои! Ты сирота, и купишь ты на них себе земли, и дом, и овец, и все, что хочешь. Возьми все, только не говори мне так грозно, а улыбнись мне любезно и пожалей ты меня окаянную. Я и сама не рада злой муке моей!..

Петро посмотрел на сокровища, пожалел ее, улыбнулся и, взяв ее руку, сказал ей:

— Добрая госпожа моя! хорошо ты сказала, что я сирота и беден. Если ты точно так меня жалеешь и любишь, отдай мне все эти запястья, ожерелья, кольца и серьги — без греха. Я продам их и куплю себе дом хороший и земли, чтобы кормить и покоить Христо и Христину, моих воспитателей. И я тогда скажу тебе, что ты для меня лучше матери, лучше золота и серебра...

Когда услыхала молодая купчиха разумные ответы Петро, озлобилась она сильно и ударила Петро в лицо, говоря:

— Так ты, несчастный, золото любишь, а не меня, — и как были на руке ее дорогие перстни, то расшибла она ему лицо до крови.

Петро ушел, а она немедленно побежала к мужу и сказала ему, что Петро хотел ограбить ее драгоценности; привела мужа к себе в комнату и показала ему запястья, ожерелья и серьги, которые она сама же рассыпала пред Петро, и сказала мужу:

— Видишь, я застала его за этим делом и, отнимая у него все эти вещи, дары твоей любви, ударила его в лицо и у него пошла кровь.

Хаджи-Дмитрий ужасно разгневался и закричал:

— Приведите мне сюда этого несчастного; я его при себе умертвить велю.

Петро привели, и хозяин приказал его крепко бить по пятам. И когда Петро хотел просить позволения вымолвить только слово, то гневный Хаджи-Дмитрий не допускал его до этого, восклицая:

— Не говори ни слова, неблагодарный человек, которому я жизнь спас. Я ее спас, я ее у тебя и отниму.

Насытив свое сердце истязаниями, Хаджи-Дмитрий хотел заключить Петро в тюрьму, чтобы, по совершении над ним суда, приговорили его снова к казни, но жена Хаджи-Дмитрия пожалела его и в то же время боялась, чтобы на суде не раскрылась какая-либо истина. Поэтому она, поклонившись мужу, стала просить его, чтоб он отпустил Петро, не заключая его в тюрьму.

Хаджи-Дмитрий согласился не без труда и велел его только с шумом и позором гнать из дома по улицам. Один из слуг, желая приобрести себе дорогое платье, которое было на молодом управителе, сказал хозяину:

143

— Господин, не снять ли с него хорошее платье и не выгнать ли его в том рубище, в котором ты привел тогда его из тюрьмы?

Но Хаджи-Дмитрий на это не согласился и сказал:

— Нет! в богатом платье ему будет больше позору. Пусть в нем скитается и ищет пропитания. В бедном его не так люди заметят, а в этом все будут на него дивиться.

И прибавил еще:

— Гоните его с шумом скорее, чтоб я не умертвил руками его сам.

И слуги, отворив большую дверь на улицу, стали с криком, проклятиями и побоями гнать Петро на улицу. И все соседи и соседки смотрели из окон и дверей, смеялись, и даже дети бежали за ним, кидая в него камешками, и кричали: «юхга! юхга!»

VII

Петро ушел подальше от того места, где жил Хаджи-Дмитрий, сел на камень под деревом платаном и стал плакать чорными слезами.

В это время ехал мимо епископ в рясе на прекрасном муле. Он был человек уже престарелый, и около него справа шел юноша и смотрел, чтобы мул не шелохнулся ни направо, ни налево и чтобы не уронил епископа. Впереди ехал телохранитель с оружием, а сзади шли слуги без оружия.

Ехал еще писец в широких одеждах и с чернильницей, заткнутой за красным поясом.

Этот писец был родной племянник епископа.

Епископ увидал Петро, пожалел его, что он плачет, и велел юноше остановить мула... Петро подошел к руке его, и епископ спросил:

— Отчего ты, сын, сидел под деревом платаном и лил чорные слезы?

— Я скажу тебе, деспот-эффенди мой, — отвечал Петро. — Только не здесь, при всех, а у тебя в доме исповедую все по истине и по правде.

Епископ согласился и велел ему идти по левую руку около мула. Петро шел, и так они приехали в епископский дом, где была церковь — митрополия на большом дворе.

Епископ, возвратившись домой, сел на софу, велел Петро стать пред собой и во всем исповедывал его.

И Петро сказал ему:

— И еще скажу тебе, владыка, что молодая кровь моя очень душит меня и днем и ночью и мне от этого великое стеснение в жизни моей, потому что все девушки молодые и замужние женщины за меня убиваются; мне же это соблазнительно, а я не хочу взять на душу греха.

Епископ тогда дал ему целовать свою десницу и сказал ему так:

– Достоин ты, сын мой, великого восхваления, как за то, что пошел на тяжелый труд и чужбину для того, чтобы приобрести временный покой в старости благодетелям твоим Христо и Христине, а также и за то, что ты хочешь добродетелен быть и бежишь греха. Приими за это все сей скудный дар от меня и пошли его своим воспитателям.

Епископ дал ему две золотые монеты; а когда Петро упал ему в ноги и благодарил его, епископ сказал еще:

– Отныне принимаю я тебя в дом мой. Ты будешь начальником над всеми моими телохранителями, и я велю снять с тебя широкие эти одежды и одену тебя в воинские и короткие. А ты не обнаруживай никому в жилище этом, что я тебе дал золотые, ибо враг рода человеческого силен в нас всех, и есть везде худые люди, которые в зависть впадают легко. Помни это! Скажу тебе еще, что здесь тебе будет легче, ибо ты в митрополии моей, кроме старой параманы[35], сестры моей, и двух монахинь почтенных, никакого лика женского не встретишь. Еще скажу я тебе, что здесь у меня ты можешь больше прежнего и божественным предметам обучиться, уставам и молитвам; но знай, что после этого и взыщется с тебя больше.

И епископ благословил его еще раз и отпустил.

Одели Петро в красную куртку с откидными рукавами и в голубые шальвары и в красные башмачки с загнутыми носками, а на носках были пушистые шишки пестрые из разного шолка, величиною с яблоко; и все по швам было расшито золотом и чорным шнурком. Дали ему также в руку большую трость, разгонять народ, когда не будет места епископу двигаться и свершать богослужение; а за кушак пестрый дамасский нож и два пистолета серебряные заткнули, и сам епископ, увидав его, усмехнулся, дал ему целовать десницу и сказал:

– Вот теперь хорошо!

А Петро думал: «Теперь уж никто меня не обидит и никто соблазнять не будет. А я думал, что оставил меня вовсе Бог».

Оба же те золотые, которые ему дал епископ, он спрятал и сказал себе: «зачем я буду торопиться посылать благодетелям моим Христо и Христине эти деньги? Они и так привыкли жить. У них хижина есть. От этих золотых им много перемены не будет в счастье; а я оттого и сокрушался, что все без денег уходил из тех мест, в которых меня обижали и из которых меня прогнали. Лучше я себе оставлю эти деньги на случай несчастья!..»

---

[35] Парамана – экономка, няня, кормилица, вместо матери.

Стал жить Петро тогда у епископа хорошо. Другие телохранители ему повиновались; он стал теперь похитрее прежнего и стал думать, что не епископу одному в доме угодить надо, а всякому. И начал стараться. Старухе парамане, сестре епископа, говорил:

— Не трудитесь, почтенная госпожа сестрица епископа. Позвольте мне за вас подмести это! — И брал веник из рук ее и подметал сор.

Другие же телохранители говорили ему:

— Тебе ли, воину и начальнику нашему, подметать сор? Тебе ли мараться? Это дело рабов и женщин. Это для нас для всех оскорбление.

Петро отвечал им:

— Старость я очень уважаю, вот что!

И замолчали другие воины и епископские телохранители.

И чтоб они любили его, он из тех двух золотых уделил часть на угощение их и сказал им:

— Будем все побратимами. И сказали те ему:

— С радостью!

Тогда призвали священника, и он прочел над ними молитву; они связались все кушаком и поклялись в вечной дружбе и согласии.

И монахиням старым угодил Петро; и все приходящие по делам любили его, ибо он у всех спрашивал вежливо, что им нужно, и говорил:

— Погодите извольте здесь, а я пойду скажу владыке! Все говорили:

— Ласковый ясакчи[36] этот новый у епископа. При нем лучше стало нам всем! А уж красота его необразимая, и словами нет возможности сказать, как он прекрасен!

Смотреть на него так приятно, как в киоске в тени на берегу моря тихого и на легком ветерке кушать шербет с ключевою водой и курить персидский тюмебки в наргиле хрустальном, и ничего не слышать, как только клокотанье воды в наргиле.

Племянник же епископа, который у него главным писарем был, и его мать парамана возненавидели Петро за то, что его стали любить в доме все: обе старые монахини и все телохранители и слуги владыки, и сам владыка, и все просители, которые приходили по делам и тяжбам своим к владыке.

Стали они перечить Петро во всех его делах и оскорблять его. Приходили бедные люди ко вратам епископским за подаянием. Петро шел ко владыке и говорил ему:

— Благослови, владыка, слепой женщине подаяние из твоей пастырской сокровищницы. Она очень несчастна.

Владыка давал ему милостыню для слепой женщины. Сам вставал с софы, сидя на которой четки перебирал, вздыхая о преклонности лет

_____

36 Ясакчи – страж, кавасс, телохранитель.

своих и о страшном судилище Христовом, сам вставал и доставал подаяние из кованого кипарисового сундука.

А злой писарь и его мать парамана восклицали:

— Довольно тебе обнажать престарелого владыку нашего! Он уже в детство впал и все раздает безумно. Что нам, родным, после него останется? И мы стареем на его службе.

Петро же отвечал писарю, кланяясь:

— Господин мой писарь и племянник владычний, прости мне, я человек подначальный. Если ты велишь всех гнать от ворот епископских, то и тогда я гнать их без благословения епископа не могу. А посмотрю, что сам старец скажет.

Тогда злой писец и племянник владычний скрежетал зубами на него и отходил прочь и говорил:

— О! да будет три раза проклят тот чорный день, когда этот красивый побродяга переступил порог этой митрополии.

И его мать парамана проклинала также Петро. Однажды пришел кто-то и сказал писарю:

— Вот у этого хлебопашца жена троих разом родила и все живы.

Хлебопашец был не очень беден, и слухи были, что у него деньги зарыты в земле.

Писарь обрадовался и, призвав этого хлебопашца, сказал ему:

— Троих родить разом не закон! Это от дьявола. Если ты не дашь мне десять золотых, я владыке донесу, и он разведет тебя с женою! Иди домой и принеси.

Хлебопашец пошел домой в горести, потому что он жену очень любил и жалел, и, не зная, что делать, принес несколько золотых.

Увидав его в горести, Петро спросил у него:

— О чем ты, добрый христианин, убиваешься? Хлебопашец сказал ему о своем несчастии, и Петро

доложил всю правду епископу.

Епископ сам позвал хлебопашца и утешил его, а на племянника так разгневался, что долго видеть его не хотел и говорил:

— За десять золотых ты мою честь и душу мою сатане продаешь, бесстыдный ты лжец, отойди от меня и скройся, мучитель ты моей слабости и престарелых дней моих ты отрава!

После этого с раннего утра и до ночи писец и его мать размышляли, как бы удалить Петро из дома.

И искал он случая обвинить и оклеветать Петро перед епископом, и не находил; Петро все оправдывался. Наконец он с матерью пришли к епископу, стали перед ним оба, и сперва мать сказала ему:

— Говори ты, ты мужчина! А сын ей:

— Нет, ты говори, ты мне мать! И начала она:

— Владыка и брат мой по плоти! Я не могу больше выносить лицезрения этого мальчишки, Петро прекрасного, и прошу тебя изгнать его из дома нашего. А если ты не благословишь изгнать его, то благослови мне уйти от тебя и никогда в дом твой не возвращаться. И не я буду, а другая старуха, чужая тебе по плоти, изготовлять любимую пищу твою, и другая будет твои святительские ноги мыть, и другая пусть ложе твое стелет, на котором отдыхают престарелые члены твои, и другая варенье для угощенья гостей сановных будет варить в твоем доме: желе из айвы, шербет розовый и кофейный, и розовый лист, и орехи с гвоздикой, и другая пусть вокруг чела твоего повязывает чорный печатный платочек поверх клобука. Я сказала, владыка, а впрочем, воля твоя.

После нее начал говорить сын ее, злой писарь:

— Владыка святый и по плоти мой дядя, я ненавижу твоего ясакчи Петро всем сердцем моим и всею душою моей. Удали ты его с позором из дома этого или мне благослови уйти от тебя. И пусть другой писарь и чужой тебе по плоти человек заботится впредь о сборе податей с народа в пользу твоей казны; пусть другой избавляет тебя от распрей с начальниками агарянскими и ходит по судилищам их, кланяясь и снимая башмаки у проклятого порога их, пусть другой ссорится с сельскими чорбаджиями и запирает в тюрьму их, когда они подати поздно платят, пусть другой писец все бумаги и грамоты тебе готовые приносит на подпись и думает за тебя, и ходит, и голодает, и зябнет, пока ты куришь наргиле или молишься в одиночестве о спасении твоей души престарелой, сидя на широкой софе и прислоняясь к подушке из сирийского пестрого шолка, у большой медной жаровни на львиных лапках, которую три человека едва поднять могут руками (так она велика и вся литая медная). Я за тебя, пока ты молился и отдыхал, брал на свою окаянную душу все грехи твои и ссоры, и ненависть, и любостяжание, и обиды, и ругательства бедным людям, и угождения неправедные сильным князьям Мıра сего. Отныне же пусть другой это все делает, а меня, владыка, отпусти, если не хочешь Петро изгнать от себя?

— Что он вам сделал, этот юноша? — сказал епископ с большим сожалением, но согласился на изгнание Петро.

Тогда обрадовались злой писарь и его мать и пошли гнать Петро; велели ему снять одежду золотую и оружие, и пояс, в котором были спрятаны у него деньги, и денег его ему не отдали, но дали ему самую простую ветхую одежду и велели идти куда хочет.

— И если и в городе этом ты останешься, то жив не будешь! — сказала ему сестра епископа.

Петро ушел далеко от города в пустынное место и поколебалась в нем в первый раз его вера. Он сказал себе:

«Не увижу я правды никогда на земле живых!» Упал лицом на землю и не хотел уже ни жить на свете, ни молиться.

Он думал: «На что, если так, молиться?» И не поднимал лица от земли, на которой лежал, пока не услышал топота конского по камням; тогда он поглядел, кто едет, и увидал, что едет богатый франк-купец.

Платье на нем было узкое и непристойное, такое, как носят всегда франки, чулки и башмаки, и на голове его был большой трикантон[37] точно каик морской. Лицо его было безобразно и злобно, и из очей блистали молнии.

Он остановил коня и сказал Петро:

– Дитя души! Хорошо ты делаешь, что молиться не хочешь. Это все напрасно. Но я человек хороший и жалею тебя. Хочешь, я возьму тебя к себе на фабрику и, если ты молиться и там не будешь никогда и в церковь ходить не будешь, и постов содержать не будешь, то я с тебя мало работы потребую. Ты будешь у меня только один раз в день в большой лес ездить на телеге и привозить оттуда по три полена. И если ты когда-нибудь захочешь уйти, проси у меня что хочешь, я все дам тебе. Зовут же меня мусьё Франко.

Петро согласился с радостью и пошел за мусьё Франко. А это и был сам дьявол, и Петро не понял этого.

VIII

Стал жить Петро у мусьё Франко. У мусьё Франко около моря был большой завод с длинными, чорными трубами, из этих труб целые дни и ночи дым чорный поднимался и пламя поднималось, и искры летели. Место было низкое, болотистое, все в высоких камышах, гнилое и самое скучное. С раннего утра и до самой поздней ночи убивались христиане у Франко в огне и в пламени неугасимом. Лица их были худые, жолтые и печальные. Они ничего не говорили. Мусьё Франко заставлял их работать по воскресеньям и по другим праздникам; только и отпускал их на Пасху, на Рождество Христово, на Успение Божией Матери и еще на три праздника: на Николин день, на Св. Димитрия Солунского и Св. Георгия Победоносца. В эти дни он не смел не отпускать их; в эти дни он боялся.

Петро пожалел работников и спросил у одного из них:

– Ты, христианин-человек, за какую цену по воскресеньям и по праздникам трудишься и такой грех на душу здесь берешь?

---

[37] Треугольная шляпа

– За великую, за великую цену, Петро! – отвечал ему работник и отошел от него.

Петро спросил другого. И другой точно так же сказал ему:

– Мы, Петро, трудимся здесь за такую великую цену, которую избави тебя Господь когда-нибудь взять.

И тоже отошел от него.

На первый же день мусьё Франко приказал Петро ехать, по условию, в лес за поленьями и указал ему, какую лошадь в телегу запречь, и приказал ему:

– Не забудь, не говори лошади «э!», а говори ей «ну!»

Петро поехал в лес, срубил три полена и поехал домой.

На возвратном пути он подумал: «Скажу я лошади „э!" и посмотрю, что будет!»

И сказал: «Э!»

Как только он сказал «э!», лошадь сейчас обратилась в чорбаджи Брайко.

Увидал Петро своего бывшего хозяина и спросил у него:

– Как ты это здесь, чорбаджи? Чорбаджи отвечал ему:

– Вскоре после того, как я прогнал и обидел тебя, я умер. И теперь моя душа здесь мучится за мою скупость и за то, что я у многих людей бедных, так же как и у тебя, деньги съел, иногда обманом, иногда лихвою, иногда хитростью иною... За это мучится душа моя.

– Хорошо! – сказал Петро. Взял полено и бил его крепко; потом простил и сказал «ну!» Чорбаджи опять стал лошадью и отвез его на завод.

На второй день мусьё Франко приказал ему взять другую лошадь – чорную и ехать опять в лес за тремя поленьями. И опять сказал ему:

– Не забуть, не говори лошади «э!», а говори ей «ну!»

Петро поехал; срубил три полена, а на возвратном пути сказал опять «э!» и ждал, что будет. Увидал он тотчас же перед собой в оглоблях чорную спину попа Георгия. Поп сказал ему:

– Вскоре после того, как я предал тебя агарянам, милый сын мой, я умер, и за то, что я не тебя одного, а и других еще из малодушия и боязни не раз в жизни врагам предавал, и за то, что слишком свою старую жизнь жалел во вред другим людям, и жил не как добрый пастырь, полагающий душу свою за овцы своя, а как наемник бегал от лютых волков, за это душа моя здесь теперь мучится, милый сын мой. Бей и ты меня за грехи мои... только не крепко, потому что я все-таки, как отец, хлеб мой с тобою делил...

Ударил его не очень крепко Петро раза два, простил и сказал «ну!» И поп опять стал чорною лошадью и повез его на завод.

На третий день мусьё Франко опять сказал Петро:

– Поезжай в лес за тремя поленьями; только не говори лошади «э!», а говори ей «ну!»

Поехал Петро на хорошей рыжей лошади.

Срубил он три полена в лесу и сказал и этой лошади «э!» Он уже знал, что увидит перед собой Хаджи-Дмитрия, и как только лошадь обратилась в купца, Петро сказал ему:

– Здравствуй, господин мой, за что тебя наказал так Бог? Ты был человек хороший и добрый и мне жизнь даже спас.

– За гнев необузданный. За то, что я не тебя одного, а многих во гневе напрасно обидел, бил, истязал, из дома своего изгонял и, может быть, иных и жизни во гневе лишил. Вот за что моя душа мучится.

Петро отвечал ему:

– Я бы тебя за это сильно избил поленом, но так как ты мне прежде жизнь спас, то я тебя много наказывать не буду.

И ударил его только раз, и то не крепко.

На четвертый день, когда мусьё Франко велел заложить ему большую белую лошадь и опять напомнил, как говорить с нею. Петро не вытерпел и, еще не доезжая до леса, сказал: «э!», и белая лошадь стала епископом.

– И ты скончался, владыко? – спросил Петро, снимая шапку.

– И я скончался, дитя мое! – сказал епископ, печально потупив очи. – Когда тебя изгнали из моего дома, другие телохранители мои и твои побратимы задумали отмстить за тебя, исполняя клятву побратимства и любви, которую они тебе дали. Они зарезали племянника моего писаря и удавили сестру мою параману, сами же разбежались; а я от такого огорчения и стыда всенародного скоро после этого умер. Теперь прошу я тебя, прости мне и не бей меня, твоего старца, потому ты знаешь, что грех мой был больше всего лень и еще то, что я против людей и лукавых слуг моих имел лицо слишком мягкое. Усилий я делать не любил. Ни в чем не нудил себя. А только принуждающие себя восхитят царство небесное. Но не был я ни гневен, ни алчен, ни любострастен, ни завистлив, ни горд.

– Я не могу бить тебя, владыко, – отвечал Петро. – Хоть бы ты и худшее сделал, я бить тебя не могу: твой сан очень велик.

Тогда сошел Петро с телеги и сказал: «ну!» Епископ опять стал лошадью, и Петро около телеги пешком до лесу дошел.

В лесу выехал он на большую пустынную полянку, посреди которой стояло превысокое дерево, все до верху сухое, без листьев. Петро подошел к нему с топором и хотел ударить. Наверху на дереве сидела одна птичка, такая маленькая, что Петро ее не заметил. Тогда маленькая птичка сказала ему:

– Милый мой Петро, пастух мой бдительный, крахткандильанафт целомудренный, домоправитель искусный, ясакчи богатырь прекрасный, прошу тебя, не руби этого дерева. Мне оно нужно. Руби другие деревья в

151

лесу. И за это я открою тебе тайну. Скажи мне, сколько дней ездишь в этот лес?

– Четыре дня, – сказал Петро.

– Это значит четыре года, – сказала птичка. Слыша это, Петро пришел в великий ужас и воскликнул:

– Горе мне! Горе несчастному! Я уже прожил здесь, не зная того, четыре года, и что сталось с отцом моим Христо и с бедной матерью Христиной? Уж не померли ли они от бедности и трудов...

– Об этом я тебе сказать не могу, – отвечала птичка. – А скажу тебе о другом. Живешь ты теперь четыре года у самого дьявола в доме. Хозяин твой Франко – сам дьявол.

Еще больше испугался Петро, упал на землю и начал волосы и одежду свою рвать и плакать, восклицая:

– Увы! увы мне, чорная моя судьба! Увы мне! Скажи мне, птичка моя золотая, уж не умер ли я тоже, несчастный... Скажи, жив ли я?

– Ты жив, не бойся, – отвечала птичка. – Возвратись домой и скажи дьяволу смело, что служить у него больше не хочешь, и спроси расчета, а когда он будет давать тебе деньги – не бери их, хотя бы он дал тебе их целый мешок. Сколько бы он их тебе ни дал – все эти золотые его обратятся в луковую кожицу золотистую, которая на луковицах бывает, и не успеешь ты и десяти шагов от дома его отойти, как мешок твой из тяжелого станет легким, и ты пожалеешь тогда. А ты скажи дьяволу: «Мусьё Франко, дайте мне ту старую большую баранью белую шубу, которая у вас на гвозде висит; больше ничего мне не нужно». Он отдаст тебе ее. А когда ты будешь уходить, что бы ты за собой ни слышал – не бойся и не оглядывайся, но иди прямо. Иначе погибнешь ты; только взойдя на гору высокую в часе ходьбы от того места, остановись, и с нее ты можешь оглянуться назад.

Послушался Петро; срубил другое дерево; взял от него три полена, положил их на телегу, а сам всю дорогу шел пешком назад, жалея седины епископа, и вздыхая думал о том, как страшно умирать и как трудно без греха сохраниться нам на свете этом.

Возвратившись домой к мусьё Франко, Петро потребовал у него расчета и сказал ему, что желает получить ту старую баранью шубу, которая висит на стене.

Дьявол и гневался, и ласкал Петро, и рассыпал перед ним серебро и золото, говоря: «Не лучше ли это, чем старая шуба?» Но Петро, кланяясь ему, отвечал:

– Нет, господин мой, ты слово дал ни в чем не отказывать мне.

– Я не помню! – сказал дьявол. Петро тогда перекрестился и воскликнул:

– Вот тебе Бог, вот тебе хлеб мой, что ты обещал! Смутился тогда дьявол, поглядел на него диким взглядом и отдал шубу.

Петро надел ее и вышел из дверей, не оглядываясь. Но едва только он вышел, как услышал, что его зовет приятным голосом его мать Христина:

– Петро, сынок мой... Поди сюда, оглянись. И Христо за ней кричал ласково:

– Петро!

Вздрогнул Петро и чуть-чуть не вернулся к двери, но вспомнил о словах птички и воскликнул: «помилуй меня, Боже, помилуй меня!..», пошел дальше.

Тогда поднялась ужасная буря и свист, и гам, и пыль, гонимая страшным ветром, неслась за Петро и обгоняла его и, возвращаясь вихрем, засыпала ему глаза, чтоб он обернулся.

Потом раздался топот погони конской. Слышал Петро, скачут как будто сотни людей и кричат издали: «вот он! вот он!»

Он все шел вперед, не оглядываясь.

И все мало-помалу утихло. Но до горы, с которой птичка ему позволила оглянуться, было еще далеко, и как утихло все, успокоился Петро и задумался, и шел не спеша.

И взошел он в узкую дорогу между двух высоких скал, и взошла тогда луна, и стало и светлее и страшнее ему. Как только взошел он на эту узкую дорогу, так и ужаснулся. Увидал он на скале, на левой руке, чью-то большую тень и длинную; вытягивалась тень дальше его вперед, и видно было, что она от кого-то, кто сзади его тихо крадется. Уменьшалась тень и опять вырастала. И чувствовал Петро чье-то тихое дыхание сзади на шее своей, и весь он трепетал и содрогался от холода и от ужаса, стараясь не оглянуться.

Наконец грянул над ухом его такой громовой удар, что он успел только пасть ниц и закрыл шубой голову. Однако все-таки он не оглянулся.

После все утихло; дьявол отошел от него, и он достиг благополучно той горы, о которой говорила птичка.

Тогда, помолившись еще раз, он оглянулся и увидал, что на берегу моря, где была фабрика с большою трубой, метавшею искры, не было ничего. Только был виден скучный плоский берег, да море неподвижное, да луна на небе.

И шел с той стороны навстречу отвратительный смрад.

На горе Петро побыл недолго; по ту сторону он увидал прекрасные поля и хорошие деревья высокие, и веселые ручейки, которые по кусточкам бежали и по камешкам прыгали. А где конец этому месту, он не видал.

Когда Петро туда сошел, он увидал, что у дороги под большим

платаном, у ручейка, сидят два старца. Бороды у обоих белые, чистые, не великие и не малые, и лица у них обоих были светолепные и приятные, а друг на друга совсем не похожие.

Петро тотчас же подошел к первому старцу и хотел поцеловать его десницу, но тот велел ему прежде подойти к другому, а потом уж к себе.

Потом старцы сказали ему:

– Продай, молодец, нам свое большое стадо. Петро удивился и спросил:

– Где ж у меня стадо? Тогда старцы сказали ему:

– Положи на землю шубу.

Петро отвечал с радостью: «извольте» и, сняв шубу, поспешно положил ее на землю у ног их.

И вот, только что он положил, в один миг стала разрастаться шуба, и разрасталась, и разрослась, и раскинулась далеко по красивому полю... и между деревьями изгибалась, и пропадал ее конец... Точно снегом покрылось все это поле. И заиграла, заиграла золотом на лунном свете чистая белая волна, и из каждого волосика вышло по овечке белой... и заблеяли и запрыгали кругом ягницы и ягнята маленькие и начали матерей сосать, а матери травку щипать, теснясь так, что едва ступить можно было...

Петро удивлялся и веселился, глядя на свое стадо, и даже сам запрыгал от радости, говоря:

– Вот стадо! Я такого стада никогда не видал. Старцы улыбались на его невинную радость. Потом они встали с места, и один дал ему в руки новый кожаный кошелек, совсем пустой, и сказал ему:

– Вот тебе, Петро, плата за стадо твое. Только не искушай кошелек без крайней нужды. А когда будет очень нужно, ты в нем все найдешь. Богатство твое теперь будет неистощимо на этой земле; с ним ты всего достигать можешь, даже и того, чего и не посмеешь теперь искать. Но помни, что как только построишь ты своему благодетелю Христо и жене его Христине такой большой дом, в каких воеводы градские живут и купцы богатые, и как только купишь им землю доходную, чтоб успокоить их до смерти их в изобилии, так сейчас иссякнет золото из кошелька этого и больше ты не будешь получать ничего. А строить ты дом долго не должен. В один месяц. Иди же ты с Богом, благословясь, и нас, своих старцев, не забывай никогда!

И как сказали они эту речь, вдруг оба исчезли; и стадо необъятное исчезло, как белый туман исчезает, когда взойдет солнце и подует вдруг ветерок.

И Петро остался опять один с пустым кошельком в руках. Только луна светила и деревья шелестили вокруг чуть слышно, а ручейки по кусочкам и камешкам все журчали и прыгали.

Тогда только образумился Петро и понял, что свитые то были старцы, овцы же были все души, которые до тех пор томились у дьявола.

Тогда Петро подумал:

— Теперь вещь конченная! я могу теперь идти домой и заплатить за добро моим воспитателям так, что они и надеяться не могли! Пойду, куплю земли и дом им построю огромный в один месяц и сам успокоюсь.

И пошел по дороге прямо.

IX

Петро шел долго по горам, полям и лесам, не встречал живого человека и жилья человеческого не видал. Когда он садился отдыхать на камень или под деревом, всякий раз вынимал свой пустой кошелек, разглядывал его, мучась желанием достать из него золотой, но всякий раз вспоминал о том, что старец запретил ему испытывать Бога без крайности, и не опускал в него руки и, творя молитву, со вздохом прятал его снова за пояс. Так шел он долго, пока стал чувствовать голод, и испугался, что и с неистощимым источником золота за поясом он может погибнуть голодною смертью в пустыне.

Вдруг увидал он перед собою две дороги, направо и налево, и не знал он, по которой ему идти домой к Христо и Христине.

У дороги сидел на камне нищий старик в разодранной одежде. Он ел хлеб, и за спиной его была большая сума.

Петро подошел к нему и попросил у него хлеба, потому что был очень голоден. «Я тебе денег дам», — сказал он ему. Нищий отвечал, что он и без денег с радостию готов разделить с ним убогую пищу свою. Он дал ему большой кусок сухого хлеба. Петро сел с ним рядом, и они начали есть. Хлеб этот показался приемышу слаще всех кушаний, какие он прежде едал, и он сказал нищему:

— Такого вкусного хлеба я не ел никогда и с такою радостию я еще никогда не вкушал никакой пищи!

Нищий улыбнулся и отвечал:

— От всей души я тебе его дал, — это вот отчего.

— Ты, я вижу, человек опытный и все знаешь, — сказал ему Петро, — научи меня, какою дорогой мне идти в места, где живут мои воспитатели Христо и Христина?

Нищий сказал ему:

— Направо дорога эта, а налево дорога в царство доброго и великого царя Агона, у которого нет ни одного сына, а только одна дочь, царевна Жемчужина. И за эту прекрасную дочь теперь у царя Агона с грозным царем Политекном, у которого двенадцать сыновей и ни одной дочери, идет война. Произошел между ними раздор за то, что любимый и младший сын грозного царя Политекна поехал свататься за царевну Жемчужину и пропал без вести, и теперь царь Политекн требует, чтоб ему выдали сына живого или, если он умер, то чтобы заплатили ему семь бочек золота. И идет жестокий бой вокруг города. Добрый царь Агон сам уже стар и тучен и сражаться не может; он сидит все на открытой башне, на одном конце города, смотрит в трубу, а на другом конце города, за высокими стенами, есть другая башня островерхая и закрытая. Там заперта дочь его, царевна Жемчужина; она больна, и к ней никого, кроме кормилицы и двух старых немых евнухов, не пускают, ни мужеского пола, ни даже женского... И никто в городе не знает, что за болезнь у нее и что за великая тайна есть у царя Агона. Теперь я сказал тебе, куда идет дорога налево и куда направо. А ты иди домой к Христо и Христине. Петро сказал тогда нищему:

– Отчего же царь Агон не откупится? Разве нет у него сами бочек золота?

Нищий, смеясь, отвечал ему так:

– На что ты спрашиваешь? Не ты ли откупишь царя?

Петро смутился (потому что он и в самом деле об этом подумал) и спросил:

– Разве ты знаешь мое сердце? Нищий отвечал:

– Не только сердце твое я знаю, но и больше того; знаю я, если ты пойдешь налево, то выкупишь царя и женишься на царевне, и вознесешься ты надо всеми людьми.

Петро обрадовался и, встав, вынул из кошелька первый золотой и дал его нищему. Но тот не принял его и сказал:

– На что мне золото! Дай мне медь.

Петро опустил опять руку в кошелек, но он не давал ни серебра, ни меди, а только чистое золото.

– Не могу! – сказал Петро. Нищий засмеялся и воскликнул:

– Не нужно мне ничего; я рад и тому, что ты налево пойдешь. Ты человек молодой, прекрасный и храбрый; зачем тебе со стариками так рано у очага спокойно сидеть. Поди повоюй и прославься и царскую дочь возведи на брачное ложе. Ты только об этом подумай, – каково это!

Удивился Петро доброте этого нищего и его любви и простился с ним как с отцом. А это был опять тот самый дьявол, который уже в образе мусьё Франко хотел погубить душу приемыша.

Петро пошел налево, размышляя так: «Христо и Христина привыкли так жить, как они живут. И я подожду немного им строить этот дом, чтобы вдруг не иссяк кошелек. А пока и свет и разные вещи увижу, и сладостями

упьюсь такими, каких я не знаю еще!» На рассвете увидал Петро с высокой горы у ног своих большую долину, зеленеющую зеленою травой, и по ту сторону долины такую же стену гор, как и та, на которой он теперь стоял. По долине текли две большие реки, и на берегах этих рек стоял большой город. Он имел вид двуглавого орла; одно из предместий его шло к одной реке, и на конце предместья стояла одна крепость с высокою башней, наверху открытою, – и это было как правая глава; другая часть города направлялась в другую сторону, уходя к небольшому ущелью, и там, на конце, была другая как бы крепость с царским дворцом и островерхою башней, – это было как левая глава орла. На правой башне, открытой, сидел всегда в небольшом киоске добрый царь Агон, а в левой, островерхой башне и закрытой была заперта царевна. Крылья же выходили далеко в обе стороны до самых гор налево и направо, – дома большие, храмы, базары богатые сияли разными цветами; а на стороне, противоположной главам, как широкий распущенный хвост рассыпалось по густым садам белыми домиками и красными кровлями особое предместье.

Весь город был со всех сторон обнесен двумя высокими земляными валами и глубокими рвами, и на валах были укреплены крепкие колья, а за кольями стояло множество молодцов для защиты города.

По долине с двух концов за реками и по сю сторону рек и по ту, и по сторонам, по уступам гор, и у ног Петро, и с другой стороны стоял страшный лагерь; войско двигалось по лагерю несметное. Со всех холмов и высот на город смотрели чорные большие пушки на колесах, и казалось, что все они были как страшные звери чорные и лесные, которые прилегли только и хотят броситься на город и растерзать его.

Посреди лагеря стоял особый большой шатер пурпуровый с золотою короной наверху, а другой, жолтый, около него, и кругом этих двух – десять меньших голубых шатров и пятьдесят зеленых шатров. В пурпуровом шатре жил грозный царь Политекн, а в жолтом – наследник его, знаменитый боец и воевода; в десяти голубых – десять главных начальников; а в пятидесяти зеленых – пятьдесят меньших начальников войска; белым же шатрам для простых воинов не было видно конца на траве долины и в ущельях, и у рек на берегах, и по холмам в виноградниках до самых больших садов городских. И в городе по разным местам, и близко, и далеко, и в неприятельском лагере играли трубы, барабаны били громко, и народ шумел и кричал. Но сражения не было.

Петро спустился с горы и вошел в лагерь. Воины тотчас же окружили его и свели к одному начальнику.

– Кто ты такой? Не соглядатай ли? – спросил начальник этот грозно.

— Если б я был соглядатай, не с горы сошел бы я, а пришел бы я из города и не отдался бы в руки сам, господин мой. Я путник, умираю с голоду и не знаю ни мест этих, ни города, который вы осаждаете, ни народа вашего никогда не видал, а слышал только о великом царе Политекне, как о самом грозном и справедливом из всех царей. Оттого я и прошел сюда, ибо справедливого царя нивин-ному человеку зачем бояться?

Начальнику понравились почтительные и разумные слова Петро; он приказал накормить и пустить его свободно в лагерь, только чтоб он в город не ушел.

— Может быть, он все-таки нехороший человек и нам вред сделает, — сказал этот начальник.

Тогда воины увели Петро к себе и накормили его любезно, и успокоили его, и начали дружески жаловаться ему, что им уже давно наскучило тут стоять и осаждать этот город. Они рассказали, что войско все уже ропщет и желает домой, что силой взять этот город трудно и потому царь его хочет голодом заставить сдаться. Но хоть и слышно, что в городе нужда большая, однако сдаваться они еще не желают, и потому их царь приказал сказать царю осажденному, что он снимет осаду, если тот ему выплатит семь бочек золота. «Вчера предложили это осажденному царю и дали три дня сроку на соглашение, а если чрез три дня не дадут нам этих семи бочек золота, то ударим всем войском на город и возьмем его и разграбим, и камня на камне не оставим, и царя этого наш царь ослепит и дочь его позору и поруганию предаст, или все мы сами погибнем тут вместе с нашим царом». Так говорили воины.

Петро, желая узнать, правду ли ему сказал дьявол, которого он принимал за доброго нищего, спросил: «А за что эта война?» Тогда один престарелый воин рассказал ему так:

— Царя этого города зовут царь Агон, а нашего царя зовут Политекн. У царя Агона сыновей не родилось, а только одна дочь, царевна Жемчужина. У царя Политекна родилось двенадцать сыновей. Царь Политекн сокрушался о том, что у него много сыновей, а царь Агон жалел о том, что у него нет ни одного. Царь Политекн опасался, что по смерти его сыновья начнут между собою распри за наследие престола, а царь Агон боялся, что по смерти его некому будет царствовать. Поэтому царь Политекн спешил всех сыновей своих женить на иностранных принцессах и разослал их по тем странам, в которых их невесты. Так что скоро у него дома остались только двое — старший, наш князь и наследник, и самый младший. Младшего этого наш царь Политекн любил столько же, сколько Иаков любил Вениамина, и не хотел его отпускать от себя. Он послал послов ко всем царям и соседним и дальним в самые отдаленные края земли требовать портреты их дочерей и объявил своим вельможам: «что та царевна, которая понравится моему любимому и младшему сыну – будет жить у нас здесь, ибо если отец ее не отдаст, я ее силой возьму для моего любимца!» Все цари прислали портреты дочерей. Царь Агон тоже прислал, но приказал сказать: «Я дочь на сторону не отдам; а хочу, чтобы зять у меня наследником был». Младшему же царевичу ни одна царская дочь не понравилась, кроме царевны Жемчужины, и он от всех других отказался, и когда он узнал, что царь

Агон на сторону ее не отдаст, то он еще сильнее влюбился в нее и сказал отцу: «Государь мой и отец, позволь мне самому туда ехать и похитить ее». Жалел и боялся отец отпустить его; но наконец отпустил. Царевич переменил одежду и сказал, что он без царевны не вернется; постарается ей простым человеком понравиться, а после, одной ей открывшись, что он сам царский сын, похитит и привезет ее. Было ему всего восемнадцать лет и был он краше нежной девицы, а сердце имел смелое и мужественное. Поехал он и не возвращался более. Тогда, прождав его год, наш царь грозно потребовал от царя Агона ответа о том, что сталось с его сыном, который на дочери его жениться поехал; но царь Агон ответил, что дочь его нездорова и никого не видит и что сына его тоже никто не видал и не знает. Вот за это объявил наш царь Политекн ему эту кровавую войну, и вот почему мы тут стоим более года и осаждаем напрасно столько времени столицу доброго царя Агона. Царь наш ужасно и сам утомился и согласен оставить осаду, лишь бы ему уплатили осажденные семь бочек золота.

Так рассказывал старый воин, и Петро после этого еще больше поверил нищему, утвердился в надеждах своих и подумал: «Жалко мне этого царя Агона! Да и мне уже стало очень тяжело без молодой жены... Трудно мне уберечь себя, когда меня везде и девушки и молодые жены так крепко любят. Дам я этому царю Агону семь бочек золота, женюсь я на его дочери, буду счастлив, богат и знатен, и благодетелям моим Христо и Христине выстрою такой большой дом, в каких живут начальники городов или купцы богатейшие».

И стал Петро говорить этому воину:

– Отведи меня к царю Политекну и к сыну его и к начальникам вашим; я откуплю царя Агона и вас всех возвращу домой и успокою.

Старый воин отвечал ему:

– У нас этого нельзя. Не могу я повести тебя ни к царю, ни к начальникам, ни к сыновьям царским. Как бы меня не наказали за это. Может быть, ты какой-нибудь глупый и пустой человек. Где у тебя деньги такие, каких цари не имеют? У нас же государь такой грозный и справедливый, что с ним очень страшно. И сын такой же грозный и справедливый, и начальники все такие же. Когда взошли мы на землю доброго царя Агона, то царь нам приказал так: «Где народ в каком городе защищаться будет и власти нашей не будет покоряться, сжигать тот город и то село, и всех людей даже с грудными младенцами избивать. А где покоряться будет народ, там не касаться ничего и себе не брать воинам!» И приказал, когда захотим в садах мирных жителей виноград есть, то есть можем, но чтобы за каждый куст медные монетки класть, какая будет в то время цена винограду, и от всяких плодов не иначе. И удивился бы ты, увидав, как спокойно выходили мирные жители и сбирали виноград свой и поднимали наши монетки под лозами. Они говорили нам: «О такой справедливости мы еще не слыхали!» И еще я тебе скажу. Повелел грозный наш царь в одном месте для отдыха ковры себе разостлать и сошел с коня. В это время подошла к нему здешняя одна бедная женщина вдова и сказала: «Ты, государь, не приказал своим воинам у нас насильно брать ничего; а один из воинов твоих взял у меня кувшин молока насильно и выпил». Подозвал тогда царь всех воинов, которые тут с ним были (а было их тут немного) и сказал вдове: «Укажи лицо его, если помнишь; но если ты ошибешься, ты умрешь». Она сказала: «Вот он». Тогда царь Политекн приказал его к дереву привязать и разрезать ему живот, и оттуда потекло молоко вместе с кровью. Оставил царь его там умирать и поехал дальше. А вдове, которая в ужасе ниц пала, царь сказал: «Это тебе хорошо, что ты не ошиблась; а ошиблась бы, то тебе еще хуже бы было». Такой у нас царь и такое начальство, а ты говоришь, веди меня к царю!

Однако Петро настаивал, и старый воин наконец сказал:

– Я отведу тебя к нашему сотнику только.

Они пришли к сотнику. Сотник же, выслушав, что Петро хочет откупить целое царство, воскликнул:

– Дайте этому дураку палок двадцать и пусть идет спать спокойно.

Воины побили Петро, и старый воин опять отвел его в свой шатер.

Когда совсем стемнело, старый воин сказал приемышу:

– Спи теперь. Но Петро:

– Нет, я спать не буду; а прошу тебя, отведи меня к стенам городским, чтоб я мог взойти в город.

Старый воин отвечал ему:

– Либо свои нас убьют, думая, что мы перебежать хотим, либо городские убьют нас, как соглядатаев. В уме ли ты?

– Я в уме, – отвечал Петро. – И скажу тебе вот что. Пусть убьют меня, это не твоя забота. А тебя либо убьют, либо ты обогатишь всю свою семью. Есть ли у тебя жена?

– Есть, и много детей! – сказал воин.

– Видишь! И без того тебя убить могут, а я тебе теперь полную суму золота дам, а под стенами другую еще насыплю.

Велел ему выйти из шатра и, в один миг наполнив ему большую

кожаную суму золотом, позвал снова. Увидав золото, воин согласился и сказал ему:

— Нет, ты точно, я вижу, в своем уме и все говоришь разумно! Это правда, что и без того завтра я могу умереть, а если не убьют меня, то и жена и дети мои богаты будут... Я отведу тебя!

Повел старый воин Петро с великою осторожностью и искусством, так как он во всем воинском был очень опытен. С большою опасностью прошли они в темноте весь лагерь царя Политекна, и никто их не потревожил, а когда у реки окликнул их часовой, старый воин сказал ему:

— Не бойся, мы искупаться в реке лишь хотим. Это тоже наш человек и он тебе денег даст.

Петро дал часовому пригорошню золота, и тот пропустил их. На берегу, в тишине, насыпал он своему помощнику, старому воину, еще другую суму, кинулся в реку и переплыл ее благополучно. Начало уже рассветать, когда он сквозь сады достиг городских окопов и, спустившись в ров, стал укрываться в нем, выжидая, когда люди городские увидят его. Увидали его наконец и хотели стрелять, но он закричал им:

— Добрые вести царю несу я!

Тогда ему приказали идти к воротам. У ворот он долго ждал, опасаясь, как бы его внезапно кто-нибудь не умертвил. Наконец отворили пред ним низенькую железную дверь, велели ему согнуться и почти ползком ползти, и как только успел он голову опустить туда, так его схватили и, завязав ему глаза, повели.

Долго вели его люди эти, наконец остановились и развязали ему глаза.

Петро услышал шум многих голосов и увидал, что он стоит на многолюдном базаре. Людей было много, но все были печальны и говорили, что стеснение в городе так велико, что люди платят по золотому за хлеб. А бедные умирают от голода и все хотят уже отворить ворота неприятелю, но еще жалеют своего престарелого государя, который и без того огорчен без меры и целые дни сидит наверху башни, сам не ест и не пьет и горько плачет о своем народе.

Петро сказал тогда:

— Ведите меня к царю; я утешу государя, и он будет опять есть и пить и перестанет проливать слезы.

Вельможи и воеводы долго не хотели пускать Петро к царю Агону, опасаясь, не с худым ли каким-нибудь намерением он пришел; они советовались так долго, что Петро проголодался, подошел к хлебному продавцу и, взяв у него самый маленький хлеб, опустил руку в кошелек и заплатил за него новый золотой.

Потом взял другой хлеб и заплатил за него еще золотой... Увидали нищие и голодные люди, старухи, калеки, безрукие и безногие, которые на руках ползали, услыхали слепые старики, увидали и услышали все они, что Петре достает из-за пояса все золотые, и окружили его. Кто плакал, кто кричал, кто молча протягивал руку или шапку к нему, говоря только: «Господин, господин! Пожалей, господин!..» Петро желал бы им раздать медных, но медных в его кошельке не бывало и не могло быть, и хоть жалко ему было давать золото, но вспомнив, что кошелек неистощим, он стал давать им всем по золотому и всех оделил поровну. Нищие и голодные бросились сейчас же хлеб у пекаря раскупать, и вмиг все хлебы были до одного раскуплены, так что пекарь затворил свою пекарню. Как только увидали это люди, то сейчас побежали к вельможам и сказали им:

— Вельможи и воеводы царские! тот юноша, который из вражеского лагеря пришел, на базаре по золотому за хлеб платит и множеству нищих и голодных людей роздал по золотому. А они раскупили у пекаря все хлебы, так что пекарь запер свою пекарню и ушел домой!

Тогда вельможи и воеводы решились допустить Петро к царю и повели его по лестнице на ту высокую башню, которая была около реки в крепости и на которой сидел всегда царь, сокрушаясь и проливая слезы о том, что не может спасти свой народ и себя самого.

X

Петро застал доброго царя Агона очень печальным. Царь был уже стар и тучен, и борода у него была белая, ниже расшитого пояса. Он сидел на престоле, около столика. На столике же этом лежала большая зрительная труба, в которую он глядел всегда с башни на вражеский лагерь, ожидая, когда начнут неприятели снимать с зеленой долины палатки и уходить за горы. Еще на столике стояла золотая тарелка, а на тарелке лежал кусок сухого хлеба, которым царь Агон давно уже питался, смачивая его слезами, чтобы показать пример терпения простым людям и чтобы они не роптали. И люди все в городе знали о том, что добрый царь ест сухой хлеб на золотой тарелке, и не роптали.

Петро никогда не видывал царя и сначала так смутился, что не мог поднять на него глаз; но царь любезно обратился к нему и самым кротким и ласковым голосом сказал ему:

— Здравствуй, молодец, откуда ты и какие ты нам хорошие вести принес?

Тогда Петро ободрился и увидал, что царь Агон не столько ужасен, как он думал, а скорее внушает к себе любовь и уважение. Петро пал на колена и сказал царю:

— Господин мой и царь, я из далеких стран и имею тебе сказать нечто, для тебя полезное и приятное.

Царь велел всем выйти за дверь, и наверху башни остались только двое чорных евнухов большого роста и великой силы; они были вооружены мечами, а на плечах носили огромные топоры. Они были глухие и немые и ничего не слышали из того, что говорил Петро с царем. Но глаза их были исполнены крови, и губы были необычайно велики и страшны. Они никогда не оставляли царя одного.

Тогда царь повелел Петро ласково:

— Встань, молодец, и скажи мне свою приятную весть.

Петро встал и начал так говорить царю:

— Государь! Тебе нужно семь бочек золота, чтобы царь Политекн, отступил от города и снял осаду. В его лагере говорят, что царь Политекн, если ты, государь, ему на третий вечер не пришлешь всех семи бочек, решился идти на последний приступ и сказал, что он на стенах твоих положит все свое войско до одного человека и до главного воеводы и сам один с сыном войдет в город и погибнет, или возьмет его и не оставит ни души человеческой, ни камня на камне, и тебя, государь, ослепит, а царевну, дочь твою единственную, предаст всякому поруганию...

— Это ли вести добрые твои?.. За такие добрые вести мы тебя благодарить не будем! — воскликнул царь Агон.

И удивился даже дерзости, с которой говорил ему это Петро. В сердце его вспыхнул гнев; он взглянул на губастых и больших евнухов, и те тотчас выступили вперед с топорами...

Однако престарелый царь сдержал тотчас же свой мгновенный гнев и подал евнухам знак, чтоб они встали пока опять на свои места. Они стали опять неподвижно, а царь, приняв более прежнего суровый вид, обратился снова к Петро и сказал ему:

— Ты, молодец, не глумиться ли над нашим горем пришел, что зовешь такие вести хорошими и говоришь их так дерзновенно и глупо? Правда, мы теперь в великом и неслыханном горе, но есть еще у нас и силы, пока я жив, не только тебя, несчастного, лютым истязаниям предать, но и царя Политекна с великим уроном и стыдом отразить от стен нашего города. Когда Бог за нас, кто противу нас?

Но Петро, не смущаясь, продолжал так:

— Не гневись, государь, на смиренного раба твоего! Не та моя добрая весть, что царь Политекн твой город возьмет и разрушит, и тебя ослепит, и пленит, и дочь твою царевну позорным поруганиям предаст, а то я зову моею доброю вестью, что в моих руках сделать так, чтобы ни капли крови больше не пролилось под стенами твоего великого и славного города и чтобы кончился голод и плач сирот и вдовиц, и чтобы царь Политекн со всем своим великим войском и с шатрами и пушками и с конницею быстрой ушел за эти высокие горы, которые мы видим по обе стороны города... В моих руках это... А если это оскорбляет тебя, государь, то прости рабу твоему.

И Петро поклонился в землю, говоря это. Царь удивился и спросил с улыбкой:

— Как же это в твоих руках, поведай нам это диво!

— Я насыплю тебе, государь, все семь бочек золота, и если желаешь, и больше. Только, чтобы никто не видал, как я это сделаю и откуда я золото достану. Но могу я это тогда только сделать, когда ты мне отдашь в награду царевну, дочь твою...

Петро, сказав эти слова, с беспокойством поглядел, не гневается ли опять царь и не поднимают ли на него опять топоры ужасные евнухи за такое смелое требование.

Но на лице царя не было видно гнева, когда он слушал эти слова Петро. Он, напротив того, засмеялся и воскликнул:

— Спасибо тебе, молодец, за то, что в стольких горестях развеселил нас. Я вижу, что ты можешь быть у меня при дворе дураком, смелым и утешительным! Даю тебе обещание взять тебя в шуты, если только кончу благополучно эту войну и останусь жив. Был у меня один такой утешительный человек, который всегда и в горницу ко мне как четвероногий скот на руках и на ногах входил. Но он скончался.

Сказав это, царь Агон ударил в ладоши, и когда все царедворцы, воеводы и евнухи, которые ждали его зова за дверьми и на лестнице, взошли толпой на площадку башни, царь велел сказать им:

— Посмотрите на этого смелого дурака и наградите его чем-нибудь... Он развеселил и насмешил меня. — И много смеясь, царь Агон приказал, чтобы Петро при всех повторил свое предложение.

Петро повторил снова при всех, что у него больше семи бочек золота для выкупа есть, и прибавил еще:

— Я рад, государь мой, что насмешил тебя и всякую должность при дворе твоем, хотя бы и дурацкую, я по воле твоей рад исполнять, потому что ты царь и мне все это будет в честь. Но изволь приказать в подвал отнесть семь пустых бочек и дай мне от подвала ключ, чтобы я мог запереться в нем на один час. И если чрез час не будет у тебя полных семи бочек золота, то не убивай меня, но пусть буду я у тебя при дворе дураком и шутом утешительным. А если будут полны чрез час семь бочек, то дай мне царское свое слово, что исполнишь ты все, о чем я тебя попрошу.

О царевне же Петро при других людях умолчал. Царь Агон поглядел внимательно на Петро; помедлил несколько времени, заметив, что он умолчал о царевне при других людях, и наконец сказал ему так, уже без смеха:

— Вот видишь ли, мальчик мой любезный, что я тебе скажу... Очень ты

164

смел и дерзок, и боюсь я, не безумный ли ты совсем... Но речь твоя тверда и очи твои прекрасны и разумны... Пусть будет по-твоему... И я даю тебе мое царское слово, что я и больше того, что ты попросишь, сделаю, если чрез час будут все семь бочек полны золота. Больше сделаю... Слышишь?

– Слышу, государь, слышу! – отвечал Петро. Тогда царь велел ему встать и, встав сам со вздохом, опять сделался печален и приказал вести себя под руки домой во дворец, потому что уже свечерело: и в неприятельском лагере по всей долине, и по горам, кроме огней, у которых воины пищу себе варили и грелись, ничего уже не было видно.

Люди царские взяли Петро и погнали его с насмешкой и бранью в погреб, в который и скатили тотчас же семь огромных пустых бочек.

Одни из них ругали Петро и говорили:

– Вот избавитель пришел! Кто и откуда! Кожу бы с него живого с негодяя содрать, чтоб он государя в такие дни пустыми делами не утруждал.

Другие жаловались, что не золото нужно, а пища и что лучше такого жирного молодчика зарезать в погребе и съесть его, потому что мяса уже давно в городе никто не видал.

А иные были подобрее и только смеялись над ним, говоря:

– Царь обещал не убивать его, а если не будет семи бочек, то палок не миновать ему... Хоть и голодно, но по крайней мере посмеемся над самохвальством этого дурака!

Петро, подкрепляя себя верою, не впадал в уныние, и высматривал лица всех тех, которые оскорбляли его и желали ему зла, стараясь не забыть их, и думал про себя, спускаясь с ними вместе по лестнице в подвал:

«Подождите, завтра я буду вам всем господин и тогда каждому из вас воздам, смотря по делам и по словам вашим!»

Царские слуги привели Петро к железной двери темного подвала, отворили дверь и втолкнули его туда, говоря:

– Ну, волхвуй тут, собака дерзкая... пока мы тебе палками пятки не разогрели! Час тебе сроку! – и заперли за ним тяжелую дверь большим запором снаружи, не оставили ему даже ни светильни, ни фонаря.

XI

Когда царские слуги, глумясь, затворили за Петро тяжелую дверь, он остался в такой темноте, что не мог ничего видеть. Однако он заметил, в какой стороне стоят бочки, и со страхом, чтобы не упасть в какую-нибудь глубокую яму, пошел туда и ощупал одну рукой.

И, взяв кошелек из-за пояса, раскрыл его над пустою бочкой, и посыпалось золото из него с великим звоном, и не только бочка наполнилась, но золото издавало особый и прекрасный свет, от которого осветилось все ужасное подземелье. Так он наполнил все семь бочек и, устав сильно, сел на сырой земле и, приклонившись к бочке, крепко уснул.

Добрый царь Агон между тем сел на коня и объезжал с воеводами и вельможами своими все стены и окопы города, возбуждая сердца воинов к защите жилищ и семейств своих и достояния (ибо он не верил, что Петро насыплет семь бочек, и ждал на рассвете жестокого боя).

Он проливал слезы и говорил людям:

– Потщитесь, дети, потщитесь... Я, конечно, состарился, одряхлел и телом стал слишком тучен, так что только с большого камня могу влезть на седло; но если я не могу оружием врагов поражать, ни начальствовать вами, я завтра утром приду сюда умереть вместе с вами!

Воины тоже плакали и обещали все до одного умереть, если врага прогнать будет невозможно.

Так, немного успокоив свою душу, царь возвратился домой и, не будучи в состоянии спать от печали, вспомнил о Петро и захотел опять посмеяться. Он спросил:

– Где этот красивый шут, который спасти нас хотел? Посмотрите, что он делает в погребе, и позовите его сюда. Может быть, он опять утешит меня какою-нибудь глупостью.

Но люди, пошедшие за Петро, возвратились в страхе, и радости и сказали:

– Государь, бочки исполнены золота; а сам юноша на сырой земле покоится сном невинности... Что прикажешь делать?..

Царь не хотел им верить и приказал свести себя под руки по скользкой лестнице в ужасное подземелье. И увидав, что это все правда, и сам разбудив Петро, облобызал его, говоря:

– Истинный ты спаситель этого города и моего царского дома!

Тогда во всем городе настала внезапная радость; забили барабаны, заиграли трубы, множество факелов загорелось, и когда в стане царя Политекна все испугались и думали, что горожане внезапно из ворот хотят выйти и начать битву, тогда люди городские и воины царя Агона кричали им:

– Мир! мир!.. Золото вам шлем...

А те не верили и все, проснувшись и одевшись, вооружились и ждали.

Слуги царя Агона между тем под его собственным присмотром нагружали бочки на большие телеги, запряженные каждая шестью буйволами, и при кликах радости и с шумом, с огнями, с пением и плясками повезли в неприятельский лагерь. Отвезли и отдали. И считал царь Политекн деньги до рассвета и не мог счесть, потому что близилось утро, и он лег на ложе свое и воскликнул:

– Не хочу больше считать, – довольно!

А как только проснулся царь Политекн, так велел сниматься с поля лагерю и идти всему войску домой.

Добрый же царь Агон от радости всю ночь не спал и приказал, чтобы Петро на его коне по городу возили и восклицали: «Вот тот благословенный и добрый человек, который выкупил царя нашего и всех нас от лютой смерти и от жестокого рабства и пленения спас!..» Сам же царь Агон взошел на башню свою и любовался, как снимались палатки вражеские с долины.

Снимались палатки и уходили войска в разные стороны и по разным дорогам, чтобы поскорее уйти; из сел уже хлеб везли и другие запасы для продажи в городе.

После этого царь Агон заперся у себя на три дня и три ночи и на башню не восходил более, а только ел, пил и отдыхал, возлегая на драгоценном ложе и омывая слезами радости тюлевую подушку на алом шелку...

Про Петро он как будто забыл в эти дни, и Петро скучал, думая: «видно, и от царя этого мне, кроме обмана, ничего не видать!»

Однако на четвертый день добрый царь Агон надел порфиру, возложил на себя венец и, взяв в одну руку скипетр, а в другую державу, воссел на престол свой и велел позвать к себе Петро.

Петро пришел и поклонился ему.

– Ты видел меня в горестях; теперь ты видишь меня во всем моем величии, – радуйся, – сказал ему царь и дал ему целовать десницу свою.

Потом царь сказал ему:

– Чего ты, сын мой, желаешь от меня теперь? Скажи мне по сердцу, и я постараюсь исполнить твое желание...

– Ты, государь, знаешь мое желание, – отвечал Петро очень почтительно.

Царь посмотрел на него внимательно и сказал:

– Мне нравится твоя почтительность, сын мой, но я не знаю твоего желания.

– Я желаю, государь, чтобы ты царевну твою, Жемчужину, мне в жены отдал. Ты же, государь, на высокой башне своей, в то время, когда грозный царь Политекн облегал бесконечным лагерем город твой и грозился умертвить тебя самого, при царедворцах твоих сказал мне, что ты и больше этого сделаешь для меня.

Царь вздохнул глубоко и сказал ему:

– Зачем тебе моя дочь?

– Государь мой милостивый и благоутробный! Пожалей меня, – воскликнул Петро, – молод я! Девушки и жены даже замужние смертью за меня умирают от любви и искушают меня... Я же греха трепещу и хочу невинным и чистым в брак законный вступить. Когда я на твоей дочери прекрасной и юной женюсь, буду я знать тогда, что мне можно будет обнимать и ласкать ее сколько моему сердцу угодно, не опасаясь гнева Божия! Вот почему я хочу царевну твою в жены себе.

Царь сказал ему на это:

– А кто ты такой? Может быть, ты какой-нибудь незаконнорожденный и дурной женщины сын! Расскажи мне все, кто ты и откуда?..

Велел ему царь Агон сесть на пол противу себя и рассказывать.

Рассказал ему Петро все о Христо и Христине и о бабушке своей, которую он не помнил и которая умерла на дороге в лесу, и о неправдах, которые он претерпел и у чорбаджи Брайко, и у попа Георгия, и у Хаджи-Дмитрия купца, и у епископа доброго... И о мусьё Франко, самом дьяволе, и о птичке, и о том, как померли все те, которые обидели его, и как души их мучились у дьявола... Умолчал Петро только о том, что было после, о кошельке и о святых, которых он под горою встретил.

Царь все слушал его и жалел, а когда он кончил, сказал ему:

– Пока ты не рассказал своих бедствий, я и своих не помнил так, а теперь ты мне мои все горести напомнил, несчастный...

И сказав это, царь положил на столик около себя державу и скипетр и начал горько плакать.

Петро же, сидя противу него на полу, стал думать: «Это он все лицемерит, чтобы дочери мне не отдать». И молчал.

Утерши слезы свои, добрый царь Агон сказал:

– Сын мой, я жалею тебя. Ты, может быть, слышал, что дочь моя больна, но ты не знаешь настоящей тайны, тайны великой, чрез которую все бедствия мои приходят, чрез которую и война с грозным царем Политекном у нас была, чрез которую и эти чорные слезы мои текут, чрез которую и тебе я говорю, проси лучше большего, а дочь мою не проси.

– Я большего ничего не желаю, государь мой, – сказал Петро. – Ты мне дочь, пожалуйста, отдай свою. Если она нездорова, я помолюсь, и ей будет легче. Позволь мне по крайней мере видеть ее.

– А когда так ты желаешь ее, – сказал царь Агон, – да будет судьба твоя.

Велел царь тотчас позвать к себе кормилицу царевны, которую уж давно никто не видал, и сказав ей сперва что-то тайно, чего слышать Петро не мог, прибавил громко:

– Этот юноша хочет видеть царевну и, может быть, вылечит ее своими молитвами. Расскажи ему прежде все, чтобы не был я против него изменником и предателем... И да будет судьба его!

168

После этого царь Агон сошел с престола своего и удалился; а кормилица сказала Петро:

– Иди за мной, несчастный! – и повела его.

Долго вела она его; спустились они в подземелье длинное и пришли наконец к низенькой железной дверке, и кормилица отперла ее, ввела Петро в небольшой покой, села и сказала ему:

– Садись и ты, горький ты мой сирота; я тебе теперь весть скажу страшную и недобрую.

Ужаснулся Петро и спросил:

– Что такое?

– Кто из юношей, сирота ты мой чорный и бедный, чрез порог царевны переходил, тот назад не возвращался.

И открыла она ему другую дверь в сырой подвал, и отступил Петро в смятении.

Там лежали в гробах двое мертвых юношей. И пахло оттуда страшно человеческим трупом; потому что они еще не распались в прах, а тлели медленно и издавали ужасный запах. Ближе других к дверям лежал труп, по виду, молодой девушки необычайной красоты, в простом одеянии с венцом высохших цветов на голове. Были эти трупы белы и бледны как воск свечей, и печальны были лица их, как будто они оплакивали раннюю гибель свою.

– И это не девушка, – сказала кормилица. – Этот юноша лучший из всех, последний сын грозного царя По-литекна. Из-за него была ужасная война, от которой ты нас спас на гибель свою.

Сказав эти слова, кормилица затворила снова дверь, возвратилась в свой покой и, сев сама, посадила Петро и сказала ему:

– Садись и ты. Я расскажу тебе всю правду. А ты слушай и готовься к смерти, если хочешь видеть царевну. Возврата от нее нет, сирота ты мой горький!..

Смутился Петро еще больше, сел и слушал, а кормилица рассказывала ему о великой и страшной тайне, о той горести, которая доброго царя Агона сокрушила.

XII

Кормилица говорила ему так:

– Ты сам, сынок мой и молодой чужестранец, знаешь, что у доброго царя нашего нет других детей, кроме одной этой дочери царевны

169

Жемчужины, которую я моим молоком вскормила и носила долго на груди моей. И потому, что она была у царя одна, берег и любил ее царь как очи свои и и не знал с самого начала уже, чем угодить ей и порадовать ее. Какая подруга маленькая ей нравилась, царь приказывал тотчас ее взять в палаты свои. Говорила она: «Когда бы этот евнух или этот слуга ушел из дома нашего. Опротивел он мне!» И изгонял его безжалостно добрый царь Агон, хотя бы он ничем и виноват не был, а только тем, что царевне маленькой не понравился. Особый дворец он ей выстроил и эту большую островерхую башню, в которой она теперь заключена. И с башни этой вид на город и поля открывается еще лучший, чем с той, на которую сам царь выходит, чтобы на царство свое смотреть. Пожелала она, картинки чтоб у нее на стене в комнате нарисованы были; царь художника искусного призвал, и художник нарисовал большую и страшную женщину с рыбьим хвостом; около нее море, а в море кораблик, и женщина эта большая с рыбьим хвостом кораблик веревкой к себе тянет, а на кораблике маленькие, маленькие, чуть видные люди воздели руки и ужасаются. Посмотрела царевна и сказала: «Долго трудился художник, а что хорошего вышло? Не утешает меня эта нагая баба с хвостом. Я еще, может быть, от страха ночь не буду всю спать!»

И потом сказала: «Государь мой и отец дорогой! прикажи мне лучше нарисовать так, чтобы все были деревья и деревья, так, как около моего дворца. И чтобы между деревьями все зайчики прыгали, а на деревьях чтобы такие птицы сидели, каких никто в жизни своей не видал!»

Смыли страшную женщину с рыбьим хвостом и взяли другого художника, и он написал все деревья и деревья, и зайчиков и птиц таких, каких никто в жизни не видывал.

Долго на эту картину веселилась и утешалась милая царевна наша и прыгала даже пред нею и говорила: «Кормилица! когда зимой будет холодно, я в сад не пойду; а буду здесь гулять и за зайцами этими бегать. А птицы уж эти утешительнее и гораздо приятнее настоящих!»

И так дорого за эту радость заплатил царь художнику, что тот большие палаты себе на эти деньги выстроил.

А как настала зима, погуляла раз царевна около этой картинки по комнате, два раза погуляла, а на третий говорит с большим пренебрежением: «Зайцы все скачут и никуда не ускачут; а птицы, какие это такие? это неправда, таких никогда не бывает!..» И стала просить отца своего, государя, чтобы новую картинку ей написать и зайцев и птиц уничтожить вовсе; согласился царь с радостью и призвал третьего художника из далекого города, лучшего, и царевна говорит: «пусть он сам придумает!» И придумал этот художник хорошо. Он нарисовал цветник и дорожки и кругом все кипарисы до самого конца, а в середине киоск; а кругом киоска на золотых креслах сидят все рядом и по очереди один мужчина богатый с чубуком в руке и одна женщина богатая с цветком в руке, который она нюхает; а потом опять мужчина и опять женщина; и все они глядят на киоск и наслаждаются. Тогда царевна сказала: «вот это хорошо!» и больше не просила менять картины.

Так любил царь Агон царевну и только и думал о том, как он ее выдаст замуж и за какого царевича или вельможного сына, чтобы тот мог ему стать вместо сына родного и наследовать ему, когда он умрет.

Когда еще царевна была мала, царь Агон веселился на ее красоту и приятность и спрашивал ее: «Жемчужина моя маленькая! скажи ты мне, за кого ты замуж хочешь? я тебя отдам!», а она дитя неразумное еще была и ничего не понимала и, лаская отца, говорила: «за тебя я, отец, хочу замуж. Чужих я не хочу!» Много мы все смеялись и веселились на ее детское неразумие. А потом, когда ей стало уже четырнадцать лет, и царь опять спрашивал ее: «Жемчужина ты моя, скажи мне душу свою, за кого ты хочешь замуж?.. Я бы не хотел ни в чем перечить воле твоей... чтобы ты была счастлива, как только может быть счастлив человек на свете этом». Царевна уже стыдилась и молчала, закрывая покрывалом лицо; и царь снова приступал к ней: «скажи!», а она отвечала ему: «воля твоя на это, государь! а мне где такие вещи знать!» Сама же смотрела одним глазом из-за покрывала, что делает отец и что он сказать сбирается. А когда со мной она была, то мне говорила, открывая свою душу: «все царских детей нам ждать? А я хочу вот что: чтобы муж мой был больше меня, сильнее меня, красивее меня!» И я говорила ей: «и больше и сильнее найти легко, а чтобы был он красивее тебя, найти вот это трудно!» Она, вздохнув, отвечала: «это правда, что трудно!» Пошла я тайно от нее и передала эти слова царю; царь затруднился тоже и сказал: «трудно это, чтобы красивее найти, чем она сама! боюсь уж, не слишком ли во всем я ей потворствовал!»

Стали показывать ей разных детей вельмож, самых лучших, а она глядела из окна и говорила: «Ба! какой холодный!..», а про другого говорила: «Слабенький он и худой...», а про другого: «Что за сокровище вы нашли такое!» И никого не хотела. И стала она вдруг бледнеть и тосковать, и плакать, и не знали мы, что с ней сталось. И удаляться стала от меня и от подруг своих и от всех людей, и начала биться об землю и одежды на себе разрывать, и волосы свои, которые до земли у нее, вырывала целыми прядями, сокрушаясь. Сказал тогда царь: «Нет, надо ее замуж отдать»; и сам выбрал ей сына одного из царедворцев своих, юношу прекрасного, и приказал ей обвенчаться с ним. И обвенчали их. Она ничего не сказала. Я ввела его в комнату ее и ушла. На другой же день вошла опять я к ним поздно и ужаснулась... Юноша лежал на брачном ложе мертвый и бледный, потому что она кровь из него всю высосала и он умер. А она как была, так и осталась, и сидела печальная и еще бледнее и страшнее его,

171

только губки ее были все в свежей крови. Я сказала ей: «Что ты сделала, царевна?» Она ничего не отвечала, только: «Убери его!» Тогда мы похоронили его в том погребе, который ты видел, и знал об этом только один царь Агон и два немых евнуха, а больше никто. Оставили это дело так; повеселела опять немного царевна, и подумал царь: «Это оттого, что он ей был не мил. Пусть сама выберет». Тогда царевна открылась мне: «Я видела во сне одного. Отыщите мне его». Она сказала, какой он был; мы отыскали ей такого и привели ей, и она обрадовалась и воскликнула: «Этот самый!..» И обвенчалась с ним. Опять я вошла на другое утро и опять нашла его мертвым; а она уже смеялась л говорила мне: «Вашим женихам сладкая смерть... Приводите ко мне юношей, и я их кровь высосу!»

Тогда мы поняли, что она стала такою девушкой, которая у юношей кровь пьет, и заперли ее в эту башню и в этот дворец, и не стали сюда пускать никого из молодых мужчин, а только женщин и престарелых людей для работы.

Начала она биться опять и просить меня, чтобы привела я ей юношу, пить его кровь. Но я не соглашалась и никого не приводила ей.

В это время царь Политекн прислал сюда посланцев просить царевну в замужество за младшего сына своего; но царь Агон сказал: «Я ищу к себе зятя взять, а не туда отдавать дочь мою. У меня нет сыновей». Благодарил за честь и отказал царю Политекну. Сын же царя Политекна возгорел тогда сильным желанием похитить нашу царевну и придумал сделать это так: одеться простым человеком, если нужно, и если нужно девушкой, и похитить ее отсюда и жениться на ней.

Вот он пришел сюда простым мальчиком, и никто его не знал, он же узнал, что царевна нездорова и что юношей и молодых мужчин никакого звания ко дворцу ее подходить даже не пускают евнухи, и было ему это очень досадно. Переоделся он тогда в женское простое платье и сел у ворот, говоря евнухам: «когда бы меня к царевне в служанки взяли. Я все знаю». Пришли евнухи и сказали мне: «Девушка очень молодая и красоты необычайной пришла к воротам и в служанки просится; и она говорит, что все знает».

Я велела привести эту девушку; и она была царевич; а я этого не знала и спросила ее: «собой ты очень приятна, а что ты знаешь?» Она сказала: «Песни пою и на тамбуре играю, и пляшу, и все другое знаю. А чего не знаю, тому сейчас выучусь, потому что я очень умна!..» Я сказала: «Что ж, оставайся! Царевна наша нездорова; может быть, ты развеселишь ее...» Царевна же тотчас же почуяла, что это не девушка, и выбежала к ней и обрадовалась, и обнимала ее, восклицая: «Милая ты моя! Сколько времени я тебя ждала!..» Та спросила: «Не прикажешь ли петь или на тамбуре играть?..» А царевна: «До песен ли нам теперь... Я тебе игру лучшую покажу, радость ты моя!..» Увела она царевича к себе, затворилась с ним и высосала его кровь, вышла ко мне и сказала мне: «Поди, кормилица, погляди на эту милую девушку, как она уснула хорошо...» Увидала я тут, что это юноша и что он умер; но кто он, не знали мы ничего, пока не потребовал царь Политекн от нас сына. Тогда узнали мы, что это был царевич, потому что на правой руке у него знак был, и по всему другому. И после этого началась война; остальное все ты сам знаешь. Добрый царь Агон приказал тебе сказать всю правду, чтобы не было и нам греха и чтоб он за добро твое предателем противу тебя не стал. Оставайся теперь на три часа один для размышления, и после, если захочешь идти к царевне, пусть будет воля твоя, я тебя отведу.

Кормилица ушла, а Петро, притворив за нею дверь, начал усердно молиться и клал земные поклоны до тех пор, пока совсем утомившись не прилег отдохнуть на диван. Тогда сомкнулись глаза его таким приятным и легким сном, каким он прежде никогда не спал. Во сне явился ему старец и сказал: «Хотя ты и вступил по лукавому совету нищего не на правый и тернистый, а на левый и широкий путь, но Бог все обратить может на благо. Я говорю тебе теперь: дерзай! Ты излечишь царевну». Говоря это, старец дал ему небольшую книжку с молитвами для изгнания злых духов и приказал ему так: «Пошли в город и пусть принесут тебе двенадцать восковых свечей, таких больших, чтоб они всю ночь горели, и моско-ливана, и чорного газу, и самых вкусных конфект. Из свечей сделай круг и в него пусть войдет царевна. Ты накроешь ее этим газом и читай ей молитвы по книжке до тех пор, пока погаснет и последняя двенадцатая свеча, которую ты зажжешь, и упадет фителек ее на каменный пол. А когда царевна захочет броситься на тебя, ты давай ей конфект с сердечным, ласковым словом, и она усмирится и излечится». Старец удалился, сказав это, а Петро, пробудясь, нашел около себя книжку и, обрадовавшись, стал звать кормилицу. Он велел ей купить все, что приказал старец, газ и двенадцать больших святовосковых свечей, которые бы всю ночь горели, и ливану, и конфект.

Все эти вещи скоро принесли, и тогда Петро сказал кормилице: «Теперь я могу излечить царевну. Веди меня к ней».

Так как кроме царя Агона никто еще не знал, что Петро сватается за царевну, то кормилица сказала ему ласково:

— И то правда, добрый мой молодчик, что ты, может быть, и излечишь ее молитвами твоими и она не убьет тебя. Потому что ты, я вижу, только для души это делаешь. Вельможи эти и сын царя Политекна по плоти старались, а не по душе. А тебе, простому человеку, куда ж на нее глаза поднимать!..

Петро отвечал:

— Все в воле Божией, кормилица! Ты это хорошо говоришь.

И они пошли вместе.

Кормилица вела Петро долго по крутой лестнице на островерхую башню, в которой заперта была царевна Жемчужина; привела и отперла железную дверь за тремя замками, а как только Петро вошел, она тотчас же заперла ее за ним и оставила его одного, так что ему назад некуда было выйти.

Петро, укрепись молитвой, пошел дальше и пришел в большую комнату, темную, и ничего сначала видеть не мог. Только слышал он где-то тихие жалобы и вздохи.

Тогда он стал зажигать по одной все свои двенадцать восковых свечей, составляя из них круг. И только что зажег он три, как царевна Жемчужина вышла из темноты и, став пред ним, спросила его:

– Безумный, кто тебя привел сюда?

Петро отвечал:

– Меня Бог привел. Царевна сказала ему:

– В чорный же день тебя бедная мать твоя родила, потому что я выпью сейчас твою теплую кровь.

Но Петро продолжал ставить свечи и поставил уже шесть.

Тогда царевна спросила:

– Зачем же ты эти свечи ставишь?

– Чтобы ты в середку их вошла и села, – сказал ей Петро.

– Я войду, – отвечала царевна.

И села на пол, а Петро докончил весь круг. Но когда, покапав на пол воску,- он приложил двенадцатую свечу, царевна вдруг приподнявшись растерзала на себе одежды свои, начала рвать свои волосы, которые у нее до пят ниспадали в прекрасных завитках, и воскликнула ужасным голосом:

– Нет, нет! Отойди от меня, мучитель!.. Кто тебя привел сюда, враг ты мой ненавистный!..

Стали тогда очи ее непомерно велики, и страшны, и злы... А уста ее были яркие, кровавого цвета, как будто коралл. Лицо же было совсем белое, как слоновая кость.

Но как ни была она страшна, однако понравилась сердцу приемыша, и он сказал ей ласково:

– Усмирись, возлюбленная моя! – и, вынув конфеты, дал их ей, говоря: – Кушай... Они лучше крови моей. Они – душа моя, потому что я тебе их с любовью даю...

Царевна скушала и опять села на пол, а Петро сказал ей:

– Ты только дай мне накрыть тебя этим черным газом.

Она нагнула голову; Петро осторожно, чтобы не зажечь газа на свечах, подал ей и сказал:

– Во имя Божие, приказываю тебе, накройся сама.

174

И скрежеща зубами, она накрылась. Петро стал после этого вне круга из свечей, зажег фимиам и, раскрыв книжку, начал громко читать молитвы. Он читал их долго, пока не догорели все двенадцать больших свечей, до самой зари утренней. Двенадцать раз вставала царевна во время молитвы и опять рвала на себе одежды и волосы, и двенадцать раз хотела на него броситься и впиться в него, и двенадцать раз просила оставить ее... Но Петро всякий раз повторял ей, давая конфеты: «Возьми, кушай, моя миленькая, это часть самой души моей и слаще чем кровь моя...» И опять читал молитвы...

Пред самым рассветом, когда последний фитилек от последней свечи упал на камень и погас, и заря занялась за городом... царевна, закрыв глаза, упала на камни и вскрикнула таким страшным и диким криком, что сам Петро отбежал к двери, и птицы, которые вили гнезда на башне, разлетелись в испуге; слуги, бывшие внизу, проснулись, а кормилица, взяв ключ, побежала было наверх по лестнице... Однако вспомнила она, что верно это Петро пред смертью так закричал, и пошла за двумя старыми немыми евнухами, чтобы положить его в приготовленный гроб.

Петро между тем видел, что царевна утихла и лежала как мертвая на полу; волосы ее прекрасные были распростерты по камням; а как солнце в эту минуту выходило за горою и проник яркий луч его в окошечко, то увидал Петро, что семь клубов черноватых один из другим вылетали из открытого рта ее и как дым стелились к окну и пропадали все понемногу.

Сказал тогда Петро царевне:

– Не моею силой и не по моему достоинству, а во славу Божию говорю тебе, Жемчужина моя, встань...

Поднялась с полу царевна молоденькая, веселая, как малый ребенок, и улыбаясь, и стыдясь, и краснея, стала перед ним, не поднимая на него очей, а все улыбалась и краснела так, как краснеет девушка и улыбается, когда стыдится, что ее неубранною и неукрашенною со сна застали.

И Петро вдруг стало стыдно. Он не знал с минуту, что сказать ей. Потом сказал:

– Ты бы поглядела на меня теперь... Она, поглядев на него, отвечала:

– Я теперь буду делать, что ты мне прикажешь. Петро опустил тотчас же глаза и, сам стыдясь, сказал царевне:

– Дай мне руку!

Она подала; он взял ее за руку и повел в другую чистую и светлую комнату и сел на диван, а она шла за ним, как агнец за матерью. Он ей сказал:

– Садись со мной рядом здесь. Но она отвечала:

– Нет, милый господин и повелитель мой, одно позволь мне: у ног твоих сесть и обнять твои ноги. Так хочет моя душа.

– Обними, – позволил ей Петро. Тогда она спросила его:

— Скажи мне, кто ты и откуда? Какого великого государя ты сын переодетый и как ты пришел в наши земли? Все мне скажи ты, спаситель ты мой!

Петро отвечал ей так:

— Я, царевна, не царский сын переодетый; я бедный сирота, приемыш у бедных людей, который пошел зарабатывать для старости их хлеб насущный. Служил я во всяких низких званиях и к ремеслам простым привык... Я уголья жег и продавал, дровосеком был и пастухом сколько служил, я у попа Георгия кандильнафтом в убогом селе был; я управлял домом купца одного, а потом я как ясачи у епископа был; вот я что. И если тебе неприятен я, то встань и удались от меня; я уйду.

Но царевна прижалась еще крепче к ногам его и воскликнула:

— Я ли от тебя уйду!..

И просила его все рассказать, как было. Петро все рассказал ей, только о кошельке и о встрече со святыми он утаил и не открыл ей, откуда он берет столько золота, сколько хочет.

В это время кормилица подошла к дверям и привела с собою двух немых евнухов, чтоб унести мертвого Петро в подвал.

Она отперла дверь и вошла, и за нею оба евнуха. И увидали они, что Петро сидит на диване в простой и старой одежде своей, как был, а царевна у ног его веселая и здоровая и смеется.

Удивились евнухи и ушли известить царя Агона; кормилица же хоть и рада была, но ей не понравилось, что царевна так унизила себя перед простым человеком, и она сказала ей:

— Не идет тебе, царской дочери, обнимать ноги у пастуха либо дровосека. Он тебе не пара: ты царскими детьми пренебречь можешь по твоей красоте и величию отца твоего.

Но царевна прижалась еще крепче лицом к ногам Петро и, обратясь к кормилице своей, с досадой отвечала:

— Что мне твои царские дети... Они все для меня противны, как шпинат с луком в воде вареный; а он для меня все равно, что гвоздичка и мускус.

Изумилась кормилица и, ни слова больше не сказав, тоже поспешила к царю.

Петро же подумал в душе своей: «Я этих слов не забуду!»

Скоро приехал и сам царь Агон в величайшей радости: и по всему городу и по селам окрестным сейчас же разнеслась весть, что царевна здорова, и народ веселился.

Царь Агон спросил у дочери:

— Когда желаешь, чтобы сделать свадьбу? Но она при нем стыдилась и молчала. Петро понял, чего она желает, и сказал царю:

— Государь, я желаю, чтобы свадьба наша завтра была; не знаю, как угодно царевне твоей.

Царевна же сказала в великой радости:

– Разве есть у меня другая воля, кроме воли моего господина?

И опять изумился царь ее любви и смирению.

На другой же день их обвенчали с пышностию. Петро одарил щедро всех подруг, служанок и слуг царевны Жемчужины. Каждой подруге дал он по цветной толковой ткани, а кормилице дал ткань бумажную, чорную с белыми крапинками, и сказал:

– На что тебе цветная ткань? Ты уж не молода.

XIII

После свадьбы начал жить Петро с царевной Жемчужиной приятно и весело в ее загородном дворце.

Место там было веселое и ровное, у реки: было много вязов высоких и дубов, были каштаны такие толстые, что пяти человекам и больше разве охватить их руками, став рядом; а на берегу реки прекраснее всех других деревьев росли старые платаны, у которых давно уже ничего внутри не было, а только одна кора, и все они зеленели и до того были обширны, что для забавы царевны Жемчужины были внутри их устроены небольшие киоски. Обширный двор был обнесен высокою стеной с тремя железными воротами, и на самом конце двора стояла та островерхая башня, в которой была заключена царевна, когда была нездорова; с одной стороны двора были все кухни, и бани, и конюшни, и жилье для прислуги, а с другой – дворец царевны.

Двор весь был изукрашен дорожками из мелких камешков, из камешков белых, сереньких и чорных, все узорами и узорами, как мозаика, изображавшая разные звезды и цветы. Дорожки эти все были обведены стрижеными низенькими миртами, которые и зимой были зелены. А между дорожками цвели разные цветы, и розы, и лилии, и другие цветы, и желтые, и красные, и голубые. Фиалки везде цвели весной, и около камней, и под кустами мирт, и около дорожек.

Внутри дворца была большая зала; все стены были выложены голубыми расписными изразцами, чтобы было тепло зимой, а летом прохладно. Только на одной стене была та картина, которую любила царевна: все богатые мужчины с чубуками и богатые женщины нюхали цветки, сидели на престолах И веселились. Кругом всей залы было возвышение с кипарисными столбиками; на возвышении за столбиками софа во всю залу кругом, вся в многоцветном и драгоценном азиятском шелку, голубом и розовом, все золотыми марафетами[38] затканном; этот бесценный шолк закрывали по будням тончайшею льняною тканью с кружевами, чтоб его, садясь, не изнашивали и не марали... На мраморном полу зимой стелили аджемский ковер во всю залу, и он был еще узорнее цветника и дорожек; кругом его везде по краям жолтые барсы ловили за спину зайцев и ели их. Посреди залы ставили два серебряные золоченые мангала[39] с угольями, когда было холодно; на чудовищах крылатых были они утверждены, и в них посыпали курения. Потолок же над этою залой был кипарисовый, весь фиолетовым цветом раскрашенный, и по всему этому полю были видны все алые и белые розы с листиками зелеными, совершенно такими, какие у роз бывают, с мелкими зубчиками. И был среди потолка еще купол широкий, тоже искусно выложенный кипарисными изогнутыми дощечками, и он был фиолетовый, и по нем были розы алые и белые с листьями. Из средины же самого купола висел целый фунт квасцов, обернутый в тюль. Это было от дурного глаза. Кипарисовые же были и все столбики вокруг залы, около помоста, на котором учреждена была большая софа по всем стенам. И эти столбики были также фиолетовые, и на них живописцами были изображены обвивающие их вязи из алых и белых роз с листиками.

Такой удивительный зал сделал царь Агон для своей возлюбленной и милой дочери!

И спальня была хороша, и бани. В спальне мастера из дальних стран чудную печку сложили, островерхую, снизу широкую, всю из блестящих зеленых изразцов; в каждом изразце было круглое углубление, как бы с полстакана глубиной, тоже зеленое. Ковер в спальне был не аджемский, а проще, из Балканских гор, красный, как киноварь, и по нем все синие и белые узоры. Около печки стелили рабыни каждый вечер один на другой три толковые тюфяка и накрывали их каждый день чистою тончайшею льняною кисеей с золотою бахромой кругом и шелками по краям расшитою; подушечки клали для Петро и для царевны шолковые, цветные, наволокою тюлевой покрытые. Одеялам же шелковым и бархатным и шолком и золотом расшитым счета не было. Каждый день царевне подавали все чистое, и Петро тоже. Умывались они критским мылом в золотых рукомойниках. Царевне подавали рабыни. А когда Петро хотел мыть себе руки, то царевна наполняла иногда розовою водой, а иногда померанцевою золотой рукомойник и, взяв на плечо разукрашенное полотенце, отгоняла служанок и сама, смиряясь, становилась пред диваном на колена и лила ему воду на руки; а каждую

---

[38] Турецкое слово: фигура, изображение.
[39] Жаровня.

субботу сама хотела мыть ему ноги и грозно кричала на рабов и рабынь: «Отойдите!»

Кормилица ее огорчалась этим, говорила ей тайно:

– Как уж тебе пастушеские ноги его понравились! Но царевна строго запретила ей говорить это другой раз и обещала мужу сказать, чтоб он изгнал ее из дворца.

– И не тебя, я государя, отца моего, за него отдам! – сказала царевна.

И не знала царевна, как еще показать молодому мужу, до чего она его любит и уважает, и боится.

Шесть недель прожили они так вдвоем; кушали, пили, отдыхали, музыка для них играла, сколько их душе было угодно.

Они часто гуляли вдвоем по саду, взявшись за руки, и говорили друг другу о своей любви.

– Любишь ли ты меня, царевна? – спрашивал ее Петро.

– Разве можно не любить тебя? – говорила ему Жемчужина. – Разве видал кто звезды в полдень или солнце ночью? Что ты спрашиваешь?

И его она спрашивала:

– Чего ты теперь желаешь, Петро? Прикажи. А он только плечами пожимал и говорил:

– Чего мне теперь желать? Не знаю. Ничего, кажется, я не желаю.

По окончании шести недель Петро вспомнил о своих воспитателях Христо и Христине и подумал: «Теперь я, конечно, могу построить им большой дом, такой дом, в каком живут градоначальники и самые богатые купцы; но если я построю им сейчас такой дом, то кошелек мой перестанет давать золото, и не буду я всемогущим человеком, как теперь. А я прежде узнаю, как они живут...»

Призвал он нарочного гонца и сказал ему так:

– Перемени одежду твою цветную и новую и надень одежды простые и ветхие. Возьми эти десять золотых и поезжай в город, где живут Христо и Христина, и посмотри, что им нужно. Не течет ли крыша у них; не обвалились ли стены, есть ли у них теплая одежда на земнее время; довольно ли у них хлеба, вина и масла. Посмотри и сделай все, что им нужно. И скажи им так: сын ваш Петро нашел себе должность выгодную и послал вам эти деньги; и еще будет вам посылать. Вы старый домик ваш чините, а новый он сам скоро построит. Подождите. Но если ты скажешь им всю правду, что я выкупил царя Агона из осады и на царевне Жемчужине женился, то ты в лютых мученьях умрешь. Как нашел я семь бочек золота, чтобы царю Политекну уплатить дань за моего тестя царя Агона, так я и другие семь найду, чтобы подкупить людей, которые тебя и в чужих странах разыщут и умертвят.

Гонец этот ехал день и ночь, приехал в то место, где жили Христо и Христина, и сказал им:

— Ваш сын Петро нашел себе выгодную должность и прислал вам деньги; вы что нужно купите себе и почините себе стены и крышу, если вам это нужно; и он еще вам пришлет; но сколько бы он вам ни прислал, вы дома нового не стройте, потому что он сам скоро приедет и построит вам большой новый дом.

Христо и Христина радовались и благодарили Бога; но когда они спросили у этого гонца: «А где же теперь наш милый сын Петро живет? В каком городе? чтобы мы знали, далеко ли он от нас и чтобы мы могли иногда написать ему письмо и благословение и поклон наш послать ему?» На это гонец, который боялся Петро, ответил так:

— Я не знаю, где он живет и какая его должность; я его на дороге встретил и познакомился с ним. И какая его должность и у кого, также не знаю.

И уехал от них. Им же этих денег на нужды их скоро недостало, и они стали опять терпеть и нуждаться. С Христиной опять сделалась лихорадка; она лежала, не могла за водой сама на фонтан сходить и пищу готовить не могла.

Христо же, хотя и постарел, но продолжал через силу работать, тяжести большие носить, дрова рубить и сам уже за водой ходил на фонтан и все время сухим хлебом питался.

Петро сказал себе: «Хорошо я придумал так, чтобы посылать им понемногу; они люди бедные и старые; на что им много? они и этому рады будут; а мне здесь всегда деньги нужны. Здесь у меня врагов теперь и завистников будет много; надо об этом скорбеть и заботиться».

Встав раз поутру, он поцеловал в уста жену молодую и сказал ей:

— Жемчужина моя, я поеду к отцу твоему, царю Агону, поклониться.

Царевна отвечала ему ласково:

— Поезжай, мой господин прекрасный... только скорей возвращайся. Царь-отец мой пригласит тебя пировать у себя, а я, бедная, как без тебя целый день здесь буду одна... мне и пища будет без тебя неприятна...

Петро вышел за ворота дворца своего с радостью в душе, что царевна Жемчужина, за которую прекрасные сыновья царей и вельмож сватались, так за него умирает, и когда увидал он реку свою в зеленых берегах и поле зеленое пред собой, все в пестрых цветочках, и за рекой город, сияющий на солнце, а у ворот своих злого коня, белого и долгогривого, всего в кистях и чепраке, расшитом шелками, и стремена золоченые, столько слуг вокруг увидал молодцов и всадников, под которыми играли лошади... и когда заметил он, что все люди смотрят на него с боязнью и любовью... тогда он занес ногу в стремя, сел на коня и подумал: «Боже! за что Ты так награждаешь меня?.. С кем Ты только не прировнял меня... И чего мне еще желать на этом свете?»

Поехал он к тестю своему, царю Агону. По всему городу народ опять провожал Петро и чествовал его, и кричал: «Вот он, наш избавитель, какой... Посмотрите на красоту его, люди хорошие. Полюбуйтесь... Вот он, зять нашего доброго царя Агона... Вот он, наследник его престола!»

Царь принял его тоже с радостью, обнял его, целовал, сажал, вином поил и смеялся с ним, говоря:

— Вот, Петро, прости меня, я думал тебя шутом при себе сделать, а теперь ты мне наследник и сын... Я рад этому и превознесу тебя еще больше надо всеми... Скажи, чего ты желаешь...

Петро на эту речь отвечал почтительно:

— Государь и отец мой, не говори об услуге, которую удалось рабу твоему сделать. Я всю мою жизнь желаю быть тебе полезным и угодным. У меня еще есть деньги, не прикажешь ли ты мне сделать еще какой-нибудь расход. Прикажи, я готов.

Царь Агон задумался и потом отвечал:

— Много разных нужд в государстве... Тогда Петро сказал ему:

— Вот кругом столицы твоей множество сел разорено и сожжено царем Политекном. Не прикажешь ли, я выдам деньги на устройку их, чтобы бедным людям не жить зимой в шатрах и пещерах?

Царь Агон удивился и обрадовался.

Петро велел принести множество малых бочонков.

Заперся и наполнил их сам золотом, потом, растворив двери, приказал навьючить мулов и разослал их по всем разрушенным селам.

Царь Агон не верил, и поверил только, когда, взойдя на свою каменную семиэтажную башню, под деревянный зеленый навес, в зрительную трубу увидал, что по двум большим дорогам и по долине к северу и по долине же к югу идут мулы и на каждом по два бочонка с золотом; а по всем горным тропинкам и направо и налево от города с трудом великим один за другим всходят тоже мулы, и у каждого на спине по два бочонка с золотом.

Тогда царь сказал завистникам:

— Видите, вы напрасно говорили мне, что этот Петро ленивый пастух, и только и знает, что гулять с моей дочерью по саду, спать и кушанье царское кушать.

— Подожди еще, царь, что будет дальше! – сказали лукавые люди.

Петро еще одну неделю прожил с царевной, не выходя из загородного ее дворца. Всю неделю они кушали, музыку слушали, веселились, ходили, взявшись за руки, одни по саду и любовались друг на друга.

Царевна спрашивала у Петро:

— Петро, муж мой, апрельский цветочек мой и майский розан, много ли любишь ты меня?

А Петро ей отвечал:

— Апрельский цветочек и майский мой розан, видно, много я тебя люблю, когда я заплатил за тебя семь полных бочек золота.

— А сам чего ты желаешь теперь, Петро мой прекрасный? Хочет чего-нибудь душа твоя?

Петро качал головой и говорил ей:

— Ничего, кажется мне, душа моя уже и не хочет. Все хорошо.

В следующий воскресный день после литургии Петро опять в многоценных одеждах сел на долгогривого коня своего и поехал посетить царя Агона, тестя своего... А за ним и все молодые слуги его.

Царевна, прощаясь и целуя руку его, сказала ему:

— Возвращайся скорее ко мне, звезда моя утренняя! Так она полюбила его и так смирялась перед ним.

Оставаясь же одна, собирала вокруг себя подруг и рабынь своих, и они ей пели все печальные песни, пока не подавали им с башни вести, что Петро едет назад.

Она спешила выйти ему в сад навстречу в другой одежде, а не в той, в которой утром была, чтобы не наскучить ему.

Крестьяне же тех разоренных сел, на которые Петро деньги послал, все тотчас же призвали строителей и ка-меньщиков и начали строить жилища свои, а всех своих жен и матерей, и детей малолетних, и старух, на работу негодных, прислали в город благодарить и славить царского зятя Петро. Десятки тысяч их пришли прославлять Петро, и город исполнился шума, как от войны или восстания. Сам царь Агон испугался и воскликнул: «Что это такое?», с трудом взошел на высокую башню и, сев под зеленый деревянный навес свой, дивился, какая была большая толпа, слышал прославление Петро и видел в зрительную трубу, как ехал к нему в гости зять на белом долгогривом и злом жеребце, как развевалась на нем величаво красная богатая одежда, как старцы сельские спешили ноги его и стремена целовать; а женщины, простирая руки, поднимали к нему детей своих. Так была густа толпа, что ехать Петро почти не мог вперед. Когда же слуги его хотели бичами и палками разогнать народ, то он сделал знак рукой и запретил им это.

Видел все это царь Агон, и огорчился, и подумал: «Он больше моего на царя похож, и если так терпеть, то меня низвергнут и его вместо меня возведут на престол!» Но скрыл до времени свое огорчение и принял опять зятя любезно, и ласкал, и обнимал его, и благодарил его за помощь, оказанную селам.

Петро же, улыбнувшись, сказал ему:

— Государь и отец мой, эта услуга не велика, и я рад тебе, господину моему, услужить. Нет ли еще какой нужды в государстве, чтобы мне порадовать тебя, отец мой?

— Мало ли нужд в государстве, – сказал царь Агон с досадой; – сам, если хочешь, найди.

— Не прикажешь ли, государь, собрать всех бедных вдов и сирот людей, павших на последней войне противу царя Политекна, и наградить их так, чтоб они из самых бедных стали самыми богатыми гражданами в городе твоем... Таких вдов и сирот достаточно у тебя.

Не полюбилась и эта мысль царю Агону. Он подумал: «И это все его злоумышления, чтобы народ его как Авессалома любил». Но препятствовать царь этому также не мог, чтобы народ на него не озлобился. Тогда он сказал своему зятю, Петро прекрасному:

— Делай, мой сын, как хочешь!

Петро вышел и послал по городу клич кликать, чтобы сзывали вдов, сирот и стариков и матерей старых, которых мужья, сыновья и отцы во время нашествия царя Политекна были убиты.

Он вышел из ворот своего сада с царевной вместе; там сели они на престолах за воротами и до поздней ночи раздавали золото, он старикам и увечным мужчинам, а царевна вдовам и матерям. Люди эти пришли в рубищах и голодные, и несчастные, а на другой уже день узнать нельзя их было: такие они все стали веселые и нарядные. Старики ободрились, и старухи разукрасились и помолодели. Из самых бедных граждан города стали они самыми богатыми и важными гражданами. Все они говорили открыто: «Что теперь значит царь Агон? Мы Петро прекрасного знаем...» Строго запрещал Петро так говорить людям, но удержать их уже не было возможности. И с первого дня брака в первый раз задумался Петро и стал печален.

— Увы! нельзя, кажется, всего купить деньгами, – сказал он...

Тогда еще раз спросила его царевна Жемчужина:

— Любишь ли ты меня, мой апрельский цветочек и розан мой майский? И чего ты желаешь теперь для себя?

— Я тебя очень люблю, цветок мой апрельский и майский мой розан, но боюсь, что твой отец, царь Агон, разлюбит меня за преданность ко мне народа, и теперь есть у меня одно желание, чтоб он мне верил и опять бы полюбил меня!

Тогда царевна посоветовала ему так:

— Поезжай еще раз к нему и предложи ему денег, но не говори ему сам, на какое дело ты их израсходуешь, а пусть сам он тебе скажет. Тогда ему не на что будет жаловаться.

Послушал Петро этого умного совета и опять поехал к царю.

Царь принял его любезно и весело, обнял его, целовал и, посадив его с собою рядом, спросил, как его здоровье.

Тогда Петро отвечал ему:

— Здоровье мое твоим благословением хорошо. Но мучит меня

неотступно мысль о том, доволен ли ты мной? Часто я думаю, на что мне все мое золото и белое серебро, если я милости твои утрачу? Только глупые люди думают, что в одних деньгах счастье... Любви на деньги не купишь. А я нахожу, что твоя любовь дороже всякого золота и белого серебра! – И прибавил еще: – Услади ты душу мою, государь, прикажи ты сам мне, какое бы мне дело сделать и какой расход еще предпринять, чтоб это дело было тебе приятно и чтобы расход этот был тебе выгоден. А сам я больше предлагать ничего не буду.

Царь Агон обрадовался, отпустил Петро и созвал совет свой тайный, чтоб ему посоветовали, что у Петро просить.

Царедворцы же и воеводы царские знали сердце царя и согласились между собой:

– Теперь пришло время нам свергнуть иго этого пастуха и пономаря молодого! Он всем завладел, всеми сердцами; сперва сердцем царя, потом сердцем царевны, а потом и сердцем всего народа.

И сказали царю:

– Если, государь, твой зять так любит тебя, то пусть отмстит за твое унижение и смоет с тебя и народа твоего пятно обиды, которую нанес тебе царь Политекн, победив нас и взяв с нас позорную дань... Пусть Петро снарядит войско на свой счет и пусть сам пойдет на войну эту начальником...

А другой советник сказал:

– И пусть хоть одного из царских сыновей или внучат сюда пленником живого приведет, чтобы стыдно было царю Политекну и чтобы мы могли за одного этого царевича с него уже не семь, а четырнадцать бочек золота требовать...

Царю, который очень стал бояться Петро, совет этот понравился; он надеялся, что Петро будет либо убит на войне, либо, не умея начальствовать, расстроит войско и заслужит себе за это смертную казнь, от которой не спасут его деньги. Он послал за зятем своим и приказал ему снарядить войско большое на свой счет, сроком в две недели всего, взять его и, приняв над ним начальство, перейти горы и напасть внезапно на царя Политекна. Так приказывал царь Агон и, отпуская Петро, сказал ему еще, проливая притворные слезы:

– Берегись, бедный мой сын, у нас закон старый и строгий: военачальник, который не исполнит своего назначения, должен быть удавлен шелковым снурком с золотыми кистями!

Петро поклонился тестю своему и сказал:

– Если, государь, я не исполню моего назначения, боюсь того, что прикажешь удавить меня шелковым снурком с золотыми кистями; только назначь меня не начальствовать, когда есть старше меня, а быть вторым после великого и престарелого архистратига твоего. Он будет первым, а я вторым и во всем я ему повиноваться буду.

Удивился царь мудрости и смирению Петро и приказал, чтобы было так, как всегда, чтоб архистратиг был первым, а Петро бы служил у него и повиновался ему.

XIV

Петро по приказанию тестя своего, царя Агона, собрал скоро войско и вооружил его и выпустил в поход сам, но под начальством врага своего, архистратига царского.

Злобился и мучился архистратиг, что попал в сети, которые хотел разостлать молодому Петро, но уже не мог ничего переменить и вынужден был побеждать, хотя бы и желал поражения, ибо он был человек способный, честолюбивый и мужественный и на свое имя позора и стыда не желал. Целый месяц опустошали они вместе с Петро области царя Политекна и множество добычи и пленников отправили на родину доброму царю Агону, и все не встречали большого войска. Наконец встретили его на широкой долине, и был тут бой великий. Сначала наследник и полководцы грозного царя Политекна начали было одолевать войско доброго царя Агона, но Петро сказал архистратигу:

— Господин и начальник мой, позволь мне, неопытному и юному человеку, тебе совет дать!

Архистратиг отвечал:

— Ты царский зять, как же мне не слушать твоих советов. Говори.

Тогда Петро сказал:

— Дай мне скрыться с отборными молодцами за эту гору, а ты стяни все остальное войско в ущелье, потому что их больше нашего; а когда они за тобой бросятся, я нападу на них внезапно, и мы будем гнать их до самой столицы грозного царя и посечем множество и убьем всех, кроме царских детей и самых молодых и красивых юношей, которых живыми отведем служить нашему доброму царю Агону и веселить его старость.

Архистратиг согласился. И сделал он так, как сказал Петро. Стянули войска, и когда воины грозного царя Политекна в радости с воплями рассеялись по широкой долине, чтобы сечь и рубить отступающих, Петро, помолясь, подал знак своим... Молодцы его полились густым потоком с горы на долину. Как светлый поток лились они, шумя и звеня, с отлогой горы, ибо они все были в медных латах и шлемах высоких с медными крылышками на них. Так одевались новые полки, снаряженные самим Петро.

Встрепенулось войско грозного царя Политекна рассеянное погоней по широкой долине, стали люди бежать назад к своим и смыкаться снова в тесный строй... Но уже не могли, так как были рассеяны по долине. Архистратиг же вышел из ущелья и тоже гнал их. И падали иные ниц и просили пощады, а другие притворялись убитыми; иные же не хотели сдаться, и всех их, и бегущих, и упавших, и покорных, и отважных беспощадно рубили и кололи, вздевая бледные головы их на длинные копья, убранные конскою гривой...

Так гнали войско царя Политекна до самых стен столицы и осадили столицу.

Архистратиг доброго царя Агона в это время думал так: «Я хотел погубить этого Петро, а он теперь отличился; ибо я скрыть не могу, что битва на долине через его совет выиграна. Что теперь делать? Был он богат несметно; был он красив непомерно; был он любезен царю Агону, стал он любезен народу всему, а царевне Жемчужине сжег сердце любовью и смирил ее гордость и своеволие... Все ему, анафеме, дано... Горе мне, старику, горе мне! Лучше бы ядовитая пуля этих воинов царя Политекна или нож их безжалостно прекратил дни *тои* и взял бы меня Харон, чем терпеть мне такую досаду! Что мне делать?»

И призвав Петро, он сказал ему:

– Твоя милость, я вижу, великий военачальник будешь. И наше царство много увидит от тебя пользы. Но ты, я знаю, еще и благочестивый человек и живешь в страхе Божием. На что нам губить столько народа и своего и чужого; пошлем вестника в город, чтобы царь Политекн выслал всех своих сыновей, которые при нем, а если их нет, то лучших вельможных детей, под начальством старшего сына и наследника, чтобы числом их всех было двенадцать, а твоя всеславность вышел бы против них на единоборство с одиннадцатью нашими отроками из лучших домов, и мой сын любимый единственный при тебе первым будет. И какую вам Бог судьбу пошлет, такая и будет; когда вы их побьете, наложим мы на них дань и уйдем, а когда они вас побьют, то, государь мой, из твоих несметных сокровищ заплатим дань грозному царю Политекну, и мы тоже уйдем. Зачем людей томить понапрасну? Город же укреплен очень сильно, и боюсь, не было бы нам стыда под его стенами.

Петро приложил руки к сердцу и сказал:

– С радостью исполню я приказание твое, так как ты начальник всему войску и архистратиг знаменитый доброго царя Агона.

Протрубили пред войском трубачи и кричали людям, на стене стоящим, чтоб укротили стрельбу, и объявили волю архистратига и царского зятя Петро. Царь Политекн согласился смеясь и сказал:

– Мой сын и наследник – воин страшный и сильный; а у них кто там есть? Уж не пастух ли этот, который выручил бедного царя Агона недавно от нашей грозы? Слышали мы и здесь о нем... Придется ему платить еще четырнадцать бочек золота, если пощадит его меч моего старшего сына.

После этого архистратиг призвал тайно сына своего любимого и единственного и сказал ему:

– Дитя мое милое. Вот вам предстоит завтра под начальством Петро, царского зятя, сразиться в смертном единоборстве с одиннадцатью лучшими юношами этого царства. Царевич и все люди у них опытные и мужественные, кроме двоих внучат царя Политекна, которые еще очень юны. Но ты не бойся, дитя мое. Вы выйдете с утра из шатров ваших и оденетесь во все лучшее и вооружитесь; и выберу я вам десять помощников с вечера и назначу их; а ты, дитя мое любимое и единственное, не тревожь напрасным страхом сердце твое, а сделай так, как я тебе скажу. Созови всех десятерых юношей к себе в шатер и угости их и скажи им так: «На что нам на такую опасность идти?.. Мы выйдем в поле и подойдем вместе с царским зятем к противникам нашим поближе; а потом оставим его одного и убежим в лагерь, как будто испугались. А его убьют».

Но сын архистратига очень любил Петро; жалостью исполнилась так его душа, что вся утроба его задрожала, когда он подумал: «Убьют нашего прекрасного Петро, и головку его враги на копье взденут высоко!» И пошел он к Петро и, упав в ноги ему, сказал:

– Милый мой Петро, розан мой майский и апрельский цветок... Ты для нас всех, молодых отроков в войске, все равно как царь, даже и лучше царя... Поклянись мне великою клятвой, государь мой грозный и товарищ прекрасный наш, что ты не выдашь меня отцу моему, а я о тебе забочусь.

Петро поклялся, и тогда юноша сказал ему все. Петро подумал и отвечал ему так:

– Поди созови всех этих юношей и вельможных детей на пир в свою ставку и угости их, как бы желая открыть им ту тайну, которую отец тебе доверил, и уговори их; а сам напой их допьяна, чтоб они завтра на рассвете с перепоя были слабы и сонливы и не годны к единоборству... Ты ж делай завтра, как знаешь.

– Я от тебя не отстану, – отвечал сын начальника, – ты для меня почтеннее старшего брата и страшнее царя и милее самой младшей сестры в родительском доме.

– Это хорошо! – сказал ему Петро, и они расстались.

Петро всю ночь молился в ставке своей, а сын архистратига угощал (как велел ему Петро) избранных знатных детей в своей ставке. Они все согласились бежать от врага, смеялись тому, как Петро будет убит, и напились пьяны до того, что утренний звук труб не мог пробудить их.

Когда заря только что занялась, Петро кончил молитву свою, оделся и вооружился. Он не надел наружных медных лат, а надел под парчовую короткую одежду свою крепкую и легкую кольчугу, которой совсем не было видно. На голове его был золотой шлем с золотыми же крылышками по сторонам. И из-под шлема кудри ниспадали у него до самых широких плеч. Нож бесценный дамасский был за поясом и пистолеты, и маленький нож. Отрок за ним нес копье.

Когда занялась на небе красная заря, заиграли трубы и барабаны и в стане и в станице вражеской.

Петро вышел на средину стана. И все восхищались его красотой и воинственным видом.

Архистратиг же думал: «Боюсь, не перебил бы он всех двенадцать противников!»

Он приказал позвать скорее остальных одиннадцать бойцов, но они были все пьяны, слабы и сонливы и к бою не годны. Один только его любимый сын вышел готовый. Побледнел архистратиг и сказал сыну в гневе:

— Погибнуть тебе сегодня от вражеской руки!.. И бейся на смерть; анафема тому чорному дню и ядовитому часу, в который я родил тебя на свет!

Петро тогда сказал:

— Это не великое несчастие, я выберу лучших воинов простых и одену их в одежды этих знатных юношей, чтобы противники наши приняли их за людей больших.

И собрал десять самых ужасных воинов, таких, что один мог на троих без страха выходить на бой, и одел их, и велел им умыться чище и волосы дорогими мастями умастить, и одел их всех в свои богатейшие одежды; и ни на одного лат не надел снаружи, а всем им надел снизу крепкие кольчуги и сказал:

— Теперь пойдемте, и вы делайте как знаете, когда я начну. А пока стойте.

Сын архистратига пошел вместе с ним. Все бойцы вышли под начальством Петро на поле, между лагерем и городскими стенами; тогда ворота столицы открылись, и вышло оттуда сперва большое войско, чтобы охранять своего царевича, внуков царских и знатных юношей на случай измены. Потом выехали и двенадцать всадников в позлащенных латах и шлемах с голубыми перьями; все на вороных жеребцах. И сошли с коней.

Всех впереди шел наследник царя Политекна, знаменитый боец и полководец. Он был уже не очень молод и имел при себе двоих юных еще безбородых сыновей, ибо братья его, сыновья царя Политекна, были далеко. Он говорил им: «Держитесь ближе ко мне. Я сейчас убью побродягу Петро и вам на помощь приду скоро».

Сперва оба войска молчали, и под стенами, и в лагере, и на стенах народ не кричал ничего.

Но потом из города люди стали кричать, смеяться и говорили:

— Посмотрим, что сделает ваш богатый пастух! Здесь железо ядовитое нужно, сердце в груди, а не бочки с золотом!..

А люди из лагеря отвечали им тоже ругательствами.

И наследник сам был весел сначала, но когда остановился он пред Петро и взглянул на него вблизи, взял его внезапный страх, и он сказал, обращаясь к Петро вежливо:

— Здравствуй... Господин мой и царский зять. Здоров ли ты? Хорошо ли тебе?

А Петро, улыбаясь, отвечал ему вежливо:

— Я здоров и мне хорошо, а скоро и еще лучше будет. А и тебе, господин мой, воину знаменитому, не прилично в крепких латах выходить, когда мы без лат. Ты знаменитый воин и волосы твои побелели уже; а я безбрадый пастушок глупенький... Хорошо ли будет, если мы вас всех в латах да сами без лат победим?..

Смутился старший сын царя Политекна и велел всем своим снять латы; и в смущении своем о кольчугах и не подумал; ибо Петро ему казался очень велик и широк и смел, и в это время трубы трубили и барабаны играли и в лагере и в городе, и он был очень смущен.

Тогда оба вождя крикнули своим:

— Аида! Вперед! — и кинулись в смертный бой. Не долго бой этот длился.

Внуки царские не хотели от отца отходить, и осталось с их стороны от этого противу одиннадцати врагов только девять человек.

Один вельможеский сын был сразу убит копьем в глаз, и копье в затылок ему вышло насквозь.

Другой ранил копьем и ножом двоих воинов царя Агона, и они упали; но один из раненых, падая, вынул из-за пояса пистолет и выстрелил, и попала одна пуля другому вельможескому сыну в грудь; и вынул этот воин другой пистолет и выстрелил, и та пуля попала ему прямо в рот. Кровью наполнился рот его, и он только успел вскрикнуть:

— Маменька моя! Маменька милая! — и умер.

Тогда все остальные семь сынов вельможеских побежали к своим; а страшные воины доброго царя Агона погнались за ними и хотели всех их убить; но народ со стен стал кричать:

— Оставьте, оставьте, не бейте у нас всех княжеских детей... Мы за них выкуп дадим!..

Остановились люди царя Агона; а княжеские дети вскинулись на коней и ускакали в город.

В это самое время Петро и старший сын царя Политекна сломали оба копья и вынули мечи и хотели биться мечами; но Петро сказал:

– Брось меч, государь мой, и я брошу мой и поборемся просто руками. Кто кого поборет, тот сделает тому, что хочет!

Сказал же он потому, что опасался искусства и опытности противника своего на мечах.

Они оба бросили мечи и стали бороться, и ощупал руками кольчугу сын царя Политекна под платьем Петро и сказал:

– Ты, пастух подлый, обманул меня... И закричал сыновьям своим:

– Бейте, дети, его сзади сильнее, в самые почки... Тогда вырвавшись, нагнулся взять опять нож свой с земли, но Петро стиснул ему грудь так сильно, что у того выступила кровь в рот... Он захрипел и упал.

Петро оставил его и вдруг обратился на юных детей его...

– А вы, мои деточки, что пришли сюда? – и сбил с них разом руками золотые шлемики их; тогда чорные кудри их рассыпались у них ниже плеч, а Петро схватил их обоих за волосы и потащил к своему лагерю, смеясь, и отдал их своим воинам.

После этого Петро возвратился в лагерь, а люди царя Политекна понесли в город наследника, который был как полумертвый от ушиба.

Сзади Петро воины царя Агона несли своих убитых и, впереди других, тело молодого его друга, архистратигова сына, которого проклял в гневе отец. Его, когда побежали княжеские дети от воинов царя Агона, застрелил один из них, обернувшись.

Возвратившись в лагерь, Петро стал посреди и сказал воинам так:

– Воины доброго царя Агона! меня тесть мой и государь хотел назначить воеводой над всеми вами, но я, смиряясь в неопытности моей, опасался нанести вред народу и подчинился начальству архистратига. Однако и под его начальством Бог помог мне в долине той, которую вы знаете, победить войско грозного царя Политекна и осадить столицу его. Теперь узнайте же коварство и злобу вашего архистратига. Вот что он замыслил противу меня вчера.

И Петро рассказал все как было: и как уберегся он от козней архистратига, и как друг его молодой выдал отца, который и царю своему и всему народу хотел погибели, лишь бы зависть и злобу свою противу Петро насытить.

И сказал еще Петро:

– Теперь судите нас с ним сами. А я, по возвращении домой, каждому из вас по небольшому бочонку золота дам!

Как только он это сказал, воины бросились на старого начальника своего и искололи его копьями, и мечами рубили, и хотели отрезать ему голову, и как вражескую вздеть на копье, но Петро запретил это поругание, приказал убрать тело и везти его домой, чтобы похоронить вместе с телом сына его, с почетом и пышностью.

Потом, когда вечером царь Политекн прислал просить мира и повезли уже из города четырнадцать бочек золота, Петро возвратил эти бочки назад и велел тайно сказать царю Политекну: «Грозный и справедливейший царь из всех царей, Петро, зять царя Агона, низко кланяется тебе и говорит вот что: чего другого, а золота у него так много, что он и тебе еще своих может подарить много бочек. Поэтому он твоих не желает, а просит тебя помнить только, что сына твоего и наследника он не убил, а только ушиб, и внучат твоих милых тебе невредимыми возвращает; он мог бы их пешком у стремян своих заставить как пленных идти, когда будет в столицу царя Агона с торжеством въезжать. Но, уважая тебя, он этого сделать не может. У Петро, при тесте его, много врагов и завистников, и за все, что он уступает тебе, просит он одного лишь: если придется ему бежать в несчастии от царя Агона или о помощи какой-нибудь просить тебя, помоги ему и прими его, как союзника и верного друга!» Царь Политекн со скрежетом зубов принял тайного посла от Петро и показал вид, что радуется уступкам его и союзу, и все обещал исполнить. Но по уходе посла сказал своим:

— Мерзкий простолюдин этот и пономарь счастливый унизил нас, и теперь дарит и ласкает! Не прощу я ему этого и не забуду, что он и в единоборстве сына моего обманул, надев кольчугу! Мне дары и благодеяния его мерзки!

И царедворцы согласились, говоря:

— Когда бы там, у царя Агона прогнали или убили его! И тебе бы, государь, об этом постараться при случае.

Петро же, полагая, что он теперь всех хитрее, и счастливее, и сильнее, с торжеством возвратился домой. За войском везли тела ненавистного ему архистратига и милого друга его, архистратигова сына, который из любви к нему отца своего ему предал.

По возвращении войска с войны, когда добрый царь Агон узнал о победах и подвигах прекрасного Петро и о жестокой и позорной смерти любимого архистратига своего, он испугался, скрыл в сердце печаль свою и со вздохом сказал:

— Теперь мы все в его власти!

Он после этого смирился совсем пред зятем и не обнаруживал ему более ни зависти, ни вражды.

Царедворцы же его, которые были Петро враги, говорили между собою:

— Нам и убить его теперь неудобно; как бы нас не растерзал народ. Все бедные люди от него золота ждут! А теперь, после великих подвигов своих на войне, он еще больше распухнет и превознесется!

191

А Петро, между тем, смеялся и, успокоившись в гордости своей, думал так: «Никогда я не поколеблюсь уже более! У меня теперь все есть и я все умею делать!»

Он предался после этого спокойствию и неге с молодою женой; они всячески старались увеселять друг друга, и Петро отдавал ей всю свою душу.

Царевна же Жемчужина скорее пресытилась им и думала про себя: «Чем бы мне еще утешиться?» И придумав, ласкала Петро и говорила ему умилительно:

– Господин мой, Петро! Что я тебе скажу... Позволишь?..

А Петро отвечал ей:

– Зачем тебе, царской дочери и возлюбленной моей супруге, благоуханнее и милее которой я не видывал девицы, зачем тебе говорить мне так: господин мой!.. Ты мне госпожа и очи главы моей!

– Все-таки ты мне муж, и я должна почитать тебя, – сказала царевна.

– Говори, что ты желаешь! – приказывал ей тогда Петро.

– Есть у меня подруга, тоже царская дочь; она прежде ко мне в гости приезжала вот как: сама на белом большом муле разубранном, из дальнего Египта его купили. А за ней двадцать пять подруг и служанок на чорных больших мулах, и двадцать пять евнухов чорных, и двадцать пять евнухов белых, и 200 человек отборного войска с копьями; только без музыки она ехала. А я хочу теперь съездить к ней и погордиться пред нею, что я гораздо лучше ее. Прикаж», чтобы для всех подруг и служанок моих из Египта белых мулов и ослов больших привезли, и чтобы евнухов было около меня пятьдесят чорных и пятьдесят белых, и войска чтобы было еще больше, и чтобы всю дорогу, как я поеду, играла предо мной музыка.

– Хорошо, – сказал Петро.

И тотчас же снарядил корабли в Египет, чтобы везли скорее белых ослов и мулов и войско изготовили бы все в роскошном одеянии.

Когда привезли белых ослов и мулов и все было готово к путешествию царевны, кормилица ее, которая ненавидела Петро, сказала ей:

– Что ты радуешься и гордишься. Ты бы попросила мужа, чтоб он велел всех мулов и ослов этих серебром чистым подковать слабо, чтобы, как в город будешь въезжать к подруге своей, так подковы бы эти падали и народ бы подбирал их. Посмотри, он тебе откажет в таком великолепии!

Сердце царевны раздражилось; она пошла к мужу и сказала ему так, как говорила кормилица, и прибавила:

– Я тебя царским сыновьям предпочла и всячески пред тобою смиряюсь, поэтому и ты должен уважать меня!..

– Я уважаю тебя! – отвечал Петро. И приказал, смеясь, подковать не серебром, а чистым золотом, и не только тех белых ослов и мулов, на

192

которых царевна и другие женщины должны были ехать, но и всех коней под евнухов и под войско.

Царевна поехала к подруге своей, превознесенная от гордости и от радости, и в той стране все изумлялись и завидовали ей. Народ бежал за ней по улице и подбирал золотые подковы.

Возвратившись домой, царевна начала опять думать, что бы еще удивительное достать или сделать.

И каждый день придумывала, а Петро, хотя и занят был ум его царскими делами и ежеминутною опасностью от врагов и завистников и даже от самого доброго царя Агона, которому он не верил, однако он старался исполнять все ее пожелания, даже и самые пустые. Часто он думал так: «Никому я верить не буду; только Жемчужине, жене моей». И всю душу отдавал ей, однако и ей не открывал, откуда у него столько денег и где он достает.

Один день увидала царевна в лиловое стекло окошечка, что луна в это стекло не жолтая, а как бы розовая, и ужасно обрадовалась и приказала: «Чтобы все стекла были в зале лиловые! Пусть у нас и луна будет не такая, как у других, у простых людей!»

В один день переменили все стекла. А на другой день она взяла сама трость и начала бить их сама, и служанки ее бегали за ней и тоже били все лиловые стекла.

Услыхал Петро звон этот и шум и спросил:

– Зачем вы бьете стекла?

Царевна же подбежала к нему и воскликнула:

– Радость моя... Я так испугалась, чтобы ты не разлюбил меня... Даже дурно мне сделалось... Очень бледное, точно у мертвого человека сделалось мое лицо от этих стекол. Румянца не видно. На что ж мне розовая луна, когда я от этого буду дурная? Пусть лучше она уж будет и у нас жолтая, как у всех людей...

Петро смеялся и ничего ей не сказал; а себе сказал так: «Очень жена моя любопытна и весело с ней. Я такой не видывал!»

Потом царевна хотела таких плодов купить, какие в царстве их не росли, а надо было два-три месяца из-за моря везти. Потом говорила:

– Умираю я теперь, до того мне хочется видеть, какие у обезьян дети бывают и как они сами за ними смотрят.

Обезьян в царстве их не бывало; а до Египта было далеко. Потом говорила:

– Хочу я снега летом, а зимой хочу всяких плодов, таких, какие зимой не бывают...

Снаряжал Петро дорогою ценой корабли за этими плодами плыть; корабли потонули; снарядил другие, еще дороже. Привезли плоды. Но царевна не стала их есть и сказала:

– Так долго ехали! Теперь пусть их поросята едят! Послал Петро нарочных людей за разными редкими обезьянами. Людей нарочных там, где были эти обезьяны, людоеды поймали и съели, и они не вернулись. Послал Петро побольше людей к самому царю в Египет просить обезьян. Множество денег истрачено было, и обезьян достали, и некоторые из них, самые нежные и редкие, издохли в пути. А которых привезли, те царевне не понравились, и она сказала.

– Надоели мне эти обезьяны. Что в них?

И не стала заниматься ими. '

Потом, когда она начала жаловаться, что муж не может учредить все так, чтобы зимой все цветы цвели, какие зимой не бывают, а летом чтобы снег падал, Петро уже оскорбился немного и сказал:

– Довольно с тебя, Жемчужина, и деньги воздуха не переменят.

Этот ответ огорчил царевну, и она тайно жаловалась кормилице своей, говоря:

– Что ж деньги могут? Не в тот самый день привезли мне плоды, а чрез многие месяцы! И обезьяны лучшие подохли в дороге, и воздух переменить муж мой не может!

Кормилица радовалась ее огорчению и говорила:

– Много больше сделать может муж твой с такими деньгами, но не хочет. Деньги все могут, но ты не властна над сердцем его. Испытай его еще в чем-нибудь.

Царевна думала долго и призвала к себе всех строителей и художников, и мастеров лучших, какие были в царстве доброго царя Агона, и выписала еще нескольких из соседних царств и сказала им:

– Мне надоел этот дворец мой. Он и мал и обыкновенный. А я хочу такой дворец, какого ни у кого еще не было!

Долго думали все художники и мастера, порознь каждый и все вместе, совещаясь. И все, что придумывали, говорили царевне; а она отвечала им:

– Что тут дивного! А вы помните, что муж мой» когда захочет, все может! Так у него денег много!..

Наконец один иноземный зодчий сказал царевне:

– Я, царевна и госпожа моя благая, придумал нечто такое, что понравится, быть может, твоему величию и будет тебя достойно. Мы сделаем куполы огромные, больше, чем на Св. Софии, а кругом под ними сделаем много окошек!

– Сделай тысячу окошек, – сказала царевна.

– Нет, – отвечал зодчий, – тысячу я не сделаю, а сделаю я девятьсот девяносто девять, потому что это будет важнее и ты больше прославишься. На каком ты языке ни скажи: «тысяча», все будет слово малое и ничтожное; а на всех языках «девятьсот девяносто девять» будет важнее. Скажи ты по-эллински тысяча – хилиа! Не важно. А скажи ты: Эниакосиа

194

энеинда энэ. Великая разница! Скажи ты по-агарянски тысяча – бин! Еще ничтожнее, чем по-эллински; а скажи ты по-агарянски же: токуз юз токусен токуз! то гораздо славнее будет и твоему величию сообразнее.

Царевна отвечала ему на это:

– Мне нравится, мастер, то, что ты говоришь! Зодчий продолжал:

– И еще я скажу тебе, государыня моя, слышал я, прости мне, будто твоя милость скучаешь иногда – зачем зимою не лето, и летом зачем не зима. Хорошо делаешь ты, что недовольна этим, потому что у супруга твоего богатство несметное; и хотя воздух точно что переменить деньгами нельзя, но есть зато у людей искусство и разум. Я сделаю тебе во дворце твоем две огромные залы. Одна будет зима, а другая будет лето. Летом ты можешь, когда эти храмины будут готовы, сидеть в той, которая будет изображать зиму, а зимой утешаться, сидя в той, которая будет изображать лето.

Царевна восхитилась и спросила:

– А как ты их сделаешь?

– Зиму, – отвечал художник, – я изображу так. Из лучшего белого мрамора, который местами как снег блестит, я сделаю тебе великий киоск круговидный; потолок киоска будет под великим куполом образован и тончайшим изваянием весь покрыт. И будешь ты думать, что потолок этот не мраморный, а тончайшей деревянной резьбы, покрывшейся нежным инеем. Окружен киоск будет решеткою узорной необычайного великолепия, и тонкие изукрашенные ваянием столбики (все по два, по два на приличных расстояниях) будут также изображать столбики деревянные, резные, как будто покрытые инеем. И из лучшего белого хрусталя изображу я натеки ледяные, неравномерные по краям крыши киоска. А диван вокруг из белого атласа с серебряным шитьем; все будет в храмине белое; пол киоска будет только один цветной, и будет он такой, как будто ты приказала постелить для тепла царских ног своих красный ковер с небольшими фигурками. А в самом деле ковер этот будет холодить, а не греть, ибо он будет мозаичный и красное поле его будет из кораллов составлено. На стенах за решеткой и столбиками киоска закажу я лучшим живописцам изобразить сосны и кедры зеленые и такие деревья, которые зимой листья теряют, и речки замерзшие, и домики дальние... И все в тумане и в снегу, и в ледяных сияющих радугой кристаллах, и в узорном инее... И еще пропущу я откуда-нибудь свет на все не сквозь простые, а сквозь алые стекла, чтобы думала ты, что видишь пред собою сладкий свет алой зари печального вечернего часа... В такой-то храмине ты будешь летом прохладой и размышлением заниматься.

Царевна еще более прежнего восхитилась и, всплеснув руками, воскликнула:

– Живи, живи, мастер мой дорогой! И будь ты вечно здоров и достигни ты глубокой старости... Как ты мое сердце обрадовал! Говори, говори скорей о другой храмине, о той, которой лето изобразишь и в которой я лютою зимой буду греться и веселиться, когда другие люди будут дрожать...

Мастер продолжал:

– В этой второй храмине многое подобно первой. А многое вовсе иное и несходное. И в ней будет обширный и отлогий купол, подобный куполу Св. Софии, и в ней будет под куполом не тысяча, а девятьсот девяносто девять окон, все из круговидных стекол. Внутри также будет киоск; до сих пор сходство их, этих двух великих твоих храмин. Далее же настает черед различию. У киоска второй храмины крыши, с самим куполом сливающейся, не будет, а будет наверху лишь великий круглый венец из колосьев, злаков и диких цветов, в поле растущих; вязь великую круглую они образуют; возложен будет венец этот на высокие столбы круговидного киоска, на столбы, попарно все стоящие, и промежутки от пары до пары должны быть приличные. Столбы эти изобразят тоже как бы снопы на снопы поставленные, снопы из пшеницы и маиса, и ячменя, и из других злаков с травами и цветами. И такая же будет решетка круговая вокруг всей этой храмины. И венец наверху, и столбы, и решетка будут либо из серебра золоченые, или из чистого золота. Это уже твой выбор и твой расход, государыня. Цветы будут из разноцветных дорогих каменьев; мак полевой, красный, в пшенице распускающийся, будет из лучших кораллов; а зерна маиса – из настоящего жемчуга. Диван сама изберешь какой тебе угодно – драгоценный златотканый или иной, сообразно с местом. Это твой выбор, государыня. Но в промежутках между столбами золотыми я прикажу лучшим художникам мозаическою тончайшею работой изобразить пригорки, и виноградники, и ручьи, жнецов молодых и девушек у фонтанов, и ловцов, зверей травящих, и виноградарей, виноград собирающих, и сады, и леса, и жилища людские. На полу, если желаешь, расстелешь особый, невиданный никем и удивительный ковер, который ты в Азии заказать можешь, чтоб он был и зелен и многоцветен, как прекрасные летние дни, я же знаю свое дело и сделаю пол мозаичный тоже зеленый и многоцветный, летнему лугу совершенно подобный. Купол обширный, над киоском сверху отверстым, я весь сделаю мозаичный, голубой с небольшими облаками; а по небесной лазури будут лететь туда и сюда крылатые прекрасные херувимы с младенческою улыбкой, радуясь на благорастворение воздуха и на обилие плодов земных. И если желаешь ты, чтобы богатство было неслыханное, то всю небесную лазурь мозаики я в куполе из многоцветной бирюзы сделаю... Это уж твой выбор, государыня, и твоего супруга расход... Согревать эту храмину самою лютою зимой будет не трудно; можно, если желаешь, и снизу незримо ее согревать наподобие бани... Можно и иное средство найти...

– А еще что? – спросила царевна.

– Еще, государыня, вот что. Эти две храмины, снару-'жи восьмиугольные, соединены будут длинным обиталищем. И будет в этом обиталище множество удобств и покоев отдельных; но об этом мы после рассудим. А пока я скажу тебе только, какие будут у тебя трапезы и сколько их будет. И это будет не без мысли и мудрости. Прошу я тебя, государыня, скажи мне: сколько в неделе дней? Не семь ли?

– Конечно, семь, – сказала царевна.

– А сколько, царевна, цветов в радуге?

Царевна затруднялась, и мастер сказал ей, что тоже семь, назвал их все и еще спросил: «А сколько у тебя самой, государыня, даров прекрасных есть?..»

Царевна покраснела и спросила:

– Это что за разговор? Почем я знаю мои дары! И что тебе до того! Это не постройка!

Но мастер, поклонившись ей в землю, просил позволить сказать ей, сколько у нее даров, и она соизволила.

– И даров у тебя семь, – сказал он ей тогда. – Красота телесная знаменитая, разум, милосердие, приятность, царский род высокий, любовь супружеская и целомудрие. И вот я сделаю семь трапез зимних, солнечных и веселых, на полдень окнами, и семь летних трапез, бессолнечных и прохладных. Будут они раскрашены и убраны по цветам радуги, и будешь ты кушать с супругом чередом в разных; в воскресный день в красной, а в субботу в фиолетовой, в последней. И это еще не все...

Царевна, слушая его, стала как бы исступленная от удовольствия.

Мастер же продолжал, улыбаясь ей и радуясь тоже, как он прославится и обогатится этою постройкой.

– Сказал я, что обе восьмигранные великие храмины будут соединены длинным домом жилым и более низменным, чем эти две храмины. Сказал я еще, что будут на обеих великих храминах обширные куполы, но я не сказал, что куполы эти будут снаружи золочены и что они будут снизу окружены двумя венцами круглых главок, шаровидных, таких, какими в великой Индийской стране капища украшают зодчие; первый венец, нижний, будет казаться крупнее, а второй, верхний, мельче; потребуется же их, глав этих, множество... Наверху купола будет тоже соразмерная небольшая подобная же главка; так будет на обеих храминах... А жилой дом, соединяющий их, кровли иметь не будет, а широкую террасу для прогулки, и по обеим сторонам террасы, во всю длину одной ограды ее и всю длину другой, будет идти от храмины ко храмине ряд таких же индийских глав шаровидных. Все эти главы и на куполах, и вокруг их, и по сторонам террасы будут по твоему выбору, государыня, либо тоже золочены, либо, еще лучше, покрыты многоцветною глазурью наподобие изразцов или фарфора. Вот что я задумал, моя государыня. А что нужно будет еще, тогда увидим и скажем...

И художник, снова поклонившись царевне в землю, ушел.

Царевна не знала после этого, что ей делать; она боялась даже мужу все это изобразить и рассказать, как бы не отказал он ей. И так она обезумела от пристрастия к знаменитому дворцу этому, что спать по ночам не могла и пищу есть перестала. И беспрестанно говорила кормилице:

– Умру я с горя, если он мне в этом откажет! Теперь я этот дом, который отец мне построил, не могу видеть. Он мне кажется самым простым жилищем!

Кормилица все раздражала ее, отвечая:

– Я тоже думаю, что муж твой откажет в этом тебе. Он скуп.

И царевна опять не знала, что делать.

В то время, когда царевна Жемчужина задумала строить новый дворец, Петро был очень занят делами и не замечал беспокойства-жены. Люди царя Политекна тайно подкупили людей царя Агона противу Петро на те самые четырнадцать бочек золота, которые он подарил царю Политекну, и Петро еще не мог понять, откуда идет зло и откуда идут ему во всех делах препоны и труд. Еще он был огорчен и смущен тем, что те самые поселяне, которым он роздал после войны столько денег на поправку жилищ, не хотели уже работать, и поля их оставались невспаханными, и податей они не платили, и хлеб надо было в чужих странах покупать. Из тех воинов также, которые убили врага его архистратига старого и которым всем по бочонку золота роздал, многие хотели разойтись по домам на отдых и убегали, и сотникам не повиновались, и пьянствовали, и увидел он, какова неблагодарность и гнусность народа, который он осыпал щедротами! Его огорчило это и прогневало, и должен он был с сокрушенным сердцем сперва из воинов многих наказывать и казнить, а потом на села с войском идти и селян угрозами и побоями принуждать к соблюдению порядка. Когда одному сельскому человеку воины заключили в колодки ноги, чтобы бить по ним тростями, человек этот закричал: «Петро, Петро прекрасный! Сам ты человек простой, а простых не жалеешь ты!» И сердцу Петро это слышать было горько, хотя он все-таки приказал наказать этого человека.

Даже во дворце, том самом, в котором он жил с царевной, поймал один верный раб его человека, который хотел умертвить Петро, и этого человека пытали и денег ему предлагали, но он сам не мог сказать, кто такой его подкупил, а говорил только: «люди!» Его повесили на дереве.

Было же это все от царя Политекна и от его сына, знаменитого воителя, которых Петро унизил и обманул, надев кольчугу.

После этого стало ему невесело и в самом дворце у царевны Жемчужины, потому что он этою кольчугой стал себя ежедневно обременять под одеждой, остерегаясь ножа, и когда он за обед с женою садился, то три особо для этого назначенных человека должны были приходить и каждого кушанья есть при нем по нескольку ложек, чтобы не отравили его.

Видев его заботу и смущение, царевна, жена его, не осмеливалась долго сказать ему о задуманном ею великом здании, и только все на стены и потолок старого дворца смотрела, а когда муж спрашивал: «Что ты смотришь на стены и потолок?», царевна ответила: «Потолок этот очень низок для царского жилища, и все эти изразцы и розы мне наскучили!» Но Петро ответил ей: «А мне нравится все это!» И она после этого молчала.

Наконец сказала она ему:

— Ты мой майский розан и апрельский цветок, или не видишь, что жена твоя бедная и не спит, и не есть?

И открыла ему, ласкаясь, свой замысел, прося выслушать художника самому.

Наскучили давно уже Петро все эти замыслы, и сказал он ей опять:

— Довольно с тебя, моя Жемчужина. Полно тебе все нового желать. И так хорошо. Мои руки устали уже насыпать в бочки золото для твоих утех. Я целые дни чрез тебя в подвалах провожу.

Но царевна ему:

— Ты бы только выслушал этого мастера! Когда услышишь речь его, сам пленишься.

Велел позвать мастера Петро и принял его благосклонно; слушал долго и потом сказал:

— Хорошо здание будет! А сколько времени на него нужно тебе?

— Три дня? — спросила царевна. Художник сказал:

— Три года, с величайшею трудностью.

— А на что ж деньги наши! — воскликнула царевна. Зодчий разъяснил ей, что никакими деньгами нельзя создать иных вещей внезапно; что бирюзу и кораллы для мозаик бесценных и жемчуга для колосьев маиса в зимней храмине надо издалека привозить, и рабочих людей и мастеров по разным странам собирать, и время тоже хоть и сокращается деньгами, однако, не совсем. Петро в утешение жене сказал смеясь:

— Я бы, милая моя, из тех семи трапез, которые мастер хочет тебе учредить, одну исключил, — это трапезу твоей разумности... Или ты не понимаешь, что тебе же приятнее будет не спеша заниматься созданием такого прекрасного дворца? А скоро построишь — и в нем, быть может, соскучишься...

Царевна Жемчужина отвечала:

– Ну, хорошо! Это правда, что ты гораздо меня разумнее. – И успокоилась немного.

Петро же находил все это лишним; к тому же нередко и вера слабела в нем, что кошелек неистощим, пока Хрис-то и Христине дом не готов; он не без страха всякий раз спускался в подвал и раскрывал кошелек над бочками, думая: «Может быть, сегодня уже ничего не посыплется из него! И я, исполняя волю жены моей, лишу себя после всего!..»

День ото дня он этого стал больше и больше бояться, и не греха того боялся, что он воспитателей своих забывает на дальней чужбине и в нищете, а боялся одного, чтобы кошелек не иссяк.

В этих опасениях еще больше стала наскучать ему царевна Жемчужина своими просьбами; ибо только что он наполнял сотни бочек золотом на тот случай, что завтра кошелек иссякнет, как государство, и жена, и другие люди требовали новых больших расходов, бочки пустели, и опять он исполнялся страха, и опять шел сыпать в подвал, говоря: «Не иссяк бы кошелек завтра! Кто знает!»

Поэтому, призвав тайно от царевны знаменитого зодчего, он сказал ему:

– Ты можешь ли мне зарок дать, что кончишь все здание в три года?

Зодчий сказал:

– Могу постараться, государь, когда твоя милость золота жалеть не будешь.

– Я не буду жалеть, – сказал Петро, – но если ты день опоздаешь, я тебя казню. Но и до тех пор, пока ты не кончишь, я тебя здесь под стражей содержать буду, чтобы ты никуда уйти не мог и скрыться от боязни моего гнева, если увидишь, что окончанием запоздал!

Художник ужаснулся и в ту же ночь тайно бежал из царства царя Агона.

Петро этого самого и желал и смеялся. Но царевна Жемчужина, которой великий и прекрасный дворец ее не давал ни сна, ни покоя, горько рыдала и рвала свои волосы, жалея об этом, не смотрела на прекрасного мужа и, затворяясь одна в своей комнате, никого не хотела видеть.

Петро смутился, пожалел ее, пришел к ней и сказал ей: – Неужели, Жемчужина, я, молодой муж твой, уже тебе не утеха?

Но царевна, отстраняясь от него, отвечала ему, горько плача:

– Жизнь бы я отдала за такой прекрасный дворец! На это Петро сказал ей ласково:

– Подожди еще хоть немного. Есть вещи нужнее такого дворца. От него никому, кроме нас с тобою, удовольствия не будет. Я еще хочу по всем городам мостовые поделать и на речках множество мостов, чтобы нас народ больше любил, потому что тогда сельским людям в непогоду легче будет овощи и хлеб на вьючных ослах в город привозить. Ослы падают теперь, тонут и не могут идти, и в городе все дороже. Это полезно. А я не могу в подвале все жить. Надо прежде эти бочки, сколько есть теперь, на полезное для народа опростать. Что ты скажешь, мой апрельский цветок?.. Не лучше ли мостовые и мосты кончить прежде?

Царевна в гневе отвечала ему неразумно. Она отвечала ему так:

– Что я тебе скажу, ты спрашиваешь? Я скажу тебе одно только любопытное слово, которое мне моя кормилица говорила, когда я еще мала была. Она сказала мне: «Шли два мальчика мимо прекрасного дерева. И один мальчик сказал: „Какое хорошее дерево! Я бы его срубил на дрова и на уголья!" А другой мальчик сказал: „Какое хорошее дерево! Я бы под тенью его сидел и музыку слушал!" Слышал их один мудрый и опытный старец; этот старец воскликнул: „Первый мальчик простой, а второй мальчик высокого рода и голубой крови дитя". И было это так, как сказал старик». Вот что я тебе отвечу о твоих мостах и дорогах!

Петро сильно оскорбился ее словами, но, преодолев гнев свой, отвечал ей, помолчав и пожирая сам себя в терпении своем:

– Много хороших слов твоя кормилица знает. Правда, я человек простой и о простом размышляю. Только в простоте моей я народ твоего отца, государя нашего, от жестокого побоища избавил и самого царя от плена и ослепления глаз его; и ты бы, если бы не я, теперь бы воду у царя Политекна, может быть, носила и мыла ноги старшему сыну его и старшей невестке и за счастье бы считала, если бы тебя худшему поруганию не предали там!

После этих слов он ушел от нее и так был огорчен, что утратил сон и на рассвете в беспокойстве и горести вышел за ворота своего дворца, строго запретил кому-либо из слуг и сторожей за собою следовать и, отошедши подальше, в пустынное место у реки, сел и предался там своей тоске и размышлению. Он говорил себе так: «Все мне сильные люди здесь стали врагами и завистниками; а народ простой хуже непотребной женщины продажен, я вижу, и глуп как дитя. Все дела мне здесь тяжки и опасны. Я бы ушел, но куда я пойду? Пойду я к царю Поли-текну – разве я там сильнее и больше буду? Нет, я там буду много меньше, чем здесь. Пойду я домой к Христо и Христине и построю им дом большой и поле куплю... Но мне не весело уж теперь будет у них, испытав здесь все лучшее. У них из царского зятя и престолонаследника я купцом стану, из полководца земледельцем и вместо жены моей, несравненной Жемчужины, которой красивее и приятнее, забавнее и благоуханнее и веселее нет на свете и которая царская дочь, а мне ноги мои моет, вместо нее возьму я там какую-нибудь простую соседку нашу! Жемчужина к тому же и законная супруга, Богом мне данная. Как мне оставить ее одну?

Еще скажу, и страсть моя к ней так велика, что мне легче сейчас на смертельный бой с пятью царями и войском их выйти, чем ее огорчить и ей поперечить... Но и деньги все издерживать страшно мне! Если завтра как-нибудь вдруг кошелек иссякнет... боюсь я!..»

Он мучился нестерпимо волнением этих мыслей, и борьба сердца его была самая тяжкая, покуда он сидел в уединении на берегу реки.

XV

В то время, когда Петро в печали своей, размышляя в сокрушенном сердце, сидел один у реки, внезапно явился пред ним один юродивый, давно живший в городе, по прозванию Синдонит[40], потому что он, кроме старой простыни, никакой одежды не носил ни летом, ни зимой.

Юродивый Синдонит был ростом очень мал, на спине имел горб, грудь у него была острая, как у птицы, голова велика непомерно и без волос, борода клинообразная, вперед стоящая, и тело не было у него, как у других людей, белее лица и рук, но все чорное, обожженное солнцем и сухое, изможденное постом.

Многие считали в городе Синдонита святым, а другие – лицемером и безумным. Ни золота, ни серебра он не брал никогда от людей, а только медь, и часто и вовсе нагой ходил, потому что другим нищим отдавал свою простыню и ходил безо всего, пока ему другой не дарили. И эту опять отдавал. Иные, не веря в святость его, отвращались и брезгали его наготою и безобразием, и жаловались царю Агону. Царь Агон приказывал страже везде смотреть за Синдонитом, чтоб он впредь без простыни не ходил. Но Синдонит, узнав это, издали перед стражей надевал простыню и проходил мимо, а потом, сняв ее, брал под мышку; простые люди и дети на базаре смеялись этому, радовались и говорили: «Хитрый юродивый!»

Однажды, еще прежде того дня, как поссорился Петро с женою Жемчужиной, вышла из ворот царевна с подругами своими и кормилицей и слугами погулять под платаны и вязы; и Синдонит пришел туда. Царевна, увидав его, приказала детям городским и молодым слугам дворцовым смеяться над ним, искупать его насильно в реке, гонять его туда и сюда и прыгать на его горб. Когда же один большой слуга вспрыгнул на его горб, Синдонит упал и ушибся.

---

[40] Синдон – по-гречески простыня.

Петро, в это время возвращаясь из города домой, увидал это и велел его отпустить домой, дал ему медных денег и беседовал с ним ласково, а Жемчужине сказал после, когда она была одна:

– Милая моя, прошу я тебя, никогда не обижай таких Божиих людей. Лучше другого человека убить, если необходимо, чем такого святого обидеть.

И царевна просила его простить ей, ибо тогда она только одного и желала: нравиться молодому и прекрасному мужу своему и спасителю от бесов и от недуга, которыми она долго страдала.

Этот самый юродивый Синдонит явился пред Петро в то утро, когда он, погрузившись в тяжелые помыслы, сидел в уединении на берегу реки и никуда не смотрел, а чертил пальцем по песку, вздыхая.

Петро, видя Синдонита, сказал ему:

– Здравствуй, Божий человек, чего ты желаешь? Синдонит отвечал:

– Я желаю, чадочко Божие, вот чего: я желаю, чтобы ты меня послушал и исполнил то, что я скажу тебе.

– Говори, – сказал Петро. Тогда юродивый воскликнул:

– Петро, Петро, прекрасное чадочко Божие! Петро, Петро, дитя души человеческой! Петро, Петро, сын праха земного! Петро, Петро, хороший человек! Петро, Петро, грешный человек!.. Петро, Петро, слушай меня, который еще хуже и грешнее тебя... Люби ты плоть свою, Петро, люби, Петро, люби жену молодую, Петро; но не люби ты, Петро, ни плоть свою больше души своей, ни деньги больше правды, ни жены молодой больше Бога!..

И, сказав это, заскакал он, как скачет дитя или как молодой козленок, играя, и скрылся за деревьями.

А Петро, хотя и смутился немного его словами и начали мысли его принимать иной путь и другое течение, однако он скоро сказал себе: «Это он по злобе на Жемчужину говорил так, за те оскорбления, которые она ему наносила!» И опять страсть, которою он пылал к молодой жене, и сребролюбие опять все затмили в уме его, и опять стал он только думать о том же и мучиться тем же, – как бы денег поменьше тратить и как бы жену утешить сообразно с ее желаниями удивительными и неистощимыми. Он придумал наконец и успокоился. «Одну только правду сказал юродивый, что я дитя души Христо и Христины, и надо им немного послать».

Послал он тотчас же двух гонцов: одного к тому художнику, опять его звать, предлагая ему несметные богатства на окончание здания, а другого к Христо и Христине с небольшою помощью (потому небольшою, чтоб они вдруг на его деньги большого жилья не построили и не иссяк бы его кошелек).

После этого Петро пошел к жене, желая с ней примириться.

Царевна между тем встала поутру разгневанная и печальная, оделась, разделась снова и легла как больная на ложе; не принимала пищи и, отвернувшись лицом к стене, не отвечала ни слова своим прислужницам на их вопросы и утешения и, наконец, прогнав их всех, осталась одна и плакала молча.

Так застал ее Петро, сострадание и любовь наполнили его сердце, и он заговорил с ней смиренно и ласково:

— Милая моя Жемчужина и сладкая ты радость моей жизни многотрудной... порадуй и утешь своего мужа... или лучше я скажу – раба и слугу твоей красоты... Встань ты с ложа этого и развеселись. Не могу я видеть, что ты нездорова. Никогда я не видал еще, что ты как сиротка несчастная так лежишь одна... Разрывается душа моя при этом виде. И что я такое и что ты! Правду ты сказала, что я простой человек и грубый! Конечно, мне все кажется хорошо, потому что я угольщик и пастух овечий, а тебе надо все самое хорошее. Поэтому, если раскаяние мое и старание могут поднять тебя с этого ложа, вот я, муж твой и твоя глава по закону Господню, говорю тебе: прости мне. И за мастером этим я уже послал гонца. Он приедет скоро и начнет дворец не спеша нам строить, весь по вкусу твоему и желанию.

Тогда царевна Жемчужина встала с ложа своего и сказала ему тоже покорно:

— Не тебе, мужу, у жены своей прощенья просить. Я безумна, а ты во всем прав, и отныне пусть во всем будет воля твоя.

И они примирились.

Скоро возвратился тот гонец, который к Христо и Христине ездил, и донес Петро, что деньги небольшие он им отдал и они были в великой радости, потому что крыша у них падать стала и снегу была полная горница; кроме того, у Христины язвы на ногах открылись, лечить ее было не на что, и угольев даже им добрые соседи давно понемногу давали. Когда же спросили они у гонца: «Где же возлюбленный Петро наш и когда он к нам будет?», то гонец, как и первый раз, отвечал им: «Я не знаю, где он живет. Я его на пути случайно встретил, и он просил меня вам это отдать; у него работа очень трудная». Христо ничего не сказал, а Христина воскликнула:

— Что это он все тебя на пути встречает! И никто не знает, где он! – и больше ничего.

Потом возвратился и другой гонец, от художника, и сказал Петро так: этот знаменитый зодчий очень прогневан и говорит: «Не нужно мне богатств несметных его. У меня и здесь есть чем прожить. Меня настоящие цари и вельможи родовитые уважают за мое великое искусство. А он, бедный, все по-сельски судит, и меня стращать стал, и обращался со мной, как будто я кузнец или плотник». И не поехал.

Ни тот, ни другой ответ не был для Петро сладок, и больше всего стал он бояться, чтобы жена опять с горя не заболела. Тогда придумал он ей солгать и сказал:

— Этот зодчий сейчас быть не может, но он начнет все запасы готовить, и план чертить, и работников созывать, и когда все изготовит, приедет. А пока ты бы хоть что-нибудь поменьше придумала, чтобы тебе не скучать.

Царевна в тайне души своей недовольна была тем, что зодчий не сейчас будет. Она пошла опять к своей кормилице, рассказала ей все и спросила:

— Не знаю, что бы теперь придумать, по его собственному желанию?

Кормилица ей отвечала на это:

— Придумай что-нибудь потруднее. А про зодчего не верь. Он хитрейший из хитрейших, твой домоправитель купеческий, и к зодчему он, верно, не посылал. Это все ложь.

Царевна сказала:

— Посмотрим! — А сама стала придумывать, что бы сделать, и наконец сказала мужу:

— Петро, моя радость, вот что сделай: эти две реки текут по долине врозь; а ты их соедини, чтобы воды вместе смешались; я буду в каике ездить из одной в другую и буду думать о том, как и наши с тобой сердца согласны во всем и все у нас вместе, как в этих слившихся реках.

— Хорошо, — отвечал Петро; пошел в тот подвал, куда ему всегда бочки пустые приносили, и он, запираясь, со тщанием насыпал сколько нужно из пустого кошелька своего. Насыпал и, позвав людей, приказал собрать сколько можно больше народа, чтобы в три дня все было кончено.

На этом месте, где должны были рыть новое русло, жили в домах своих многие жители; они все тотчас же повиновались и оставляли жилища свои; Петро щедро одарил их золотом из своих неистощимых бочек. Одна только бедная женщина, у которой был тут небольшой домик, не хотела уйти и не брала никакой платы. Она говорила так:

— Обидеть бедную женщину легко; а золото мне не нужно. Что я с ним буду делать? Здесь в винограднике моем погребены кости моего отца и матери моей, и муж мой тоже два года погребен здесь, и переносить его кости прежде трех лет нельзя; у нас это не обычай.

Петро уговаривал ее долго, угрожал и просил; но она не соглашалась, и работы остановились.

Кормилица в это время говорила царевне:

— Великую любовь имеет к тебе твой пономарь! Этой злой женщине надо бы тотчас дать палок сто, потому что ей следует с радостью думать о твоем царском удовольствии...

Царевна передала это мужу, и Петро притворился, что ему понравилось это. Он сказал:

— Да, это очень умный человек придумал. Я бы желал знать его имя.

Царевна обрадовалась и не скрыла от него, что это кормилица ее научила.

— Умная женщина твоя кормилица! — сказал Петро. И, послав людей за тою женщиной, которая земли своей уступить не хотела, Петро приказал призвать и кормилицу, и при той вдове велел кормилице дать сто палок, и, смеясь, утешал ее, говоря:

— Попробуй и ты на себе, что другому невинному человеку хотела сделать! Сладко ли?

Потом, обратясь ко вдове, которая была очень испугана этим зрелищем, сказал:

— А ты, бедная моя, подумай, что я мог бы тебе сделать то, что я сделал твоей злодейке этой, и вразумись, и возьми с меня за перенос костей родителей и мужа твоего сколько хочешь денег на постройку пышного храма над этими гробницами в новом месте. Я, царский зять, прошу тебя и низко тебе кланяюсь, ибо мне очень нравится твое уважение к этим могилам.

Вдова тогда согласилась; снесли рабочие люди ее домик и кости отнесли бережно, куда она приказала, и соединение рек произошло, но только двумя днями позднее, чем обещал Петро жене своей.

Царевну Жемчужину так рассердило обращение мужа с кормилицей и то, что не в три дня новая река была готова, что она не только кататься в каиках, но и глядеть из окна на реки не хотела. Подруги и прислужницы говорили ей:

— Полюбуйся же, царевна, на новую эту речку, которую возлюбленный муж твой тебе создал. Посмотри, как тихо течет она в мраморных берегах и как прекрасно около нее цветы цветут и травы зеленеют. Соединились теперь по желанию твоему обе большие реки, и воды их текут вместе, так же согласно, как ваши супружеские сердца.

Когда ей говорили так подруги и прислужницы, царевна к окну не шла и отвечала:

— Реки слились, но наши сердца разделились.

Она не ласкала более молодого мужа и в гневе своем не почивала с ним, а уходила к кормилице, которая после наказания проводила дни и ночи, лежа и стеная на постели своей. Царевна оставалась у нее всю ночь и прислуживала ей сама со слезами. Открывая ей душу свою, она говорила:

— Остыло сердце мое к нему, моя кормилица! Вижу я, что не всемогущ и он с деньгами своими над всеми людьми и над всеми вещами, и вижу еще, что и я не всемогуща над его сердцем. Что мне в нем!

Тогда кормилица, поразмыслив, посоветовала ей смириться пред супругом, и быть ласковой, и привлечь его сердце ласковыми речами, так, чтоб он к ней возгорелся любовью такой, какой еще не было у него, и выпытать у него тайну, откуда он берет свои несметные сокровища.

– Нет ли у него неистощимого кошелька за пазухой или в обуви, или в поясе скрытого, – сказала кормилица, которая была очень опытна, – и если узнаешь, то укради кошелек, и скроемся вместе от его гнева в первые дни Мы дадим о том весть отцу твоему, доброму царю Агону; он обрадуется и, узнав, что Петро лишился всей силы своей в народе, прогонит его со стыдом и позором и разведет тебя с ним, и мы найдем юношу, не хуже его на свете, когда у нас в руках будет его золото. Государь, отец твой, с радостью все это сделает, ибо и ему наскучило быть как подручником зятя и бояться его. И еще я тебе посоветую, – продолжала кормилица, – изгони меня из дворца этого лицемерно, как будто в угоду ему, потому что он меня ненавидит; я уйду к отцу твоему, доброму царю Агону, и скроюсь у него, пока не придет час наш бежать с кошельком из города.

Царевне Жемчужине такой злой совет очень понравился, и демон лукавства вселился в сердце ее; она изгнала кормилицу и стала опускать глаза пред мужем, и вздыхать, и закрываться от него покрывалом, выглядывая только одним глазом потаенно, чтобы видеть, что он делает и как смотрит он на нее.

Когда же Петро спрашивал у ней:

– Что ты, Жемчужина, так глядишь на меня?

– Разве я могу насытиться, глядевши на тебя, – отвечала она ему.

И другой раз спрашивал:

– Что ты, Жемчужина, так глядишь на меня? Она отвечала:

– Боюсь, не сердишься ли на меня ты за что-нибудь? Но Петро сказал:

– Нет, я на тебя не могу сердиться. Я тебе всю душу мою отдаю, и ты надо мною всевластна. Я вижу, что и ты меня любишь, ты и кормилицу свою изгнала мне в угоду.

Тогда царевна, выждав время, сказала ему:

– Ты говоришь, что я над тобою всевластна. Неправда это. Я тебе в угоду любимую кормилицу прогнала, которая мне как мать была; а ты до сих пор таишь от меня, откуда у тебя столько денег. Я думаю, у тебя кошелек неиссякаемый есть?

Сердце Петро не устояло против слов жены, и он, достав кошелек, раскрыл его пред нею, и тотчас же ручьем полились из него золотые на пол. А когда он подбирал их и снова влагал, они пропадали в кошельке без следа.

Царевна обрадовалась, узнав, что кормилица угадала тайну мужа, и сказала:

– Теперь я вижу, что ты любишь меня.

Когда же ночью Петро беззаботно уснул, она похитила кошелек и вышла тихо и прошла переодетая с одною верною рабыней чрез двор в малую дверцу стены и убежала к реке. У реки ее ждала кормилица на коне, с другими еще конями и несколькими провожатыми. Они бежали тогда быстро из города, боясь, чтобы в первом гневе их не убил Петро.

XVI

Когда Петро, проснувшись, увидел, что нет около него жены, что кошелек его похищен, он в гневе хотел отыскать ее и убить...

Потом вспомнил он, что после этого и его убьют, так как уже силы прежней у него в царстве без кошелька не будет, и умрет он в гневе и грехе без всякого покаяния, не успев даже по своей вине исполнить то дело богоугодное, для которого вышел из дома Христо и Христины.

Тогда показалось ему, что он сам один всему виноват, и начал он плакать.

И еще плакал он, говоря себе: «Жемчужина! моя Жемчужина! Ты ли это обманула меня и так наругалась надо мною!..»

Так как здесь все (думал он еще) были ему враги и самому царю Агону он не верил, то замыслил он сначала ехать скорей к царю Политекну и напомнить ему о своем тайном к нему посольстве. Но Господь пожалел его, видя его горе и раскаяние, ибо его там еще скорее, чем здесь унизили или умертвили бы, и внушил ему лучшую мысль: «на людей не надеяться, а только на Бога».

Тогда, подумав это, взял он у раба самую простую одежду, надел ее и так же, как царевна, вышел тайно из дворца и сказал себе: «Пойду без всякой дороги в горы. Пусть Бог хранит меня, как Он хранил меня до сих пор и всё прощал мне все мои грехи, которым, я вижу теперь, и счету нет!»

Он шел целый день, размышляя и сокрушаясь о своей горькой участи. Шел он, не зная сам, куда он идет. Ему было стыдно и в этом царстве остаться и стать последним человеком после величия, в котором он жил; а домой к воспитателям своим Христо и Христине возвратиться было ему еще стыднее. «Пошел без денег и пришел назад без денег, пустой человек какой!» – скажут люди.

Уже стало темнеть, когда он почувствовал голод и жажду и стал думать о том, что в таком диком месте нельзя будет и хлеба достать. И это его мучило.

Наконец подошел он к одному страшному месту; он увидал в большой горе глубокую, широкую, длинную без конца каменную расселину. Она шла туда и сюда, зияя и чернея, и, подойдя к краю ее, Петро увидал, что под ногами его летают и кричат чорные вороны и большие орлы вылетают из кустов.

Сел Петро на краю и подумал: «Не убиться ли мне теперь? Не броситься ли мне отсюда, чтобы не видеть позора и стыда моего, чтоб эти чорные вороны съели глаза мои и чтоб орлы растерзали мое тело?..»

Но, вспомнив, что это грех и что епископ сказал ему: «Кто больше закона знает, с того больше и взыщется...», воздержался и положил на себя крестное знамение.

В эту самую минуту в глубине пропасти засветился яркий огонек, и Петро, помолившись и со слезами возблагодарив Бога, стал спускаться в ту сторону, где он светился.

Долго он шел с великим трудом и опасностью и когда спустился и подошел, то увидал, что свет выходит из малого окошечка. Около окошечка была ветхая дверь, и он постучался в нее. Тогда окошечко отворилось, из него выглянул старец такой худой и истощенный, такой ветхий днями, что Петро почувствовал страх. Старец сказал ему: «Аминь!», и Петро, взошедши в пещеру его, поклонился ему в ноги и поцеловал его десницу.

Пещера была так мала, что Петро едва умещался в ней. Старец лежал в рубище на одной циновке у окошечка, и кроме горшка чистой ключевой воды, каштанов и сухого черного хлеба в пещере не было ничего. У окошечка на стенке, на гвоздике, висела лампадка и горела.

Петро увидал еще, что рубище не покрывает ног старца и что ноги его все в больших ранах, источающих смрадный гной.

Сначала он молчал долго, и старец молчал и, не глядя на него, шептал про себя молитву.

Потом Петро сказал ему:

– Старче мой... Я очень голоден и жажду. Позволь мне взять этот хлеб и этой ключевой воды.

Но старец отвечал ему:

– Нет, не коснешься ты ни до хлеба, ни до воды этой, ни до каштанов, пока не исповедуешь мне пред Богом всемогущим и всеведущим, кто ты такой. Вот уже более века, как я не видал человеческого лица, и пищу эту мне носят вороны, а воду орлы. И сколько времени я лежу на этом одре – не знаю, и сколько мне лет – не помню, и сколько гноя смрадного источили эти язвы – не измерил... Хочу я знать, кто ты? Сядь и скажи.

Петро сказал ему, что он зять доброго царя Агона, рассказал, как у него был неистощимый кошелек и как кошелек этот украла у него любимая жена его, царевна Жемчужина, которой он душу отдавал, потому что до брака законного, боясь греха, ни на какую девушку или замужнюю жену смотреть не хотел, и пожирало его волнение молодой крови, и не мог он иногда спать ночей от тоски.

– Хорошо, – сказал ему старец, не поднимая на него очей. – Но не родился же ты зятем царя Агона. Кто ты сам такой, расскажи...

Петро рассказал ему о Христо с Христиной, и об уходе своем, и о чорбаджи Брайко.

Старец все не поднимал на него очей, и только и видны были что белые брови его на лице его чорном от изнурения и ветхости такой, что он и сам не помнил годов своих.

Петро рассказал ему о жизни своей у попа Георгия, когда он кандильанафтом был и агу убил.

Старец опять не поднимал очей и только глубоко вздохнул, когда он кончил.

Потом Петро рассказал ему о Хаджи-Дмитрии и о грешной страсти, которую питала к нему молодая жена Хаджи-Дмитрия.

Старец отверз очи свои и с таким удивлением стал смотреть на Петро, что Петро спросил: «Что ты, старче?» Но старец только вздохнул, снова опустил голову и закрыл очи свои.

Петро продолжал говорить и объяснил ему, как он жил у епископа, и как неправедно, по малодушию, дал обидеть его добрый епископ...

Тогда старец вдруг отверз совсем очи свои, лицо его озарилось радостным светом и стало как будто моложе, и он дрожащим голосом спросил:

– А после где ты был и кого видел?

И едва Петро успел сказать, как он встретил в поле мусьё Франко в большом трикантоне и узком платье, как старец прервал его слова тихим плачем умиления и, воздев руки к небу, сказал:

– О, Боже, чудный в делах Твоих Боже, приспел наконец час моей столь давно чаемой кончины! И я вижу, что Ты все мне простил!

Проговорив это, старец обратился к Петро с осиявшим радостью и тихим лицом и говорил ему:

– Теперь подумай, мой сын, исповедуйся мне, не было ли у тебя на душе какого особого греха и злоумышления? Как употребил ты те несметные деньги, которые получил? Построен ли тот дом и те поля куплены ли тобою, которые должны были успокоить благих воспитателей твоих до кончины?

Вздохнув и опустив очи, молодой Петро сознался, что он медлил сделать это, ибо знал, что золото иссякнет в тот день и час, когда он купит это поле и построит этот дом для Христо и для Христины. И сознавая, что грех его велик и что сребролюбие, любоначалие и гордость обуяли его с

210

той минуты, как он услышал в себе силу этого злата, Петро начал неутешно сокрушаться перед старцем и говорил:

— Теперь я и в той жизни душу свою не спасу за это, и в этой мне от стыда скрыться некуда. Домой мне без денег лучше не возвращаться никогда, а в царстве доброго царя Агона меня теперь не примут назад... Увы мне, грешному! в какой чорный день и час родился я! Видно в самом деле я в беззаконии зачат был и в грехе родила меня несчастная мать моя!..

Но старец велел ему утешиться и сказал:

— И не такие еще бывают грехи. Вот я ужаснее твоего грехи совершил. Я и отцеубийца, и кровосмеситель, и богохульник был, а и меня наконец простил Бог!

— Посмотри сюда наверх, Петро, — продолжал он, указывая ему высоко на стену около одра своего посохом. — Видишь эти знаки на стене?

— Вижу, — отвечал Петро.

— Это я, — говорил старец, — отмечал года жизни моей в этой пустыне... Сочти их.

Петро начал считать, счел гораздо более ста знаков и наскучило ему считать.

Тогда отшельник начал снова речь свою:

— Ты устал считать, я же давно уже устал их чертить. Мне было сказано, что я буду прощен и умру после того, как поживут у меня временно в учениках и послушниках безответных разные люди: угольщик и дровосек, пастырь овчий и кандильанафт церковный, и управитель купеческий, и епископский ясакчи, работник самого дьявола, и один зять царский, и один полководец, и еще один человек, богатый несметными сокровищами богач. Где была надежда их увидать здесь всех? Но я надеялся и не смел унывать. И ждал, и долгие годы отмечал, а после перестал и помнить года и вспоминал о том, что еще один год начался и один кончился только тогда, когда весенний снег с той горы сходил водою и когда ласточки начинали вить гнезда над моими дверьми. И вот наконец пришел же ко мне ты; ты один занимался всеми теми ремеслами и ты один прошел чрез все те звания, и низшие, и высокие, о которых мне было сказано. И теперь я умру.

Кончив речь свою, отшельник благословил Петро поесть хлеба и каштанов и выпить ключевой воды, а потом уснуть у ног его. Петро подкрепился пищей, выпил воды и уснул на холодной земле около смрадных ног болезненного старца слаще и покойнее, чем тогда, когда он спал на кисейных простынях около нежной отроковицы, супруги своей, умащенной лучшими благоуханиями.

На рассвете старец толкнул Петро костылем, который стоял около него, и воздвиг его на молитву. Долго молились они вместе и оба были радостны и бодры.

Потом старец встал с одра своего и, опираясь на костыль, вышел из пещерки и повел Петро к двум яблоням, растущим неподалеку. Они были в цвету тогда, и старец сказал ему:

— Когда яблоки эти поспеют, тогда ты восторжествуешь над врагами твоими, и будет для тебя, юный сын мой, то время началом богобоязненного, спокойного и многолетнего живота на сей земле, а для меня окаянного ударит час переселения из этой земли в лучший мір, туда, где жилище веселящихся и где все озаряет свет лица самого Господа Бога и милосердого Создателя нашего. А пока ты постись со мной вместе и соблюдай все, что я тебе прикажу.

Петро с радостью согласился, и прожили они так три летних месяца. Кроме воды, хлеба и диких каштанов никакой пищи и питья не видал Петро за все это время. Старец был суров и безжалостен к нему по внешности, соблюдая его душу и желая отогнать от него всякое искушение.

Сна было Петро всего три часа в день. На заре старец воздвигал его на долгую молитву; в полночь будил его костылем на чтение псалмов; ел и пил Петро пять минут и благодарил после Бога на молитве пять часов... Старец его ко всему неприятному побуждал и за все порицал; он и бил его крепко, и каждый день Петро окапывал те две яблони и поливал их потом своим; а за ночь все опять около них высыхало, и земля становилась как камень, и старец, заметив, что Петро устал от молитвы и что его клонит сон оттого, что ночью не дали ему уснуть песнопения и псалмы, тотчас говорил ему:

— Грешник окаянный, ты спишь и дремлешь! Посмотри, засохнут яблони и не дадут плода... Вижу я, что ты подобно мне пролежишь в язвах в пустыне бесчисленные годы...

И Петро в страхе бежал и окапывал землю вокруг яблонь спасения своего, обливая их потом труда и обильною слезой молитвы.

Как ни утруждал и ни мучил его старец, он все принимал с радостью, и протекли эти три месяца испытания, как три дня тихой радости, неприметно.

Однажды увидал Петро утром, что на яблонях созрели плоды, на одной очень большие и пурпуровые, а на другой поменьше и хуже на вид. Петро известил об этом старца, и старец в первый раз с тех пор, как стал испытывать Петро, усмехнулся ласково и сказал ему:

— Иди, дитя мое милое, и сорви по одному яблоку с каждого.

Когда же Петро возвратился с яблоком, старец посадил его и сказал:

— Ешь на здоровье большое!

Петро стал есть яблоко; оно было необычайной сладости и благоухания. Наслаждался им Петро долго, ибо оно было очень велико, и жалел даже кончить его; но едва только кончил, почувствовал он выше лба своего на голове как бы небольшую тяжесть и боль и, взявшись рукой за голову, вскрикнул: на этих местах у него выросло два небольшие рога, величиною не более лесного ореха. Старец, глядя на ужас его, смеялся и говорил:

— Посмотри, еще растут!

И ощупал рукой Петро и увидал, что рога уже выросли такие, как у диких коз бывают, и все росли и росли. Он не знал, что делать... Но старец сказал ему:

— Не бойся и скушай второе яблоко.

Начал Петро поспешно есть второе яблоко; оно хотя было и мало, однако он не знал, как бы скорее докончить его, ибо оно было нестерпимо горько и отвратительно.

Но как только кончил он его, рожки, которые выросли, рассыпались прахом, и, ощупав голову, он не нашел на ней ничего.

Тогда старец восстал опять с болезненного одра своего и, помолившись, приказал, чтобы Петро оделся в монашеское одеяние и, набрав полную корзинку больших пурпуровых яблок, отнес бы их в город, где царствовал добрый царь Агон, и чтобы неузнанный никем продал бы жене своей, царевне Жемчужине, этих яблок, от которых у нее вырастут рога, в наказание за ее коварство, гордость и своеволие.

Петро собрал яблоки так, как приказывал старец, и, приняв от него благословение, в монашеской одежде, пошел немедленно в город.

XVII

В городе многие люди были печальны и громко соболезновали о судьбе царского дома, который постигли новые бедствия. Петро спросил у этих людей:

— Какие же бедствия постигли нашего царя и весь его дом?

— Не знаешь ты видно, монах, ничего, — сказали ему эти люди. — Ты, может быть, и не слышал, что у нас случилось за последнее время. Был зятем и наследником у доброго царя Агона один Петро прекрасный; лучше его, кажется, не может родиться человек. Царевну нашу единственную он пленил своею красотой и смирил ее сильным духом своим. Все козни врагов своих царедворцев уничтожил; войско грозного царя Политекна победил и сына его, знаменитого воителя, унизил в единоборстве. Людей бедных обогатил у нас в городе и селах и превознес

213

их над богатыми. Город наш украшал зданиями прекрасными; ко всем был приветлив и ласков. Но поссорился он с женою своей и скрылся внезапно... куда – неизвестно; и с тех пор и царь Агон, и Жемчужина царевна живут в неимоверной печали, и все радости в стране нашей прекратились. В иных местах народ волнуется; у царя Агона хотя и безмерно много денег теперь, но нет ни Петро у него, ни друга искусного и бесстрашного воеводы. Разбойники и неприятели опустошают страну и жгут селения; а селяне грозятся, что сами перейдут ко врагам, если не водворится мир и порядок. Они кричат: «Где царский зять, наш Петро прекрасный?» Царевна Жемчужина без молодого мужа тоскует, и мы не можем утешить ее. Вот наши бедствия... а ты не знаешь ничего и спрашиваешь, какие у царя бедствия... Тогда Петро сказал:

– У меня есть яблоки очень хорошие, и они могут утешить царевну; когда царевна развеселится, тогда и царю старому приятнее будет. Отведите меня к ней, чтоб я мог ей поднесть эти яблоки.

– Попробуй, – сказали ему эти люди и повели его к тому загородному дворцу, где он сам жил еще недавно.

Ввели его в сад. И когда пошел он по узорным дорожкам, окруженным миртами, стало ему жалко жены и не хотел он давать ей этих яблок, чтобы не выросли у нее рога и не обезобразили ее красоту, которая ему была так дорога и усладительна.

Однако, помня заветы великого старца пустыни, он укрепился духом и предстал пред царевной, стараясь укрывать лицо свое чорным монашеским покрывалом.

Он увидал, что царевна была очень печальна и одежда на ней была простая и грубая. Она сидела на диване в темном углу комнаты, волосы ее были распущены, и прекрасное лицо свое она держала скрытым между коленами, обвивая их руками.

Когда Петро вошел к ней и сказал: «Здравствуй, царевна, здорова ли ты?» Она, не поднимая головы, тихо и печально отвечала: «Что тебе нужно, монах? Я нездорова и здорова не буду больше. Все меня тяготит теперь, одежды богатые и украшения золотые, а больше всего тяготит меня кровь моя, обременяет любовь...»

Петро сказал ей: «Скушай это яблоко, царевна, оно освежит тебя!»

Но она головы не поднимала и не хотела глядеть на него. Петро спросил у нее: «Отчего же ты, царевна, не хочешь смотреть на меня?» Царевна отвечала: «Я не хочу смотреть на тебя вот отчего. Голос твой, монах, очень приятен и похож на голос того человека, о котором я денно и нощно жалею; а взгляну я на тебя и увижу другого человека. Может быть, ты безобразен, или стар, или ходишь, как другие иноки, оборванным и смрадным... Я не хочу ни смотреть на тебя, ни яблок твоих есть. Если же тебе нужны на что-нибудь деньги, то поставь, когда тебе угодно, корзину с яблоками здесь предо мной и поди скажи кормилице моей, чтоб она велела тебе десять бочонков золота за это отдать... Только об одном я тебя прошу и умоляю, инок, скажи ты всем людям, с которыми говорить будешь, чтоб они не думали, что на золото можно все купить. Радости души на него не купить. Так им скажи!»

Петро обещал говорить так и, взяв с нее слово, что она скушает хоть одно яблоко, поставил пред нею корзинку и, не сказав ни слова никому из людей о том, что царевна приказала выдать ему десять бочонков золота (потому что на это он благословенья от старца своего не имел), ушел из города и поспешно возвратился в пустыню.

Через три дня старец на рассвете, воздвигая его на молитву, сказал ему так:

— Теперь возьми, милый сын мой, горькие яблоки и ступай лечить свою неразумную супругу. Она теперь в ужасных страданиях. Мера наказания ее исполнилась. Правда, она и прежде, как ты видел, тосковала о тебе, но, желая возвратить молодого мужа, она не каялась еще искренно в похищении твоего кошелька, и властолюбие, и своеволие в сердце ее не исторглись с корнем. Теперь она совсем смирится перед тобою. Ты исповедай ее и прости и излечи, и, возвратив себе дар святых угодников, не вступай на прежний путь, не отдавай безумно душу юной супруге, но исполни скоро долг свой против твоих воспитателей благих Христо и Христины. Построй им спокойное жилище и поле хлебное купи. И успокойся сам и да будет над тобой благословение Божие и мое старческое. И еще я скажу тебе, благословенный мой Петро, когда все устроишь как следует, приди похоронить здесь грешное и пресыщенное жизнью тело мое. Ибо я тебя только и ждал, чтобы переселиться туда, где нет ни печали, ни воздыхания, и где присещает свет Господня лица.

Петро с радостию поспешил опять в город и нашел там людей уже не в печали, а в великом смятении.

Увидав его, люди стали кричать:

— Не пускайте, не пускайте его! Это монах! Царь Агон приказал всех монахов изгонять из города; это ведь монах принес царевне яблоки, от которых у нее выросли теперь такие рога, что уже во дворце начал потолок трещать и пошли рабочие люди на крышу, чтобы разбирать ее.

Но Петро невидимо для людей прошел сквозь толпу, проник во дворец свой и, вошедши в большую залу, предстал внезапно пред царевной Жемчужиной.

Он по-прежнему скрывал свое лицо монашеским покрывалом, и если бы даже он не накрывал его, то ей трудно было бы узнать его, до того пост и бдение изнурили его.

Она же не могла теперь прятать лица своего в коленах, как в первый

215

раз, потому что огромные рога ее проникли давно чрез расписной потолок и разломали его, и теперь рабочие крышу разбирали, чтобы дать им простор и чтобы царевна не так мучилась болью в голове.

Когда Петро поглядел на прекрасную жену свою, ему стало очень жаль ее. Слезы лились из очей ее, и она сидела молча на ложе, не смея даже пошевелиться, ибо всякое движение ее причиняло ей нестерпимые муки.

Кругом ее сидели женщины, рыдали и вздыхали. В стороне сидел сам старый царь и печально глядел в землю, не говоря ни слова.

Все удивились, увидав монаха, и царь сказал:

— Что это за человек? Не тот ли злодей, который ее погубил? Если это он, то надо сейчас же казнить его!

— Государь, — сказал Петро, — казнить меня легко. Но легко ли излечить твою дочь? Я же могу излечить ее, если вы меня с ней оставите наедине.

Царевна Жемчужина воскликнула тогда:

— Уйдите, уйдите, когда любите меня. Я думаю, что этот человек мне поможет.

Когда все ушли, она начала рыдать и умолять его:

— Божий человек!.. Скажи мне, тот ли ты монах, который дал мне эти вредные яблоки?

Петро отвечал:

— Да! Я тот самый; но у меня есть другие яблоки, которые исцелят тебя, если ты во всем, что ты сделала, покаешься мне.

Царевна подозвала его поближе; он сел около ложа ее и начал исповедывать ее. Она все рассказала ему, достала кошелек из-под подушки и показала ему.

Петро тогда сказал ей,

— Каешься ли ты от всего сердца?

— Что ты говоришь, старче? — отвечала она; — как же не каяться мне?

— Так отдай мне этот кошелек! — сказал он; — иначе я не могу исцелить тебя и ты умрешь в этих муках!

Но царевна Жемчужина отвечала:

— Если так, пусть воля Божия будет! но пусть я лучше умру в этих муках, а кошелек этот не отдам никому кроме мужа моего Петро, хотя бы и исцелить меня за эту жертву кто мог! Знаешь ли ты, монах, до чего я скоро пресытилась без него этими деньгами? Ежедневно сыпала я их пред собой на ковер, и они меня не радовали. Деньги ручьем из кошелька лились, а у меня лились слезы по муже моем, и я думала: на что ж мне это золото и на что мне белое серебро, когда я его золотых кудрей не вижу и его белого лица не целую!

Тут только поверил Петро, что покаяние ее искренно, и, открыв лицо свое, сказал ей:

– Вот тебе твой Петро!..

Он взял у нее кошелек, дал ей горькое яблоко, и она, и смеясь, и плача, съела его скоро, несмотря на всю горечь его, говоря, что оно слаще меда.

И как только она проглотила последний кусочек, так огромные рога ее обратились в пепел и рассыпались, и стало видно небо сквозь большие отверстия разобранной крыши.

Царя позвали и женщин всех. Все благословляли Бога и радовались. Все примирились, и кормилица упала в ноги Петро, и он ее простил.

Потом он тотчас же послал гонца за Христо и Христиной и купил им земли и дом начал им строить не слишком спеша. А сам пошел с войском против неприятеля, бунтовщиков и разбойников, и тех победил, а разбойников изловил и повесил в городе.

Кончив все это, Петро сказал царю и царевне, что пора отшельника погребать теперь. Он приказал царевне разуться и нежными ногами босой идти за ним; сам пошел босой и все люди шли босые, и духовенство пошло с кадильницами и иконами и книгами. Все пошли в то дикое ущелье, где спасался старец и учитель Петро. Петро шел впереди, указывая дорогу, и нес сам лопату.

Только царя Агона покоили в пути на пышных носилках; он не мог идти по стремнинам и камням. Царевна все время мучилась без обуви, и ноги ее, которые были как пух лебедя нежны и белы, все были в крови; но она радовалась этому и не кричала, а только немножко стонала и спрашивала часто у мужа: «скоро ли дойдем?» Петро смеялся ласково над ней и говорил: «скоро!»

Под вечер дошли туда и нашли старца лежащим вне пещеры на площадке просторной. Он отошел уже к Богу, и руки его были скрещены на груди.

Петро сам вырыл могилу, и старца похоронили с великим почетом.

Пока еще дом Христо и Христины не был готов, у Петро было денег без конца. Он сделал большой запас их для государства, для церкви, для себя и для бедных; и на том месте, где скончался старец, воздвиг большую обитель иноческую с самым строгим уставом.

Потом он кончил дом для своих благодетелей. И тогда кошелек его иссяк навсегда.

С той поры они жили с царевной согласно, и она родила ему многих детей.

Царь Агон, утешенный, скоро перешел в вечность, и Петро стал вместо него царствовать и прославил царство и увеличил его.

Христо с Христиной прожили еще долго и достигли, радуясь на питомца своего, до глубокой старости.

Каждый год, в день погребения своего старца, Петро босой и царевна босая и все дети их тоже разутые ходили на поклонение в тот тихий монастырь, который построили над его могилой...

И не одной царской семье, но и всем морским людям была польза от того, что они там видели. Особенно пользовались люди, когда они сравнивали необычайную пышность и богатство церквей этой обители, облачение и утварь и красоту зданий с теснотой, мраком и сыростью монашеских келий и с пищею скудной монахов, которые жили так близко от этих несказанно пышных Божиих храмов.

«Для Бога тут все, – говорили все люди, – а для людей ничего».

И они много укреплялись этим примером в трудах и огорчениях домашней, мiрской жизни своей.

СПИСОК

www.ingramcontent.com/pod-product-compliance
Lightning Source LLC
Chambersburg PA
CBHW020642260626
47157CB00008B/2869